Sprachspiele

für jüngere Leser und Verfasser von Texten

Texte und Kommentare

Ein Vorlesebuch, Lesebuch
und Sprachbastelbuch
für Schule und Elternhaus

Winfried Ulrich

hv
Hahner
Verlagsgesellschaft

Gefördert von der Volkswagenstiftung

1. Aufl., Hahner Verlagsgesellschaft 2000

Druck: Bercker Graphischer Betrieb GmbH

Die Deutsche Bibliothek – **CIP**-Einheitsaufnahme
Sprachspiele für jüngere Leser und Verfasser von Texten:
Texte und Kommentare;
Ein Vorlesebuch, Lesebuch und Sprachbastelbuch
für Schule und Elternhaus/
Winfried Ulrich. – Aachen: Hahner Verl.-Ges., 2000

ISBN 3-89294-**302**-8

Inhaltsverzeichnis

II Spiele mit Regeln der Textbildung

III Spiele mit Regeln der Satzbildung

IV Spiele mit Regeln der Wortbildung

V Spiele mit Regeln der Wortflexion

VI Spiele mit Wortbedeutungen

VII Spiele mit Regeln des Wortschatzes

VIII Spiele mit Sprachlauten

IX Spiele mit Buchstaben

X Spiele mit Regeln der Rechtschreibung

XI Spiele mit Mundarten

XII Spiele mit der Sprachgestaltung

C Anhang

Vorwort

Liebe Eltern, liebe Lehrer und Lehrerinnen!

Wir sind von Sprachspielen umgeben!

Aus Rundfunk und Fernsehen tönt uns entgegen: „Wer die Welt verstehen will, der muss sie lesen.“ und: „Wer nicht mit der Zeit geht, der geht mit der Zeit.“
In Zeitungen und Illustrierten springen uns Schlagzeilen wie „Ist Schaf Dolly eine Ente?“ (Kieler Nachrichten 25.3.1998) und Anzeigen ins Auge: „Man **least** viel Gutes über uns. - SüdLeasing Stuttgart Mannheim Berlin (Handelsblatt 14.1.1997).
Auf Demonstrationen werden Spruchbänder hochgehalten: „Wir lassen uns nicht BRDigen!“ (Zeit der deutschen Wiedervereinigung) oder: „Sparschweinereien“ und „Nicht kaputtsparen!“ (Protest gegen Sparauflagen des Berliner Senats gegenüber den Universitäten).
Wir hören und erzählen Witze: „Wie vermehren sich Mönche und Nonnen?“ - „Durch Zellteilung.“ und: „Beamte werden neuerdings nicht mehr versetzt, sondern umgebettet.“
Oder uns fällt beim Blättern in der Wochendendausgabe der Zeitung ein Bildwitz oder Cartoon auf:

Sprachspiele üben ganz offensichtlich auf Hörer und Leser einen besonderen Reiz aus. Sie erregen zunächst Aufmerksamkeit, verwirren durch ungewöhnliche, ja überraschende Sprachverwendung, verblüffen durch mehr oder weniger raffiniert arrangierte Mehrdeutigkeit, besitzen einen gewissen Rätseleffekt, der zur Suche nach einer „Lösung“ auffordert, kurz: Sie haben - jedenfalls wenn sie gelungen sind - „Pfiff“!

Den ästhetischen Reiz pfiffiger Sprachspiele nutzen nicht nur Werbetexter und Cartoonisten. Auch Schriftsteller, besonders Autoren von Kinder- und Jugendliteratur, verfassen experi-

mentelle Texte, in denen der kreative Umgang mit Sprache oft ein erstaunliches Niveau erreicht, schreiben ganze „Sprachbastelbücher". Darin oft enthaltene konkrete, visuelle Poesie ist nur ein besonders bekanntes Beispiel für ungewöhnliche, neue literarische Ausdrucksformen. Sprachspiele können ganz allgemein den aufgeschlossenen jungen und schon älteren Leser besonders zeitgenössischer Literatur in seiner Freizeit begeistern.
Den Reiz sprachspielerischer Texte kann sich aber auch der Vorschulunterricht und der Deutschunterricht an Grundschulen und Schulen der Sekundarstufe zunutze machen. Die dem Sprachspiel immanente Motivationskraft fördert die Freude am Lesen, fordert zu genauer Analyse und Interpretation heraus, schafft durch Reflexion über Sprache Sprachbewusstsein und regt zu eigenen kreativen Gestaltungsversuchen der Schüler und Schülerinnen an. Als Unterrichtsgegenstand verbindet das Sprachspiel Sprachdidaktik und Literaturdidaktik, integriert die Vermittlung sprachlichen Wissens in die Förderung sprachlichen Könnens. Mit Hilfe des Sprachspiels kann so an die Stelle eines allzu formalen Grammatikunterrichts eine funktionale Sprachreflexion treten: „Regel entdeckendes Lernen", Regel anwendendes „handlungsorientiertes Lernen", über kreative analoge Textgestaltung „produktionsorientiertes Lernen".

Das vorliegende Buch ist deshalb einerseits ein Vorsprech- und Vorlesebuch zur Sensibilisierung für die vielfältigen Ausdrucksformen und Ausdrucksweisen unserer Sprache, insbesondere für ihre mit den Sinnen wahrzunehmenden Elemente, während des kindlichen Spracherwerbs. Eltern, Erzieher, Kindergärtnerinnen mögen mit Freude die anregenden Wirkungen auf ihre Zuhörer beobachten!

Das Buch ist darüber hinaus ein Lesebuch für Schüler und Schülerinnen der Grundschule und der Orientierungsstufe, eine Anthologie reizvoller sprachspielerischer Texte recht verschiedener Arten und Gattungen, die sehr verstreut veröffentlicht wurden und deshalb nicht immer leicht zugänglich sind. Leser oder Leserin mögen ihr Vergnügen an den Texten haben!

Das Buch soll schließlich aber auch Sprachbuch für den muttersprachlichen Deutschunterricht der Primar- und Sekundarstufe sein, Impulse geben zum Nachdenken über Sprache, zur Untersuchung des sprachlichen Regelsystems und der regelgeleiteten Kommunikation in einem „textorientierten Grammatikunterricht", ermutigen zum „kreativen Schreiben" und Gestalten von Eigentexten. Lehrende und Lernende mögen ihren Gewinn daraus ziehen!

Quarnbek-Stampe, im September 2000 — Winfried Ulrich

A Theorie des Sprachspiels

I Begriffsbestimmung

Der Ausdruck „Sprachspiel“ erscheint in der Fachliteratur in unterschiedlichen Zusammenhängen und wird dabei auch mit verschiedenen Bedeutungen verwendet. Sehr verbreitet ist die Lesart, die der Philosoph Ludwig Wittgenstein in seinen „Philosophischen Untersuchungen“ (1953) dem Begriff verliehen hat. Für ihn ist Sprache immer und überall Handeln in Lebenskontexten, und dieses Handeln ist regelgeleitet. Dabei fordern verschiedene Lebensformen auch verschiedene Verwendungsformen von Sprache (z.B. bitten, fragen, erklären) mit je spezifischen Verwendungsregeln. Nur bei Beachtung dieser Regeln kann sprachliche Verständigung gelingen. Auf diesen Zusammenhang soll der Terminus „Sprachspiel“ bei Wittgenstein hinweisen.

Einen ganz anderen Gebrauch von dem Wort „Sprachspiel“ machen psychologisch-pädagogische Veröffentlichungen, die sich mit dem Thema „Lehren und Lernen durch Spielen“ befassen. Aus entwicklungspsychologischen Gründen und zur Stärkung der Lernmotivation erscheint es im Unterricht oft angebracht, Lernprozesse durch Spiele vorzubereiten, einzuleiten, zu begleiten oder sogar zu bewirken. Das gilt auch für den Lerngegenstand Sprache und sprachliche Kommunikation. Alle Lernspiele, die der Förderung der Sprachkompetenz dienen, werden als „Sprachspiele“ bezeichnet, also Rollenspiele im Rahmen der Gesprächserziehung genauso wie etwa das Ordnen verwürfelter Textteile oder Wortteile zu einem Ganzen. In diesem Zusammenhang ist „Sprachspiel“ ein methodischer Terminus des Sprachunterrichts.

Noch weiter fasst unsere Allgemeinsprache den Begriff. „Sprachspiel“ kann dort jedes Spiel in der Freizeit, bei Festen und anderen Gelegenheiten sein, das sich mit Sprache befasst, also das Silben- oder Kreuzworträtsel genau so wie Frage- und Ratespiele („Ich seh und seh, was du nicht siehst...“), bis hin zu Robert Lemkes „Heiterem Beruferaten“ im Fernsehen.

Von allen drei erwähnten Gebrauchsweisen und Bedeutungen des Ausdrucks „Sprachspiel“ möchte ich mich im Folgenden deutlich absetzen und unterscheiden. Anders als bei Wittgenstein soll nicht jegliches Sprachhandeln auch Sprachspiel sein, sondern nur eine einzige Handlungsform, nämlich das Experimentieren mit sprachlichen Zeichen, mit den Regeln des sprachlichen Zeichensystems und mit den Regeln der sprachlichen Kommunikation. Solches Experimentieren setzt probeweise an die Stelle „normaler“ Sprache, d. h. an die Stelle normgerechter, konventioneller, üblicher, unauffälliger Sprache, die normabweichende, d. h. die ungewöhnliche, überraschende, verfremdete, rätselhafte, vielsagende oder auch nichtssagende Sprache.
Solches Experimentieren nutzt die Sprache nicht einfach als selbstverständliches Mittel menschlicher Verständigung, individuellen und kollektiven Handelns, sondern macht die Sprache selbst zum Gegenstand der Betrachtung und Untersuchung, zum Handlungsobjekt. Experimentieren heißt unter bestimmten Versuchsbedingungen beobachten und Entdeckungen machen, heißt genau gezielte und begrenzte Veränderungen am Objekt vornehmen und wieder beobachten und Ergebnisse wahrnehmen. Experimente dienen somit der Erforschung der Eigenschaften des Objekts. Sprachexperimente können dem Beobachter vorher übersehene, bis dahin unbekannte Merkmale und Funktionsweisen des Gegenstandes offenbaren. Sie

sind darüber hinaus schöpferische Akte, denn die bewusst vorgenommenen Veränderungen am Objekt können aus diesem etwas Neues machen. Die Sprache tritt plötzlich in einer Weise in Erscheinung, wie man ihr normalerweise wohl nie begegnet wäre. Und sie vermittelt, anders als vorher zwar, doch weiterhin Informationen, manchmal sogar umfassender als vor der Änderungsoperation. Ist schon die normale Verwendung von Sprache als Verständigungsmittel eine hochkomplexe geistige Leistung, die in der Natur allein der Gattung Mensch vorbehalten ist, so kann man das Experimentieren mit Sprache ohne Übertreibung als eine der kreativsten Leistungen des Menschen bezeichnen.

„Sprachspiel“ wird also das Experiment genannt, mit dem man herausfinden will, was Sprache unter besonderen Umständen alles ist und alles vermag. Die Bezeichnung „Spiel“ deutet darauf hin, dass die Tätigkeit nicht der Verwirklichung äußerer Ziele dient (Denken und Verständigung, Sprache als Mittel zum Zweck), sondern dass sie gewissermaßen zweckfrei ist, oder besser gesagt: einen Selbstzweck darstellt, dass sie durch Funktionslust und Freude am Geschehen und an den Ergebnissen gekennzeichnet ist. „Spielen“ schafft einen fiktiven Raum, für den man besondere Regeln vereinbart, an die sich die Mitspieler halten, so lange das Spiel andauert. Beim Spielen braucht man Glück, prüft und erweitert aber vor allem die eigenen Fähigkeiten und Fertigkeiten. Beim Spielen mit Sprache ist das Glück der kaum zu erzwingende Einfall, sind es die durch irgendetwas oder irgendwen angeregte Idee und die sich ergebende Gelegenheit, mit der Sprache etwas Bestimmtes auszuprobieren; die Verwirklichung des Einfalls, das Umsetzen der Idee aber unterscheidet den guten vom schlechten „Sprachspieler“, verbessert mit der Zeit aber auch das spielerische Können und steigert dadurch wiederum die Spielfreude. Kurz: Sprache erweist sich als ausgezeichnetes „Spielzeug“ für Kinder, Jugendliche und auch für Erwachsene.

Fassen wir kurz zusammen:
„Sprachspiel“ ist der lustbetonte, von äußeren Verwendungszwecken gelöste experimentierende Umgang mit Sprache, der sie zum Objekt der vielfältigen Veränderung und Beobachtung macht.

II Merkmalsanalyse

Untersucht man mündlich übermittelte oder schriftlich fixierte „Sprachspiele“ genauer, so kann man über die bereits getroffenen Feststellungen hinaus, die zunächst einmal vor allem der Abgrenzung gegenüber anderen Lesarten des Wortes dienen sollten, durch eine Merkmalsanalyse zu präziseren Ergebnissen kommen. Insgesamt vier Bedingungen müssen notwendigerweise erfüllt sein, damit man von einem „sprachspielerischen Text“ reden kann. Sie sind aber auch hinreichende Bedingungen, sodass jeder Text, der sie erfüllt, zur Textsorte Sprachspiel gerechnet werden kann. Die vier Bedingungen oder Merkmale sind nicht völlig unabhängig voneinander, sondern sie hängen eng miteinander zusammen, überlappen sich teilweise.

Als erstes und wohl wichtigstes Merkmal ist die Abweichung des Textes von der sprachlichen Norm zu nennen. Freilich muss diese Abweichung absichtlich vorgenommen worden sein; sie darf nicht wie in einem Schüleraufsatz als unabsichtlicher Fehler unterlaufen sein. Spielregel

1 lautet also: Verstoße gezielt und konsequent gegen eine üblicherweise geltende und befolgte sprachliche Regel!

Der Grad der Normabweichung kann dabei von Fall zu Fall erheblich schwanken. Ein ungewöhnlicher, wenig gebräuchlicher, in anderem Zusammenhang gebräuchlicher oder sogar gar nicht gebräuchlicher Ausdruck allein macht noch keinen Text zum Sprachspiel, genau so wenig wie ein einziges Missverständnis oder eine andere misslingende Sprachhandlung schon als solche. Es kommt auf die überzeugende Integration dieser Erscheinungen in den Text an, auf ihre Funktion im Text, ihren Beitrag zum Textganzen, ihre Vertextung eben. Dabei spielen Wiederholungen des gleichen Normverstoßes und deren Verteilung im Textaufbau oft eine wichtige Rolle. So kann eine an sich leicht verzeihliche und kaum auffällige Ungewöhnlichkeit im Text ins Blickfeld des Lesers gerückt und zur gewollten Besonderheit, zur sprachlichen Extravaganz gemacht werden.

Prüfen wir dazu einmal als Beispiel die Wortwiederholung. Sie gilt im allgemeinen als unschön und besser zu vermeiden, unterläuft uns in spontaner Rede aber täglich. Auch aus der offenbar beabsichtigten Wiederholung kann man vielleicht auf besonderen Nachdruck, auf Emphase schließen, nicht aber auf ein spielerisches Experiment: „Ich lasse mich doch nicht beleidigen, von Ihnen beleidigen, nicht beleidigen!“ Zum Sprachspiel wird die Wortwiederholung dagegen in dem Vers des Barockdichters Paul Fleming (1609-1640):

Dein Tod hat meinen Tod, du Todes Todt, getödtet.

Die an sich unbedeutende, wenig störende Erscheinung der Wiederholung ist hier bedeutsam geworden, textbildendes Bauprinzip, beredtes Zeugnis eines Bemühens, die klanglichen und inhaltlichen Ausdrucksmöglichkeiten einer gereihten Wiederholung auszuloten. Hier wird der christliche Glaube an die Erlösung von Schuld und Strafe durch Christi Tod am Kreuz auf eine Kurzformel von unerhörter Konzentration und Dichte gebracht. Das Ergebnis der spielerischen (das heißt ja nicht etwa: einer unernsten, wenig Tiefgang besitzenden) Erprobung von Leistungsfähigkeit der sprachlichen Wiederholung verdient zweifellos Anerkennung. Das ist nun allerdings bei einem anderen Text noch viel mehr der Fall, den man von vornherein wohl nicht ohne weiteres als sprachspielerisch ansehen wird. Gemeint ist das folgende großartige Herbstgedicht von Rainer Maria Rilke (1875-1926), auf dessen Interpretation hier freilich verzichtet werden muss:

Die Blätter fallen, fallen wie von weit,
als welkten in den Himmeln ferne Gärten;
sie fallen mit verneinender Gebärde.

Und in den Nächten fällt die schwere Erde
aus allen Sternen in die Einsamkeit.

Wir alle fallen. Diese Hand da fällt.
Und sieh die andre an: es ist in allen.

Und doch ist Einer, welcher dieses Fallen
unendlich sanft in seinen Händen hält.

Die Bandbreite der Normabweichungen ist groß. Das Gegenstück zum spielerisch funktionalisierten bloß ungewöhnlichen Ausdruck oder Verhalten ist die totale Missachtung und Außerkraftsetzung sprachlicher Grundregeln. Das kann so weit gehen, dass man ein dargestelltes Objekt kaum noch oder nicht mehr als Sprache, d. h. als konventionelle Verbindung von Laut- bzw. Buchstabenfolge und Bedeutung, wiederzuerkennen vermag. Nach einer Textaussage wagt man als Betrachter einer solchen Graphik kaum zu suchen. Was z. B. fängt man mit folgenden „konkreten Gedichten“ von Gerhard Rühm (geboren 1930) und Wolf Wezel (geboren 1935) an, veröffentlicht in G. Rühm (1970): gesammelte gedichte und visuelle texte. Reinbek: Rowohlt bzw. in W. Wezel (1968): meinsein. München: Jürgen Willing Verlag:

uuuuuuuuuuuuuuuuu
uuuuuuuuuuuuuuuuu
uuuuuuuuuuuuuuuuu
uuuuuuuuuuuuuuuuu
uuuuuuuuduuuuuuuu
uuuuuuuuuuuuuuuuu
uuuuuuuuuuuuuuuuu
uuuuuuuuuuuuuuuuu
uuuuuuuuuuuuuuuuu

s
e n
m i
n

In beiden Texten sind auf den ersten Blick nur Buchstaben als optisch wahrnehmbare Materialsegmente unserer Schrift zu erkennen. Bedeutungtragende Wortbausteine, Wörter, syntaktische Fügungen, ein Satz mit einer Aussage: Alles scheint zu fehlen. Haben wir es etwa mit Graphiken zu tun, die nur statt anderer Figurationen Buchstaben gewählt haben? Soll hier etwa mit Sprache so gespielt werden, dass sie sinnentleert wird und in ihre materiellen Elemente zerfällt? Auch das könnte ja (vgl. Formen der modernen abstrakten Malerei!) Mitteilungsabsicht der Textproduzenten sein.
Bei genauerem und längerem Hinsehen fällt dann aber auf, dass Rühm seinen „Leser“ anspricht, dass sich unter den vielen gleichartigen in Zeilen und Spalten aufgereihten „u“ ganz in der Mitte verborgen ein einziger anderer Buchstabe befindet, nämlich ein „d“, das mit dem folgenden „u“ zusammen ein Wort bildet, das Anredepronomen „du“. Über die Textaussage mag spekuliert werden. Jedenfalls redet hier ein Autor seinen Leser in einer vertrauten und dabei sehr versteckten Weise an, fordert ihn vielleicht zum intensiven Mittun bei der Deutung des Textes auf.

Nicht viel anders verhält es sich bei der wirrer erscheinenden Buchstabengruppierung von Wezel. Wer nicht den Titel „meinsein“ der Buchveröffentlichung kennt, mag Mühe haben, mit ständigem Wechsel der Leserichtung von Buchstabe zu Buchstabe die beiden Wörter „mein“ und „sein“ herauszulesen. Hat er es geschafft, so bleiben immer noch viele Fragen einer „Textinterpretation“ offen: Geht es dem Verfasser des Textes um den Gegensatz und die Spannung zwischen den beiden „besitzanzeigenden“ Fürwörtern und damit um eine Art Kritik an der „kapitalistischen“ Gesellschaft mit der großen Bedeutung des persönlichen Eigentums? Geht es ihm eher um die Wortverknüpfung „mein sein“, die auf individuelle Freiheit, Selbstbewusstsein und Persönlichkeitsbildung zielt? Oder geht es ihm inhaltlich um gar nichts, sondern praktisch um einen Appell an die Betrachter/Leser, sich an diesem konkreten Beispiel reflektierend, konstruierend und produzierend mit ihrer Sprache auseinanderzusetzen? Auch dann hätten wir es mit einem aus dem Rahmen der Normen fallenden „Sprachspiel“ zu tun.

Damit sind wir eigentlich schon beim zweiten der hier anzuführenden Merkmale des „Sprachspiels“, denn das zweite Merkmal ist eine durch Normabweichung hervorgerufene Ambiguität, eine anfängliche oder gar andauernde Unklarheit des Sinnes, der Textbedeutung, der Aussageabsicht des Verfassers. „Spielregel“ 2 lautet deshalb: Drücke dich undeutlich aus! Gib nicht klar und schnell zu erkennen, was du mit deinem Text eigentlich meinst!

Die Ambiguität ist eine unmittelbare Folge der Normwidrigkeit. Im Allgemeinen dient die strikte Beachtung sprachlicher Regeln der gelingenden Verständigung auch unter schwierigen Bedingungen. Wir versuchen uns also im täglichen Leben meist so auszudrücken, dass wir uns anderen eindeutig verständlich machen. Und wir wollen andere verstehen und bemühen uns bei Rede mit dunklem Sinn um Aufhellung und Aufklärung. An sich vieldeutige Blicke, Minen und Gesten werden zumeist durch die gesamte Kommunikationssituation klar, in der sie bemerkt werden. Potentiell mehrdeutige Wörter und Sätze werden fast immer durch den sie umgebenden Kontext eindeutig. Sprachwissenschaftler nennen diesen Vorgang die normale „Disambiguierung“, also Vereindeutigung durch den situativen oder den sprachlichen Kontext. Sollte dieser Prozess der Disambiguierung einmal ausbleiben, dann können wir das Gelingen der Verständigung durch metakommunikative Kommentare sichern, zurückfragend („Sag mal, wie meinst du das? Wie soll ich das verstehen?“) oder uns erklärend („Damit du mich nicht falsch verstehst, ich meine das so und so!“).
Sprachspiele bilden auch in dieser Hinsicht die große Ausnahme unter den verschiedenen Formen sprachlichen Handelns und sprachlicher Ausdrücke: Nicht nur dass sie die übliche Disambiguierung vorhandener Mehrdeutigkeiten durch den Kontext sehr oft vermeiden, sie legen es durch gezielte Kontexteinbettung geradezu darauf an, Unklarheiten und Mehrdeutigkeiten zu schaffen, wo an sich gar keine sein müssten. Sprachspielerische Texte stellen die Verhältnisse auf den Kopf: Sie ambiguieren bewusst durch den Kontext!
So erscheint z. B. ein Satz wie

Vorhang auf für eine packende Zukunft.

ziemlich klar und eindeutig, wenn es auch etwas merkwürdig erscheint, dass für kommende aufregende und spannende Zeiten „ein Vorhang aufgezogen“ werden soll. Diese Bemerkung versteht man entweder metaphorisch im Sinne einer Ankündigung: Wir zeigen euch jetzt, vergleichbar einem spannenden Theaterstück auf der Bühne, welch eine aufregende neue Zeit bevorsteht. Der Satz verweist also auf einen Kontext, lässt nach diesem Fragen, damit man noch mehr über seinen Inhalt und die weiteren Zusammenhänge erfährt.

Der Blick auf den Kontext allerdings bietet eine Überraschung. Der zitierte Satz ist Schlagzeile einer farbigen Werbeannonce der Firma SIG Combibloc (im HANDELSBLATT vom 9.12.1997), in welcher er sowohl situativ (durch ein Bild) wie auch verbal ambiguiert wird. Eine farbige Zeichnung zeigt einen Mann, der auf einer Leiter steht und wie bei einer Denkmalsenthüllung ein rotes Tuch von einem großen blauen Block abzieht, diesen so den Blicken der Betrachter freigibt und als überdimensionale „Verpackung" erscheinen lässt, mit dem Firmenlogo SIG. Außerdem findet man unten auf der Werbeanzeige unter dem Firmennamen den Zusatz: *Verpacken wie 'ne Eins.* Durch zweifachen Hinweis wird also klargestellt: Geworben wird hier von der und für die Verpackungsindustrie. Die „packende Zukunft" ist also im Leitsatz als „zukünftige Verpackung" oder „Zukunft der Verpackung" zu verstehen.
Ist dieser Vorgang aber wirklich eine Ambiguierung? Handelt es sich nicht vielmehr um eine Umdeutung, bei welcher der Leser zunächst eine Lesart vermutet hat, die sich dann bei näherer Betrachtung als nicht zutreffend, gar nicht gemeint herausgestellt hat? Gegen eine solche Analyse spricht zunächst, dass die Verwendung des Partizips „packend" (anders als die Präfixbildung „verpackend") zumindest in attributiver Verwendung zu „Zukunft" in der Bedeutung „etwas in etwas anderes hineintun" sehr ungewöhnlich ist und so nicht den Regeln des Wortgebrauchs entspricht. Vor allem aber weist die Werbeanzeige an anderer Stelle selbst explizit darauf hin, dass sie den Ausdruck „packende Zukunft" mit einer zweiten Lesart versehen will, ohne die erste aufzugeben. Der Ausdruck soll semantisch schillern, im Zwielicht zweier Interpretationsmöglichkeiten stehen: „Als einer der weltweit führenden Hersteller von Getränkekartons wollen wir unsere Leistungen für Sie in Zukunft noch packender gestalten." Der Ausdruck „Getränkekartons" stützt die eine Lesart des Verbs „packen", der Ausdruck „noch packender gestalten" die andere.

Das dritte Merkmal des „Sprachspiels" ist sein Rätselcharakter. Normwidrigkeit und Ambiguität machen einen Text nicht gerade leichter lesbar, erschweren vielmehr dem sinnsuchenden Leser herauszufinden, was der Verfasser denn nun eigentlich „meint" und sagen möchte. Er unterstellt dem Verfasser aber im Allgemeinen eine Aussageabsicht und strengt sich an, diese zu entdecken, für den rätselhaft erscheinenden Text eine „Lösung" zu finden. Die „Spielregel" 3 lautet deshalb für Verfasser von Sprachspielen: Gestalte deinen Text so, dass man ihn nicht sofort versteht, dass man von ihm aber eine sinnvolle Aussage erwartet und auf diese neugierig ist, mit ihr die Lösung für das Rätsel zu finden hofft, das der Text aufgibt.

Bekanntes und populäres Beispiel für diesen Rätselcharakter von Texten sind Witze und ihre Pointen. Gerade für den Witz ist typisch - und wer hat diese Erfahrung noch nie selbst gemacht? - , dass man ihn unter Umständen nicht versteht, dies aber sehr wohl auch merkt, denn irgendwie fließen die aufgenommenen und verarbeiteten Teilinformationen nicht zu einem sinnvollen Ganzen zusammen. Man weiß, dass der Witz zu den pointierten Texten gehört, dass er also über seine oberflächliche Informationsstruktur hinaus eine überraschende Wende enthält, in der zwei Bedeutungen, zwei Lesarten, zwei Sachverhalte zusammenstoßen (Pointe), was beim Witz zugleich Komik erzeugt, über die man lachen oder schmunzeln kann. Das Rätsel des Witzes ist also erst gelöst, wenn man die erheiternde Pointe entdeckt hat. Gelingt das nicht, so fragt man sich (oder andere): Was soll das eigentlich bedeuten? Erklär mir das doch bitte einmal!
Sie war das dünnste und leichtsinnigste Mädchen in der ganzen Stadt. Jedesmal wenn sie einen Kirschkern verschluckt hatte, verließ ein Mann Hals über Kopf den Ort.
Nicht jedem gelingt es auf Anhieb, den inhaltlichen roten Faden durch diesen Kurztext zu finden, die semantische „Isotopieebene" wahrzunehmen, die sich aus einigen Gemeinsamkeiten von „dünn", „leichtsinnig", „Mädchen", „verschluckter Kirschkern", „Mann", „Ort verlassen" ergibt und diese Wortreihe zusammenschließt. Aber nur dann kann man auch erschlie-

ßen, was zwischen den Zeilen steht, nämlich den optischen Anschein einer Schwangerschaft mit verschiedenen potentiellen Vätern. Nur dann erschließt sich der Text als Anspielungswitz (freilich mit gewaltiger Übertreibung, die für Witze aber nicht untypisch ist) mit Doppeldeutigkeit und Zusammenstoß zweier Sachverhalte in der Pointe: leichte Bauchwölbung a) infolge eines verschluckten Kirschkerns, b) infolge von Schwangerschaft.

Gelegentlich hat man selbst dann Schwierigkeiten, die Pointe zu finden und somit das Texträtsel zu lösen, wenn die Textstelle auffällt, an der die Pointe sich befinden muss:
Der Angestellte rennt im Büro auf und ab und jammert: „O Gott, diese Kopfschmerzen! Hab' ich Kopfschmerzen! Ich verlier noch meinen Verstand." - Darauf der Chef: „Lehmann, wenn Sie krank sind, gehen Sie nach Hause! Aber hören Sie auf, hier herumzurennen und zu prahlen!"
Nanu: „prahlen"? Das Wort fällt aus dem Rahmen. Es stört die Stimmigkeit des bis dahin keine Unstimmigkeit enthaltenden Textes; es erscheint als Verstoß gegen das linguistische Prinzip und die sprachlich-kommunikative Forderung der „Textkohärenz", der inneren Widerspruchsfreiheit von Texten. Wenn es kein unbeabsichtigter Versprecher des Erzählers ist, dann hat der es vermutlich gerade darauf angelegt, seine Hörer vorher in Sicherheit zu wiegen und plötzlich aus dieser Sicherheit herauszureißen. Die merken jedenfalls: Über das letzte Wort muss ich nachdenken, um die Lösung zu finden. Ich muss den vorausgehenden Text noch einmal rekapitulieren und prüfen, ob ich seine Teilinformationen auch anders ordnen kann als beim ersten Hören oder Lesen (Versuch eines „Rearrangements"), ob es eine Möglichkeit gibt, das scheinbar unpassende Wort doch sinnvoll in den Textaufbau zu integrieren, es mit den anderen Textelementen verträglich zu machen. An dieser Stelle der Textrezeption entscheidet sich, ob man den Witz versteht oder nicht. Man löst das Rätsel, sobald man „prahlen" als „mit Worten großtun, angeben" versteht, die Worte Lehmanns unter die Lupe nimmt, nur zwei Aussagen findet: „Kopfschmerzen haben" und „den Verstand verlieren", die erste davon mit Sicherheit als Angeberei ausschließen kann, in der zweiten aber eine zunächst überhörte oder überlesene Voraussetzung (linguistisch: „Präsupposition") entdeckt, welche die Worte des Chefs „zweideutig" macht: Wer einen Verstand verlieren kann, muss erst einmal einen haben. Und diese Selbsteinschätzung Lehmanns teilt der Chef offenbar nicht.

Nicht nur Witze, nicht nur andere Texte mit Pointen (Anekdoten, Aphorismen u.a.) sind Rätseltexte, jedes Sprachspiel ist ein solcher. Ein frühes Gedicht von Günter Grass (aus seinen „Gesammelten Gedichten" von 1971) besteht aus nur vier Zeilen:

Eine Katze liegt in der Wiese.
Die Wiese ist hundertzehn
mal neunzig Meter groß;
die Katze dagegen ist noch sehr jung.

Ein harmlos erscheinender, nahezu belangloser, nichtssagender, langweiliger Text! Bei genauerem Hinhören aber zeigt sich auch hier ein Kohärenzverstoß. Das adversative Konjunktionaladverb „dagegen" bereitet Probleme. Es dient zum Ausdruck gespannter, ja gegensätzlicher Beziehungen zwischen zwei Aussagen. Aber wo ist hier denn von einem Gegensatz die Rede? Dazu muss man doch erst einmal zwei miteinander vergleichbare Erscheinungen haben, die sich in einem gemeinsamen Merkmal vergleichen lassen. Die Überschrift des Gedichtes „Vergleichsweise" unterstellt auch eine solche Vergleichsmöglichkeit. Die Lösung des Rätsels lässt sich nur auf einer sehr abgehobenen, abstrakten, um nicht zu sagen philosophischen Ebene finden: Verglichen werden hier zwar nicht die sprichwörtlichen „Äpfel und Birnen", dafür aber die noch verschiedeneren Erscheinungen „Katze" und „Wiese". Vergleichbar sind sie hier nur im Blick auf ihre Ausdehnung, allerdings Ausdehnung in den verschiedenen Dimensionen von Zeit und Raum. Die Katze ist „sehr jung", also wenig ausgedehnt in der Zeit, die Wiese ist relativ „groß", also ziemlich ausgedehnt im Raum. Und da haben wir die Begründung für das Wörtchen „dagegen".

Das vierte Merkmal des „Sprachspiels" ist darin zu sehen, dass es auf dem Weg über Ambiguität und Rätseleffekt der vordergründigen ersten Textbedeutung eine zweite, zusätzliche Lesart anfügt, eine weitere Bedeutung oder Textaussage konstituiert. Auf diese zusätzliche Information kommt es bei der Produktion und Rezeption sprachspielerischer Texte gerade an. Sie sind deshalb besondere Formen und Mittel indirekter Kommunikation. Die „Spielregel" 4 lautet somit: Drücke dich so aus, dass sich hinter der Fassade eines ersten Aussageinhalts noch ein zweiter befindet!

Bereits in der Antike hat man diese Eigenschaft des Sprachspiels geschätzt. Das berühmte Orakel zu Delphi gab auf Anfragen meist Auskunft in „sibyllinischer" Form, Weissagungen, hinter deren oberflächlich verstandenem Wortlaut sich noch ein zweiter Sinn verbarg. So hat etwa der Lydierkönig Kroisos erst zu spät gemerkt, dass die Weissagung, *er werde nach Überschreiten des Grenzflusses Halys ein großes Reich zerstören,* sich nicht wie angenommen auf das Großreich der Perser bezog, sondern auf den Untergang seines eigenen Imperiums.

Ganz allgemein läßt sich feststellen: Das Sprachspiel knüpft an uralte Vorstellungen der Menschen an, dass ihre Sprache nicht nur die beiden Aufgaben hat, zur Bezeichnung, Ordnung und Speicherung der Erscheinungen der erfahrenen Welt im Gedächtnis zu dienen (Benennungsfunktion) sowie zwischenmenschliche Kommunikation zu ermöglichen (Verständigungsfunktion), sondern noch eine dritte: Medium zu sein, über das die Götter sich den Menschen mitteilen können (Offenbarungsfunktion). In den meisten Mythologien und Religionen ist die Sprache göttlichen Ursprungs, oft von realitätschaffender Kraft in Schöpfungsgeschichten („Und Gott sprach..., und es ward...") und auch im Munde „Berufener" von übernatürlicher Kraft (etwa in Beschörungs- und Zaubersprüchen, Segenssprüchen und Verfluchungen, aber auch bei Namensgebungen, die dem Namensträger Heil und Glück bringen sollen).
Bei den Griechen teilten sich die Götter den Menschen in Orakeln, Rätseln, Mysterien mit; und man benötigte oft weise Übersetzer und Deuter, um die Aussagen der Götter zu verstehen. Die christlichen Theologen sahen die Bibel als „Heilige Schrift", nicht als schlichtes Menschenwort, sondern als von Gott dem Schreiber direkt diktiertes Gotteswort an („Verbalinspiration") und entwickelten im frühen Mittelalter die Lehre vom vierfachen Schriftsinn. Nach dieser Lehre und Auslegungspraxis hat das Wort in der Bibel nicht nur den buchstäblichen, unmittelbar zu erfassenden Sinn, sondern noch weitere, darunter verborgene, tiefere Sinnschichten. So kam es zur Tradition der allegorischen Auslegung der Heiligen Schrift.
Die frommen Dichter des späteren Mittelalters und der frühen Neuzeit übertrugen die allegorische Deutung der biblischen Texte auf ihren Umgang mit der Allgemeinsprache. Wenn man nur genau hinhört oder hinsieht, so zeigt sich der göttliche Ursprung der Sprache auch bei ihrer Verwendung außerhalb des Sakralen. Besonders Barockdichter haben so den Geheimnissen der deutschen Sprache nachgespürt und in ihr überraschende Entdeckungen gemacht. Dem Zeitgeist entsprechend sieht z. B. Daniel von Czepko (1605-1660) es nicht all bloßen Zufall oder nur als Ergebnis sprachgeschichtlicher Entwicklungen an, dass das Ebenbild Gottes mit dem Wort „Mensch" bezeichnet wird:

Mensch, das Wort Mensch sagt dir, was vor ein Mensch du bist:

Im Wort, in dir ist MENS, ist ENS - was mehr? ein CHrist.
Das Lateinische galt neben dem Griechischen und Hebräischen als „lingua sacra" und besaß über die lateinische Bibel, die Vulgata, eine hohe Autorität. Somit ist es schon etwas Großartiges, wenn das Deutsche sich auf das Lateinische in der Ausdeutung seiner Wörter stützen kann (lat. mens = Verstand, Geist, Seele; lat. ens = seiend, existierend).
Der weniger fromme Sprachkünstler konzentriert sich nicht darauf, in der Sprache bereits vorhandenen zusätzlichen Sinn aufzuspüren, ihr geistliche oder weltliche Geheimnisse zu entlocken, sondern er wendet viel Mühe auf, in der Sprache durch besondere Kunstgriffe und Manipulationen geheime Mitteilungen zu verstecken. Zumeist ist dieses Versteckspiel freilich darauf angelegt, dass die geheimen Botschaften schließlich doch entdeckt und verstanden werden. Der Adressat soll vor allem die Kunstfertigkeit des Verfassers bewundern und sich durch die ungewöhnliche „Post" besonders geehrt fühlen.
So bringt es der Schweizer Heinrich von Laufenberg (1390-1460) bereits im 15. Jahrhundert fertig, durch geschickte Anordnung der Wörter am Zeilenanfang in einem Kirchenlied (!) „Maria hilf" einen sehr weltlichen Gruß unterzubringen: *Frow Margaret, nim hin von mir / ein vasnaht kuechli send ich dir.* Ebenfalls zur Kunstform des Akrostichons (die ersten Buchstaben, Silben oder Wörter eines Gedichtes bilden zusammen ein Wort) greift Jahrhunderte später Johann Christian Günther (1695-1723) in einem Liebesgedicht, das den Namen seiner Angebeteten versteckt verrät: Magdalena (E)Leonora Jachmann(in), in vielen späteren Gedichten immer nur Leonore genannt:

GLAUBE UND HOFFNUNG

***M**ein Vertrauen gründet sich*
***A**uf zwei Pfeiler, die nicht wanken:*
***G**laub und Hoffnung führen mich*
***D**urch die engen Lebensschranken*
***A**n das Ziel, wo Kampf und Streit*
***L**orbeerkränze prophezeit.*

***E**her wird ein morsches Rad*
***N**eunzig Zentner und den Wagen*
***A**ls ein zweiflender Soldat*
***E**inen Zweig von Palmen tragen;*
***L**äufer, die der Kranz erhitzt,*
***E**ilen, ob der Fuß gleich schwitzt.*

***O**hne Glauben, ohne Licht:*
***N**iemand sitzt im Finstern sicher,*
***O**hne Glauben siegt man nicht.*
***R**edet selbst, ihr stummen Bücher:*
***A**brahams Gerechtigkeit*
***I**st des Glaubens Ehrenkleid.*

***A**uch die Hoffnung stärkt das Herz:*
***C**reuz und Christ sind gerne Brüder.*
***H**ält nun gleich ein herber Schmerz*
***M**eine Großmut an und nieder,*
***A**ch, so fällt mir dennoch ein:*
***N**ach den Tränen schmeckt der Wein.*

Niemals wird ein Heldenmut
In der Kummersee ersaufen;
Noä Kasten trotzt der Flut,
Bis die Wässer sich verlaufen.
Wer den Hoffnungsanker hat,
Findet bald ein Ararat.

Die Huldigung mit Hilfe eines Akrostichons ist nur eines der vielen Beispiele für mancherlei Erprobungen der Leistungsfähigkeit unserer Sprache zur hintergründigen Ausdrucksweise. Moderne Dichter setzen traditionelle Formen wie die des Anagramms (durch Vertauschung der Buchstabenreihenfolge entsteht ein neues Wort) fort, entwickeln daraus aber neuartige Formen konkreter Poesie, wie im folgenden Beispiel Timm Ulrichs (geboren 1940) mit einem Montage-Gedicht, mit dem er sich engagiert für den Umweltschutz einsetzt. Wer wird durch die vier fiktiven Straßenschilder nicht an illegal am Straßenrand in die freie Natur „entsorgten" Müll erinnert?

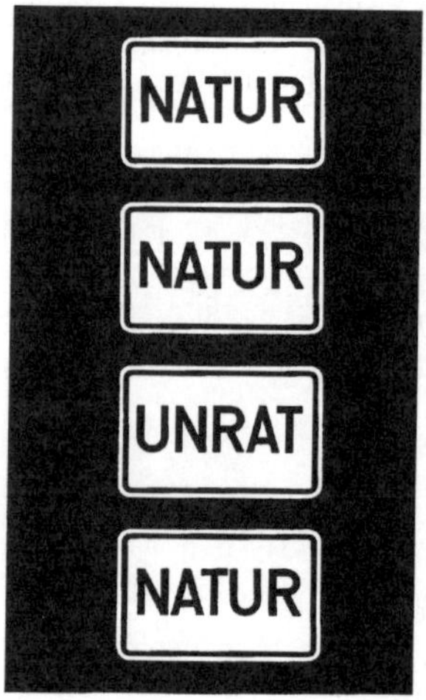

Über das Anagramm hinaus geht Hansjörg Mayer (geboren 1943), wenn er im Zusammenhang mit den Antivietnamkriegsdemonstrationen der 60er Jahre in Deutschland das Palindrom (ein Wort lässt sich vorwärts und rückwärts lesen, in der strengen Form bleibt das gleiche Wort erhalten: ROTOR, in der freieren Variante ergibt sich ein anderes Wort REGEN-NEGER) nutzt, um daraus ein politisches Gedicht in Gestalt eines magischen Quadrats zu konstruieren, das man auch von oben nach unten und umgekehrt lesen kann:

s a u
a u s
u s a

Visuelle Poesie erweist sich als ein weiteres Musterbeispiel dafür, dass man der Sprache eine zweite Aussage abringen kann, dass gerade das sichtbare Sprachmaterial eine eigene Aussagequalität erhält, die zum normalen konventionellen Bedeutungsgehalt der Wörter oder Sätze hinzukommt.

Fassen wir die vier Merkmale des „Sprachspiels“ einmal kurz in Stichworten zusammen:
- intentionale Normabweichung (bis hin zum Regelverstoß),
- Ambiguität (sprachstrukturell oder kontextuell),
- Überraschung (Pointe) und Rätseleffekt,
- Konstituierung einer zusätzlichen Lesart/Aussage.

III Spielarten

Es sind sehr unterschiedliche Texte und Textsorten oder Textarten, welche die angeführten Merkmale des Sprachspiels aufweisen. Eine Einteilung, eine Klassifizierung ist deshalb nicht einfach. Dennoch möchte man schon ganz gern über das jeweilige interessante Einzelbeispiel hinaus systematisch erfassen, welche „Spielarten“ von Sprachspielen es gibt.
Eine Systematisierung erscheint mindestens in zwei Richtungen möglich. Man kann die Menge sprachspielerischer Texte von ihren Unterschieden gegenüber „Normaltexten“ oder von ihren sprachlichen, linguistisch zu beschreibenden Formen her gruppieren. Im ersten Fall geht es mehr um die „Machart“ eines Textes im Blick auf die Verfasserabsicht, auf sein Verhältnis zum Adressaten. Im zweiten Fall geht es mehr um das „Material“ eines Textes, um die Technik der sprachlichen Abweichung und Verfremdung.

Zur ersten Form der Systematisierung: In welcher Weise und in welcher Absicht wenden sich also „Sprachspieler“ an ihre Hörer oder Leser? Was bewegt sie, sich ungewöhnlich, unklar, rätselhaft und mehrdeutig auszudrücken?
Oder aus der anderen Kommunikationsrichtung gefragt: Wie nehmen Hörer oder Leser sprachspielerische Texte auf? Was irritiert sie, was reizt sie, was fasziniert sie an ihnen? Was erregt ihren Unwillen bei der Suche nach Sinn? Unter welchen Umständen steigern die Schwierigkeiten des Textverstehens den ästhetischen Genuss der Textrezeption?
Eine Systematisierung, die diese Fragen zu beantworten versucht, lehnt sich an die im vorigen Kapitel vorgenommene Merkmalsanalyse an. Ich kann mich deshalb an dieser Stelle kurz fassen, ohne meine verwendete Begrifflichkeit erneut zu erläutern. Ich unterteile damit Sprachspiele in vier Gruppen und gebe für jede Gruppe an, welche Hauptintentionen das Verhalten von Sprecher oder Schreiber einerseits, Hörer oder Leser andererseits steuern:

- Sprache verfremden - Sprache wiedererkennen und neue Seiten an ihr entdecken,
- Sinn verbergen - verborgenen Sinn suchen und finden,
- in Rätseln sprechen - Rätsel raten und lösen,
- Pointen bilden - Pointen erfassen und genießen.

Eine solche Systematik hat den Vorzug, Texte nicht formal, sondern leistungsbezogen und vor allem unter kommunikativ-inhaltlichem Aspekt einzuteilen. Sie hat den Nachteil, dass die Einteilungskriterien nicht immer scharf zu trennen sind, sondern sich teilweise überlappen und miteinander verbinden. Sie ist außerdem sicher unvollständig und ergänzungsbedürftig. Beide Nachteile weist die zweite systematische Gruppierung viel weniger auf; sie ist dafür recht formal. Sie ist aber die in der einschlägigen Literatur fast überall verwendete. Sie orientiert sich an den sprachlichen Ausdrucksmitteln der Texte und folgt der internen Systematik der neueren Sprachwissenschaft. Auch die Reihenfolge der in der vorliegenden Sammlung vorhandenen Texte folgt linguistischen Überlegungen. Die Sammelüberschriften der Textgruppen kommen deshalb zusammengenommen einer Einführung in die Linguistik recht nahe.

Entscheidend für die Wahl dieser Systematik war, dass der erste der beiden jedem Text unmittelbar folgenden Kommentare ein textanalytischer, in geringerem Maße auch ein textinterpretatorischer sein muss. Dieser Kommentar führt die Bezeichnung „Textmerkmale" und weist in knappen Stichworten auf die wichtigsten Elemente der jeweiligen sprachspielerischen Gestaltung hin. Er soll dem Leser auch bei zunächst flüchtiger Betrachtung schnell zeigen, welche Verfremdungstechniken in diesem Fall verwendet worden sind oder wenigstens im Vordergrund stehen. Gerade für knappe Aussagen in dieser Richtung ist man auf ein gewisses Maß an linguistischen Grundkenntnissen beim Leser und auf linguistische Kategorisierung und Terminologie bei Analyse und Beschreibung des Textes angewiesen.

In der neueren Sprachwissenschaft ist es guter Brauch geworden, Sprachbeschreibung nicht wie früher mit den Lauten zu beginnen, über Wörter zu den Sätzen zu gelangen und mit ihnen aufzuhören, sondern Sprache zunächst und vor allem als komplexes Sprachhandeln in Texten zu verstehen: Sprache wird definiert als „zwischenmenschliches Handeln mit Hilfe von Texten", Text wird definiert als „thematisch orientierte Äußerungsmenge, die in einer Situation kommunikativ funktioniert". Sprachhandeln und Text sind an feste gesellschaftliche Vereinbarungen gebunden, konventionell fixiert, regelgeleitet. Ohne solche Regeln könnten sie gar nicht funktionieren, wäre sprachliche Verständigung unmöglich. Das Sprachspiel nun setzt die eine oder andere dieser Regeln für einen Augenblick außer Kraft und gewinnt dadurch seine Besonderheit. Es verwundert vor diesem Hintergrund sicher nicht, dass die ersten beiden „Klassen" von Sprachspielen unter folgenden Überschriften zusammengefasst sind:

- Spiele mit Regeln des Sprachhandelns,
- Spiele mit Regeln der Textbildung.

Die Einzelkommentare zu den Texten geben dann genauer an, gegen welche Regeln verstoßen wird. Dies sind z. B. die kommunikative Regel der Aufrichtigkeit sprachlichen Handelns (dass man also wirklich meint, was man sagt, und nicht etwa den Partner an der Nase herumführt wie Signor Veneranda in Manzonis Geschichten), die Forderung nach klarem Bezug der Äußerung auf einen gemeinten Sachverhalt oder Gegenstand in der außersprachlichen Wirklichkeit, die Notwendigkeit der Angemessenheit der Rede, angemessen an die konkrete Situation (wo befindet man sich, mit wem hat man es dort zu tun, von welchen Kenntnissen, Interessen, Absichten, Gefühlen und Stimmungen der Partner muss man ausgehen?), und angemessen an die konkrete Sozialbeziehung zwischen den Kommunikationspartnern (welche sozialen Rollen tragen sie, wie sind sie vorher miteinander umgegangen und ausgekommen?). Unter den Textbildungsregeln gibt es Verstöße gegen das Prinzip, bei einem Thema zu bleiben und dies konsequent und Schritt für Schritt zu entfalten (keine unzusammenhängenden Sprachfetzen, keine Auslassungen von Wichtigem und keine Abscheifungen ins Unwichtige, keine inneren Widersprüche, kein Ausgleiten ins Unverständliche).

- Spiele mit Regeln der Satzbildung

Sprachliche Texte sind zumeist aus Sätzen aufgebaut. Diese sollen festgelegten Satzbildungsmustern folgen und damit grammatisch und inhaltlich vollständig sein (Satzellipsen sind in besonderen Situationen zulässig), sie dürfen aber auch bei grammatischer Korrektheit eine gewisse Länge und Komplexität nicht überschreiten, wenn sie die Aufnahmefähigkeit des Hörers oder Lesers nicht überfordern und nicht inakzeptabel werden sollen. Um akzeptabel zu bleiben, müssen in Satzreihen und Satzgefügen die Gliederungssignale korrekt gesetzt werden, z. B. müssen Großschreibung am Satzanfang und Satzschlusszeichen wie auch Auseinanderschreibung von Wörtern Erkennungshilfen sein. Die Zeichensetzung muss stimmen. Die Reihenfolge der Satzglieder muss der angestrebten Bedeutung des Satzes entsprechen, die Konjunktionen müssen die logischen Beziehungen zwischen den verbundenen Elementen richtig verdeutlichen, die Modalwörter und Modi Indikativ bzw. Konjunktiv das Verhältnis der Aussagen zur Realität angeben.

- Spiele mit Regeln der Wortbildung

Die deutsche Sprache zeichnet sich gegenüber anderen durch die außerordentlich Vielfalt der Wortbildungsmöglichkeiten und die enorme Länge und inhaltliche Komplexität der Wortbildungsprodukte aus. Deshalb gibt es auch sehr viele Wortbildungsspiele, in denen etwa „Bandwurmwörter" gebildet werden, die so wenig akzeptabel erscheinen wie zu lange Sätze. Es gibt aber auch eine immer wieder überraschende Kreativität im Bilden „neuer Wörter", die in der vorgestellten Weise nicht im Lexikon verzeichnet sind, entweder überhaupt nicht oder nicht in den vorgeschlagenen inhaltlichen Umdeutungen.

- Spiele mit Regeln der Wortflexion

Konjugation, Deklination und Steigerung unterliegen festen Normen, sind bei jedem Fremdsprachenerwerb als Muster, als paradigmatischen Reihen sehr früh zu lernen. Die systematischen Wortformänderungen bilden aber auch als Paradigmen keinen Satz oder Text, sie müssen sich dazu erst mit anderen Wörtern zu Syntagmen zusammentun. Das Sprachspiel zeigt, dass es auch anders sein kann. Und natürlich können „Wort-Beugungen" auch dort erheitern, wo sie gar nicht hingehören.

- Spiele mit Wortbedeutungen

Wer die konventionelle tradierte Bindung von Wortkörper und Wortinhalt, von Laut- oder Schriftgestalt und Bedeutung eines Wortes auflöst, zerstört die sprachlichen Grundlagen der Verständigung. Bei Sprachzeichen muss man wie bei allen echten Zeichen die zugeordnete Information kennen, kann diese nicht einfach verändern. Wortbedeutungen sind aber andererseits nicht selten unscharf, mit einem einigermaßen festen Bedeutungskern (denotative Bedeutung) und viel beweglicheren Rändern (konnotative Bedeutung). Außerdem sind die meisten Wörter, ja nahezu alle Wörter potentiell mehrdeutig, werden erst bei Einbettung in einen Kontext durch diesen eindeutig. Auch geht es nicht nur um die Bedeutungen von Wörtern (einfachen und zusammengesetzten), sondern auch um die Bedeutungen von festen Redewendungen (wörtlich gemeinten und metaphorisch verwendeten). Diese Bedeutungsstruktur der Sprache muss beachten, wer verstanden und nicht missverstanden werden will. Es muss sie auch gut kennen, wer anspruchsvolle indirekte Kommunikationsformen schätzt und Anspielungen machen will.

- Spiele mit Regeln des Wortschatzes

In unserem Gedächtnis speichern wir Wörter und Wendungen mit ihren Bedeutungen nicht isoliert, von einander getrennt. Vielmehr ist unser inneres, mentales Lexikon wohlstrukturiert, wenn auch nicht alphabetisch geordnet. Die Beziehungen der Lexikonelemente (Lexeme) untereinander erleichtern uns ihre Speicherung und ihr Abrufen bei Bedarf. Die Beziehungen können z. B. der Homonymie zuzurechnen sein (äußere Übereinstimmung von Wörtern bei unterschiedlichen Bedeutungen), der Homophonie (nur gleich gesprochen, verschieden geschrieben) oder der Homographie (nur gleich geschrieben, verschieden gesprochen). Sie können als Synonyme (Wörter mit annähernd gleicher Bedeutung) ein ganzes Wortfeld abdecken, als Antonyme in inhaltlichem Gegensatz zueinander stehen oder als Ober- und Unterbegriffe (Hyponymie) hierarchische Verhältnisse im Wortschatz spiegeln. Auch das Verhältnis zwischen heimischen Wörtern und Fremdwörtern ist nicht immer ungetrübt, und Fremdwörter richtig zu gebrauchen ist nicht jedermanns Sache.

- Spiele mit Sprachlauten

Zungenbrecher und andere manchmal kunstvoll, manchmal künstlich fabrizierte Texte mit Häufung bestimmter Laute und Lautkombinationen oder mit Auslassung bzw. Austausch bestimmter Laute sind schon im Kindesalter beliebte Sprachverfremdungen. Auch bei Erwachsenen bleibt der Klang der Sprache eine wichtige, mit den Sinnen aufmerksam wahrzunehmende Eigenschaft. Das führt einerseits zu Reimspielen, etwa dem Schüttelreim, andererseits zu anspruchsvoller Lautmalerei in Gedichten und zu Sprachexperimenten in „Lautgedichten" moderner konkreter Poesie.

- Spiele mit Buchstaben

Wer in der Schule das ABC lernen muss, freut sich über Lernhilfen wie gereimte ABC-Verse. Diese gibt es seit langer Zeit in einfacher und anspruchsvollerer Form auch für Erwachsene. Denn sie sind nicht nur Lernhilfen, sondern auch wohlkomponierte und z. T. recht komische Gebilde. Jedenfalls zeigen Sie das Material unserer Schrift in ganz anderer Weise als in Standardtexten. Das Material kann sich hier ein wenig dem Gebrauch entziehen und regelwidrig verselbstständigen. Noch ungewöhnlicher ist die Mischung von Buchstaben mit anderen Zeichen, etwa mit namentlich zu lesenden Zahlen oder auch mit Buchstaben, die im Wort nicht ihren üblichen Lautwert vertreten, sondern als Buchstabenbezeichnungen zu lesen sind und dann ganze Silben oder Wörter ersetzen können. Schließlich seien hier die gelehrte und die galante Sprachspielerei früherer Jahrhunderte nicht vergessen, Texte, in denen durch Markierung bestimmter Buchstaben „geheime" Botschaften übermittelt wurden.

- Spiele mit Regeln der Rechtschreibung

Wer beherrscht die Orthographie schon ganz sicher, besonders in Zeiten heftigen Streits um Rechtschreibreformen und ihren Nutzen? Gelegentliche Verstöße gegen die Regeln können als Rechtschreibfehler die Verständigung kaum stören, jedenfalls nicht ernsthaft gefährden. Völliger Verzicht auf die Unterscheidung von Groß- und Kleinschreibung kann da schon Probleme verursachen, Trennungsfehler können zu Missverständnissen führen. Und selbst die unterschiedlichen Schreibweisen eines Namens können zu kleinen Katastrophen führen, wenn man sie nicht sicher im Griff hat.

- Spiele mit Mundarten

Regionale Dialekte sind keine selbstständigen Sprachen, sondern Varietäten der überregional gebräuchlichen deutschen Standardsprache. Sie haben mit dieser viele Gemeinsamkeiten, aber eben auch ihre jeweils spezifischen Besonderheiten. Die Spannung zwischen beidem hat ihren besonderen Reiz, z. B. in der stärkeren Emotionalität und dem größeren Bilderreichtum der Mundarten, insbesondere aber in ihren standardnormabweichenden Klangfärbungen. So hört man schon gern Mundart mit dem Ohr des Hochsprachsprechers und -hörers. So sind aber auch sonstige grammatikalische und lexikalische Besonderheiten für den Hochsprachler eher Abweichungen, besonders wenn sie lässiger Umgangssprache ähneln oder sich mit ihr mischen.

- Spiele mit der Sprachgestaltung

Die Normabweichungen in dieser Textgruppe bestehen nicht aus Regelverletzungen auf einer bestimmten Ebene der Sprachreflexion. Es sind vielmehr durchweg Experimente mit der äußeren Erscheinungsweise, der Gestalt eines geschriebenen oder gedruckten sprachlichen Ausdrucks. Auf diesem Gebiet haben sich gerade in den letzten Jahrzehnten viele Autoren betätigt.
Bezeichnend für die Darstellungen ist die Tendenz zur „Konkretheit" der Sprache, der Versuch, das Äußere des Ausdrucks so zu formen, daß es selbst aussagekräftig wird: Buchstaben, Einzelwörter, Sprach-Montagen, Sprach-Collagen, Konstellationen werden zur Graphik. Die Graphik bedeutet etwas, sie wiederholt die Bedeutung des verwendeten Ausdrucks bildnerisch, erweitert sie oder steht zu ihr in Spannung bis hin zum Widerspruch. Visuelle Poesie als Form der konkreten Poesie läßt den Betrachter über das Auge neue Spracherfahrungen machen.

IV Funktionsbeschreibung

Gelungen erscheinende sprachspielerische Texte zu hören und zu lesen ist als solches bereits ein Vergnügen. Wer nicht nur interessierter Zuhörer oder Leser, sondern auch Sprachlehrer ist, hat sich daran gewöhnt, Texte auch mit den Augen seiner Schüler und Schülerinnen zu erfassen und über ihre mögliche Funktion innerhalb von Lehr- und Lernprozessen im Unterricht nachzudenken. Was können Sprachspiele in der Schule leisten? Welches ist ihr sprachdidaktischer Wert?

Die Antwort fällt natürlich bei jedem Einzeltext etwas anders aus. Deshalb folgt in der vorliegenden Textsammlung jedem Textbeispiel nach dem textanalytischen Kommentar „**Textmerkmale**" noch ein didaktischer Kommentar. Unter der Überschrift „**Anregungen**" soll dort kurz und in Stichworten angedeutet werden, welche Möglichkeiten des Umgangs mit dem Text dem Herausgeber und Kommentator eingefallen sind. Es sind wirklich nur Anregungen, subjektiv und unvollständig, auch in der Reihenfolge eher subjektiv. Sie sollen Anstöße geben zum didaktisch-methodischen Reflektieren, sollen Hinweise auf weiterführende Arbeit sein, sollen den Leser besonders auch auf eigene Einfälle kommen lassen.
Die Einzelanregungen sind freilich auch nicht ganz zufällig oder gar willkürlich. Vielmehr weisen sie in wenige Hauptrichtungen. So sollen in der folgenden Zusammenschau drei Grundarten des didaktischen Umgangs mit sprachspielerischen Texten erläutert werden. Ich formuliere dabei zunächst jeweils das Lernziel.

- Entwicklung von Ambiguitätstoleranz und Ambiguitätsgenuss

Zu den wichtigsten Aufgaben des Deutschunterrichts gehört zweifellos, Fähigkeiten zu vermitteln, die das Misslingen sprachlicher Verständigung möglichst verhindern und zu ihrem Gelingen beitragen. Zur kommunikativen Kompetenz gehört neben der Beherrschung von

Lexikonregeln (Wortschatz) und Grammatikregeln auch die von pragmatischen Regeln. Der amerikanische Sprachphilosoph H. P. Grice hat vorgeschlagen, von vier „Konversationsmaximen“ auszugehen, die als ungeschriebene Gesetze unser kommunikatives Wollen und Handeln bestimmen. Die ersten drei Maximen beziehen sich auf die jeweils notwendige Informationsmenge einer Äußerung („maxim of quantity“), auf den Wahrheitsgehalt („maxim of quality“) und auf die Bedeutsamkeit („maxim of relevance“). Die vierte Maxime, die der Art und Weise, etwas zu sagen („maxim of manner“) lautet im Original: „Say things clearly and briefly“, also: „Äußere dich klar und kurz!“ Die Erläuterung dazu „avoid obscurity and ambiguity“ läßt sich frei so formulieren: „Vermeide Unklarheiten, vermeide Zweideutigkeiten und Doppelsinn der Äußerung!“

Grice hat recht. Er hat jedenfalls recht, soweit es um „normale“ Alltagskommunikation geht. Denn unklare Äußerungen müssen den um Verstehen bemühten Hörer oder Leser verunsichern, können zu Nichtverstehen oder Missverstehen führen. Die Sensibilisierung Lernender für ungewollte Ambiguitäten und Polysemien ist ein zentrales Anliegen des Sprachunterrichts: Ursachen für Nichtverstehen und Missverstehen sollen vermieden, wenigstens aber entdeckt und anschließend beseitigt werden.

Grice hat nicht recht. Er irrt sich jedenfalls in der proklamierten Allgemeingültigkeit seiner Feststellung und Forderung. Mehrdeutigkeit ist nämlich ein Merkmal unserer Sprache, das auch produktiv genutzt werden kann. Und dies geschieht auch. In der Dichtung, in Werbeslogans und Werbeanzeigen sowie in anderen Bereichen ist funktionale Mehrdeutigkeit oft sogar ein entscheidendes, den Text überhaupt erst konstituierendes Merkmal.

Die Beschäftigung mit, ja die intensive Untersuchung von Mehrdeutigkeiten und sprachlichen „Dunkelheiten“ im Unterricht bleibt dennoch richtig. Sie dient eben nicht nur der Vermeidung misslingender Verständigung, sondern sie verschafft darüber hinaus den Lernenden überhaupt erst einen Zugang zum Verständnis einer großen Zahl von Texten, die für ihr Leben bedeutsam sind. Dies gilt etwa für die meisten poetischen Texte. Es ist wichtig, dass Schüler und Schülerinnen früh zu unterscheiden lernen, in welchen Kommunikationssituationen und in welchen Texten eine Disambiguierung, also die Vereindeutigung potentieller Mehrdeutigkeit durch den Kontext, förderlich oder gar notwendig ist, in welchen Texten und Sprachverwendungssituationen Ambiguität dagegen erhalten bleiben darf und vom Hörer oder Leser zu tolerieren ist. Dieser muss lernen, bei seinen Bemühungen um Verständnis nicht vor Ambiguität zu kapitulieren (ein vorschnelles „Das versteh ich nicht!“ oder gar „Was soll denn der Quatsch?“), sondern sie hinzunehmen und mit ihr fertig zu werden. Er soll sie in ihrer Funktion verstehen. Er kann vielleicht sogar begreifen, dass eine Ambiguierung durch die Art der Textgestaltung bewusst angestrebt wird. Unter Umständen vermag er dann der Ambiguität einen Reiz abzugewinnen, Freude an ihr zu haben, sie ästhetisch zu genießen.

Dass Ambiguierung und Ambiguität für sprachspielerische Texte Textsortenmerkmal sind, ist nun oft genug gesagt worden. Vom Umgang mit diesen Texten im Unterricht geht eine hohe Sensibilisierung aus. Die Sensibilisierung fördert die Kommunikationsfähigkeit der Schüler in zwei Richtungen: Im Blick auf das Ausdrucksverhalten (produktives Sprachhandeln) begünstigt sie das Gelingen der Alltagskommunikation. Im Blick auf das Verstehen anderer (rezeptives Sprachhandeln) fördert sie die sprachliche Aufnahmefähigkeit bei anspruchsvollen Texten.

- Entwicklung von Sprachbewusstsein und metakommunikativer Kompetenz über Sprachreflexion und über Vermittlung von Sprachwissen

„Entdeckendes Lernen“ ist eins der modernen pädagogischen Zauber- und Beschwörungswörter. Schüler sollen ihren Lernstoff nicht einfach vorgesetzt bekommen, von anderen fertig zubereitet und mundgerecht gemacht. Sie sollen ihre Erkenntnisse im selbständigen Umgang mit den Erscheinungen unserer Welt gewinnen, neugierig und aufgeschlossen sein, scharf beobachten und eigenständig Zusammenhänge erfassen. Das kann natürlich nur gelingen, wenn wissbegierige Kinder und Jugendliche mit motivierenden, lernanregenden Gegenständen zusammenkommen oder zusammengebracht werden. Der Gegenstand darf dabei gern herausfordern, Schwierigkeiten bieten, wenn deren Bewältigung keine Überforderung ist.

Im Bereich des Sprachunterrichts leitet kaum etwas anderes so zum entdeckenden Lernen an wie das Sprachspiel. Normabweichungen und Regelverstöße auf verschiedenen Ebenen des Sprachsystems und im Bereich der Sprachhandlungskonventionen erregen nicht nur Aufmerksamkeit, lassen nicht nur stutzen und staunen, sondern fordern zur Suche nach Lösungen auf. Gerade auf dem Umweg über ihre Verneinung werden Norm, Regel, Konvention ins Bewusstsein gehoben. Die Vermittlung von Sprachbewusstsein und die Anleitung zu bewusstem Sprachhandeln sind die obersten Ziele eines zeitgemäßen Grammatikunterrichts.

Im Verlauf des kindlichen Mutterspracherwerbs hat das Individuum eine Fülle von Sprachimpulsen aufgenommen und „verarbeitet“ und aus ihnen phonologische, morphologische, syntaktische, textuelle, lexikalisch-semantische und pragmatische Regeln abgeleitet und gespeichert, auch angewendet. Diese „verinnerlichten“ Regeln sind ihm dabei aber nicht bewusst. Ihre Bewusstmachung ist Aufgabe des Sprachunterrichts. Im Unterschied zur spontanunbewussten Regelanwendung ermöglicht die reflektiert-bewusste nämlich in ganz anderer Weise Auswahl und Kontrolle.
Der naive Sprecher redet ohne großes Zaudern daher, wie es ihm gerade in den Sinn kommt oder auf der Zunge liegt. Er überlegt nicht, ob er etwas so oder so sagen soll. Zu einer Auswahl aus dem strukturellen Repertoire, aus dem Reichtum möglicher Formulierungen und Ausdrucksvarianten für einen bestimmten Bewusstseinsinhalt ist nur in der Lage, wer diesen Reichtum wenigstens in Teilen überblickt. Die Wahl haben, sich für und gegen bestimmte Ausdrucksformen entscheiden zu können: Das erst bedeutet flexible und souveräne Sprachbeherrschung, die sich an der jeweiligen Intention, dem Partner und der Situation zu orientieren vermag.
Der Plapperer oder Schwätzer kontrolliert auch kaum die Wirkung seiner Worte auf sein Gegenüber. Bei Wahrnehmung einer unerwarteten Verhaltensweise macht er jedenfalls nicht seine eigenen sprachlichen Formulierungen dafür verantwortlich. Die eigenen Äußerungen kontrollieren heißt aber nun gerade, auf ihre Wirkung bedacht sein, indem man nach Zusammenhängen zwischen gewähltem Ausdruck und eintretender Reaktion des Partners sucht und sein zukünftiges Sprachverhalten nach den Ergebnissen richtet.

Bestandteil einer umfassenden Sprachkompetenz mit Auswahl und Kontrolle ist neben einem umfangreichen Wortschatz (manche Sprachspiele experimentieren mit lexikalischen Regeln und regen dadurch zur Wortschatzerweiterung an) eine umfassende Kenntnis der Grammatik, der Regeln der Textbildung und der Regeln sprachlichen Handelns. Solche Kenntnis setzt Distanz zur Sprache (anstelle ausschließlich spontaner Anwendung) voraus, die Fähigkeit, sprachliche Äußerungen zu vergleichen, zu beurteilen und diese Beurteilungen auch auszusprechen. Reflexion über Sprache vermittelt metasprachliche Begriffe, mit deren Hilfe man Metakommunikation betreiben und das Gelingen der Verständigung absichern kann. Das Ziel der Förderung metakommunikativer Kompetenz der Schüler in dem genannten Sinne rechtfertigt neben dem Ziel der Schaffung von Sprachbewusstsein den funktionalen und textorientierten Grammatikunterricht als wichtigen Bestandteil des muttersprachlichen Deutschunterrichts. Die Untersuchung sprachspielerischer Normwidrigkeiten und funktionaler Regelverletzungen kann in einem solchen Grammatikunterricht eine zentrale Rolle übernehmen.

- Entwicklung kreativer Schreib- und Textbildungsfähigkeiten über Gestaltungsversuche nach dem Analogieprinzip

„Handlungsorientierter Unterricht" ist ein zweites pädagogisches Zauberwort unserer Tage. Lernen soll nicht reine kognitive Wissensvermittlung sein, sondern mit allen Sinnen geschehen („mit Kopf, Herz und Hand"). Es soll vor allem aktives Lernen sein, bei dem der Lernende selbst sinnvoll handelt, möglichst sogar produktiv handelt. Auf diese Weise soll man vor allem das Lernen selbst lernen. Zugespitzt formuliert: Der Weg (der Lernprozeß selbst) ist das Ziel (und nicht das dabei erworbene Einzelwissen).
Handlungs- oder produktionsorientierter Deutschunterricht verbindet sich begrifflich oft mit „kreativem Schreiben". Dieses soll dem traditionellen oder dem kommunikativen Aufsatzunterricht wichtige innovative Impulse geben, indem es Schüler anregt, über gelesene Texte und/oder persönliche Vorstellungen und Gefühle nicht nur zu reden, sondern zu schreiben. Die gelesenen Vorlagen sind Schreibanstöße, sie vermitteln auch Einfälle, Ideen zur Textveränderung, zur schriftlichen „Antwort", zum Verfassen analoger Texte.

Sprachspiele regen intensiv zu kreativem Schreiben an. Sobald nämlich ein Sprachspiel verstanden, in seiner Technik und Machart durchschaut worden ist und von den Schülern als gelungen und pfiffig beurteilt wird, reizt es auch zur „Nachahmung", zur Übertragung auf eigene Gestaltungsversuche mit den gleichen oder mit abgewandelten Bauprinzipien.
Die Freude über „gegen den Strich gebürstete" Sprachverwendung, über eine verblüffende und dabei geistreiche Form der Mitteilung macht Mut, selbst mit Sprache zu experimentieren und ihr vielfältiges Potential für direkte und indirekte Aussagen zu erproben. Dabei schärft gerade der eigene Gestaltungsversuch die Sinne, wirkt fördernd auf die sprachästhetische Wahrnehmungsfähigkeit zurück. Als zusätzliche Ermutigung zum Schreiben kann über die motivierende Textvorlage hinaus in vielen Fällen Sprachmaterial angeboten werden, das sich für eine analoge Textgestaltung besonders eignet.

B Texte und Kommentare

I Spiele mit Regeln des Sprachhandelns

1

Unbekannter Zeichner

Textmerkmale

- Dreiteiliger Cartoon mit mehrdeutiger nichtsprachlicher Handlung: einen Hut in der Hand halten und einer anderen Person entgegenstrecken.
- Nichtsprachliche Handlung ist kommunikativ, richtet sich absichtsvoll an Passanten:
  Bedeutung A: Ich bitte um eine milde Gabe.
  Bedeutung B: Bitte, nehmen Sie doch den Hut!
- Missverständnis: Bettler meint A, Passant versteht B.
  Oder vorgetäuschtes Missverständnis: Passant nutzt die günstige Gelegenheit aus und deutet die Geste zu seinem Vorteil in B um.

Anregungen

- Cartoon „lesen" und besprechen: Was geschieht zwischen Bild 1 und Bild 3?
- Mehrdeutigkeit der Situation und der Geste des Bettlers herausarbeiten.
- Wahrscheinlichkeit eines echten oder eines vorgetäuschten Missverständnisses prüfen.
- Mögliche Fortsetzungen des Geschehens senden.
- Inhalt des Cartoons zu einer „Geschichte" versprachlichen, mündlich oder schriftlich.
- Episode spielerisch darstellen.

2 HEI !

Zwei Fische treffen sich im Meer.
„Hei", sagt der eine.
„Wo?" fragt der andere.

Unbekannter Verfasser

Textmerkmale

- Homophonie (Gleichklang) zweier Wörter mit unterschiedlicher Bedeutung und Schreibweise: Hai – Hei.
  Missverständnis: Verwechslung von Begrüßungsformel mit Warnruf.

Anregungen

- Zunächst nur die ersten beiden Zeilen vorlesen (oder bei abgedeckter dritter Zeile auf Projektor lesen lassen) und über mögliche Reaktionen des anderen Fisches spekulieren.
- Pointe der dritten Zeile bekannt geben und deuten.
- Fortsetzung des Dialogs entwickeln (Aufklärung des Missverständnisses oder Erläuterung des Scherzes, den sich der zweite Fisch erlaubt).

3 Nicht richtig verstanden

„Komm doch rein!" fordert Jörg seinen Freund auf. „Ach nee, lieber nicht", meint Karsten, „ich habe ganz schmutzige Füße." – „Das macht doch nichts. Du kannst ja deine Schuhe anbehalten."

Henning guckt über den Zaun. Der Nachbar karrt Mist durch den Garten. „Wo kommt denn der Mist hin?" – „Auf die Erdbeeren." – „Ui", sagt Henning, „wir tun immer Sahne drauf."

Heiko hat zum Geburtstag einen jungen Hund geschenkt bekommen. Als er ihn an der Leine spazieren führt, trifft er Stefan. Der meint: „Das ist aber noch ein kleines Tier! Ziehst du ihn groß?" „Nein", widerspricht Heiko, „ich lass ihn wachsen!"

„Und wo haben Sie die Schmerzen zuerst gespürt?" – „In der Lessingstraße, Herr Doktor."

Die Mutter einer Schülerin kommt zur Elternsprechstunde in die Schule. Der Hausmeister begegnet ihr am Schuleingang und sagt: „Seien Sie bitte ganz leise im Haus!" – „Wieso? Schlafen die Kinder?"

Ein Polizist hält Reinhard an und sagt: „An deinem Rad brennt die Lampe nicht. Du musst absteigen!" – „Hab' ich schon versucht", meint Reinhard, „aber dann brennt sie auch nicht".

Winfried Ulrich (*1941)

Textmerkmale

- Witze, in denen es jeweils um ein Missverständnis geht.
- Mehrdeutig sind Einzelwörter (Erdbeeren, wo), Wortgruppen (schmutzige Füße, großziehen) oder ganze Sprachhandlungen (Grund für das Leisesein, Zweck des Absteigens).

Anregungen

- Witze mit verteilten Rollen vorlesen, auswendig sprechen, vorspielen lassen.
- Pointen erläutern: Worüber lachen wir?
- Nach anderen Missverständniswitzen suchen und diese der Klasse/Gruppe vorstellen.

4

Unbekannter Zeichner

Textmerkmale

- Dreiteiliger Cartoon mit sprachlichem Missverständnis.
- Ursache des Missverstehens ist die mehrdeutige Satzellipse (Verkürzung des Satzes auf ein einziges Wort).
- Beide Satz-Vollformen lauten:
  A Dort ist ein Feuer ausgebrochen!
  B Geben Sie mir bitte Feuer!

Anregungen

- Die beiden Bedeutungen des „Einwortsatzes" angeben.
- Klären, weshalb der Polizist dumm reagiert (Situation beschreiben lassen).
- Fortsetzung der „Geschichte" entwickeln.

5 Getuschel

Die da
ist mit
der da da
und
der da
ist mit
dem da da
und
da ist
das da
damit da
und
die da
war mit
dem da da
als da
die da
den da sah

Jürgen Spohn (*1934)

Textmerkmale

- Verwendung vieler hinweisender Ausdrücke (Demonstrativpronomen, Demonstrativadverbien), von denen für den Leser (anders als für einen Augenzeugen) unklar bleibt, auf wen und auf was sie sich beziehen.
- Verzicht auf Satzzeichen und Satzgliederungssignale (Großschreibung am Satzanfang).
- Klangspiel mit Häufung des Lautes a in betonten Silben und Häufung des Wortanlauts d.
- Dominanz des inhaltlich schillernden Ausdrucks „da“.

Anregungen

- Langsam lesen lassen mit "Ertasten" der Pausen.
- Inhalt deuten.
- Text leise „tuschelnd“ sprechen und abhören: Überschrift deuten.

"Pfui!"

Bernhard-Viktor von Bülow (= Loriot) (*1923)

Textmerkmale

- Verkehrte Welt mit Menschen haltenden Hunden.
- Komik der Verletzung einer bekannten Norm durch Umkehrung der Rollenverteilung: Hunde sollen Menschen (aus Gesundheitsgründen) nicht das Gesicht schlecken.

Anregungen

- Bei welchen Gelegenheiten sagt man: „Pfui!"? Wann sagt man es zu Hunden?
- Austausch der Rollenklischees besprechen.
- Erörtern: Was reizt an dem Cartoon eigentlich zum Lachen?

7 Das Fenster

Herr Veneranda läutete und eine Frau öffnete die Tür.

„Was wünschen Sie?“ fragte die Frau Herrn Veneranda.
„Verzeihen Sie“, sagte Herr Veneranda,
„dürfte ich einen Augenblick aus dem Fenster schauen?“

„Aber ...“, antwortete die Frau erstaunt,
„wenn Sie unbedingt wollen, kommen Sie herein,
wenn ich auch, ehrlich gesagt, nicht verstehe...“

„Was verstehen Sie nicht?“ fragte Herr Veneranda.
„Warum Sie aus dem Fenster schauen wollen“, antwortete die Frau.
„Na ja“, sagte Herr Veneranda,
„hie und da kommt`s eben vor, dass man aus dem Fenster schauen muss.
Nicht dass ich pausenlos hinausschaue.“

„Ja, aber“, sagte die Frau, „ich verstehe nur nicht,
warum Sie ausgerechnet aus *meinem* Fenster schauen wollen.“
„Ich will absolut nicht aus Ihrem Fenster schauen“, sagte Herr Veneranda.
„Wer hat Ihnen gesagt, dass ich aus Ihrem Fenster schauen will?“

„Ich dachte, Sie wollten hereinkommen, um aus meinem Fenster zu schauen“,
sagte die Frau.
„Wenn Sie unbedingt wollen, kann ich`s ja tun“, sagte Herr Veneranda,
„aber zu Hause habe ich schließlich auch Fenster zum Hinausschauen,
warum soll ich Sie dann stören.“
„Wenn Sie wollen... es stört mich nicht –“ , stammelte die Frau.
„Danke“, sagte Herr Veneranda, „aber ich gehe lieber nach Hause.
So großartig werden Ihre Fenster gar nicht sein,
dass ich unbedingt hinausschauen müsste.“

„Ich ...“, stotterte die Frau.
„Ich danke Ihnen schön, aber ich habe keine Zeit mehr“, sagte Herr Veneranda,
„wenn Sie unbedingt wollen,
kann ich ja ein anderes Mal kommen und aus Ihrem Fenster schauen.“

Freundlich grüßte Herr Veneranda die Frau und ging.

Carlo Manzoni (1909-1979)

Textmerkmale

- Verletzung von „Aufrichtigkeitsbedingungen", ohne deren Einhaltung mündliche Verständigung nicht gelingen kann: absichtliche Täuschung und Irreführung des Partners.
- Unterscheidung des explizit Gesagten („aus dem Fenster") und des in der Situation selbstverständlich Mit-Gemeinten („aus Ihrem Fenster").

Anregungen

- Analyse: Wo werden Gesprächsregeln verletzt? Und wo setzt das Aneinandervorbeireden ein?
- Wie ließen sich die Missverständnisse im Verlauf des Gesprächs aufklären?
- „Schelmengeschichte" schreiben.

8 Morgen

Morgen
Morgen
Wann sind meine Schuhe fertig?
Morgen
Morgen?
Morgen!
Morgen
Morgen

Unbekannter Verfasser

Textmerkmale

- Dialog zwischen Kunden und Schuster mit verblüffender Wortfolge:
  7 x nur das eine Wort „Morgen", ein vollständiger Satz dazwischen.
- Unklarheit in Verteilung der Sprecherrollen (wer sagt das?) wegen fehlender Anführungszeichen.
- Unklarheit der Bedeutung der Äußerungen wegen Zweideutigkeit des Ausdrucks „Morgen" (Gruß „Guten Morgen!" gegenüber Zeitangabe „am kommenden Tag").

Anregungen

- Text erlesen und Dialogstruktur entdecken.
- Mit verteilten Rollen lesen und erspielen.
- Zeichensetzung vervollständigen (Redezeichen, Punkte).
- Text umschreiben (Übertragung auf andere Situationen mit Austausch des Fragesatzes).

9 Das Gespräch

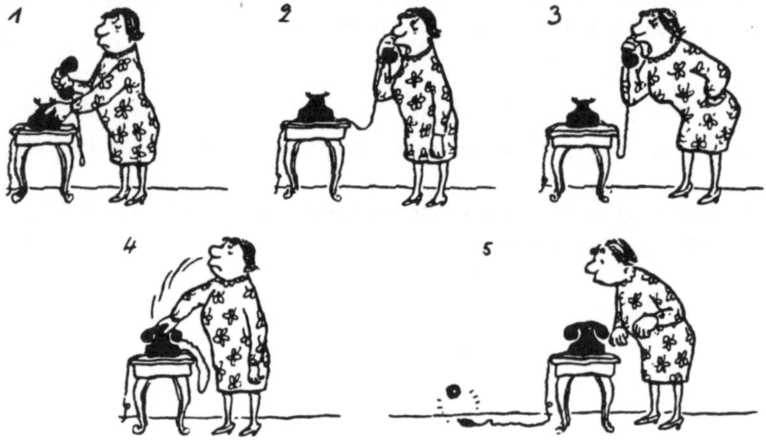

Bernhard-Viktor von Bülow (= Loriot) (*1923)

Textmerkmale

- Fünfteiliger satirischer Cartoon mit „einseitiger" monologisierender Gesprächsführung.
- Stereotyp der „geschwätzigen Frau", der ein nur vorgestellter Zuhörer genügt, die gar kein Feedback und keine Antworten oder Entgegnungen benötigt: Perversion eines wirklichen Gesprächs.

Anregungen

- Bildersequenz deuten: Erfassen der Körpersprache („Der/dem habe ich's aber gesagt!") und der Schlusspointe (kein Anschluss = kein Zuhörer).
- Möglichen Sprechtext verfassen.
- Episode spielerisch darstellen.

10 Am Telefon

Hallo!	Ja.
Kann ich mit dir reden?	Ja.
Willst du jetzt reden?	Ja.
Wer redet denn da mit dir?	Niemand.
(Pause)	
Hast du was gesagt?	Nein.
Kannst du mich hören?	Ja.
Verstehst du mich?	Ja.
Hörst du mir auch zu?	Ja.
Warum sagst du denn nichts ?	Wie?
(Pause)	
Hör mir jetzt mal bitte zu!	Ja.
Hörst du, was ich sage?	Ja, ja.
(Pause)	
Du hörst doch gar nichts.	Doch.
(Pause)	
Hör zu!	Ja.
Hörst du?	Ja.
Hör auf!	

Winfried Ulrich (*1941)

Textmerkmale

- Misslingender Versuch eines Telefongesprächs, bei dem die Gesprächspartner die technischen Probleme eines Ferngesprächs ohne Blickkontakt nicht in den Griff bekommen.
- Der Anrufer kann seine Unsicherheit und sein Misstrauen hinsichtlich der Gesprächsbereitschaft des abwesenden Partners nicht überwinden, er redet ständig von der Möglichkeit eines Gesprächs, mit dem er aber gar nicht beginnt.
- Der Angerufene lähmt den Dialog durch Wortkargheit, kommt über Einwortäußerungen nicht hinaus.
- Häufige Verwendung der Verben „reden“ und „hören“ als Schlüsselwörter für das Handlungsmuster Telefonieren.
- Am Schluss überraschender Übergang vom „Zuhörer“ zum „Aufhörer“.

Anregungen

- Mehrmaliges Sprechen des Dialogtextes mit verteilten Rollen; dabei Erprobung und Beurteilung mehrerer Varianten sinnbetonten Sprechens (eventuell Spieltelefon einsetzen).
- Darüber reden, weshalb das Gespräch scheitert und was man tun könnte, um seinen Erfolg zu sichern.
- Die Textvorlage verändern (z. B. den Angerufenen ausführlicher antworten lassen) und/oder erweitern (z. B. Fortsetzung mit Wechsel der Sprechstrategie: „Willst du mir nicht endlich sagen, weshalb du anrufst?").
- Umwandlung des Textes in einen Comicstrip mit Sprechblasen (und zusätzlichen Gedankenblasen).

11

Kurt-Uwe Nastvogel

Textmerkmale

- Gleichklang (Homophonie) von Tierbezeichnung „Kuh" und Buchstaben „Q".
- „Abstrakte Malerei": statt realistischer Wirklichkeitswiedergabe Orientierung an einer Buchstabengestalt, die nur über die Klanggestalt und über das Sprachzeichen für das Tier mit diesem verbunden ist.

Anregungen

- Linke und rechte Bildhälfte zunächst getrennt voneinander präsentieren (niemand wird einen Zusammenhang entdecken).
- Beide Bildhälften wie im Original zusammenführen (Welchen Sinn hat diese „Montage"?).
- Cartoon variieren, indem man rechte Bildhälfte und den Buchstaben auf Staffelei auswechselt (Ei – Vogelei, T – Getränk, V – Pfau, W –Zahnschmerz, C – Zeh).

12 D wie Dora

Das Telefon schellt:

„Hier ist Olaf."

„Guten Tag, Olaf! Ist dein Vater zu sprechen?"

„Nein, der ist noch nicht zu Hause."

„Hm, kannst du ihm etwas ausrichten?"

„Ja, was denn?"

„ ... dass ich morgen nicht kommen kann,
ich habe die Grippe!"

„Ja, ist gut."

„ ... übrigens, Dickmann, mein Name!"

„Wie bitte?"

„Dickmann: Dora – Ida – Cäsar – Kaufmann -
Martha – Anton – zweimal Nordpol. Alles klar?"

„Ich weiß nicht!?"

„Also, pass auf! Du sagst ihm einfach:
Dickmann hat angerufen, der ist schwer erkältet
und kann morgen nicht kommen.
Dann weiß er schon Bescheid."

„Ist gut."

„Also dann, Wiederhören!

"Wiederhören!"

Abends:
„Du, Papa! Da hat vorhin ein dicker Mann angerufen. Der ist Kaufmann
und war mit Ida und Cäsar und noch ein paar anderen zweimal am Nordpol,
und jetzt ist er schwer erkältet und kann morgen nicht kommen,
hat er gesagt."

Christa Erichson

Textmerkmale

- Unkenntnis der Konvention, am Telefon zum besseren Verständnis mit Hilfe von Namen zu buchstabieren.
- Missverständnis: Namen werden als inhaltliche Informationen aufgefasst und mit den übrigen Informationen gemischt.
- Entstehen eines komischen Nachrichtentextes durch das Bemühen, der Informationsmischung Sinn zu geben.

Anregungen

- Nur die Überschrift vorgeben und nach situativer Verwendung (am Telefon) und Sinn fragen (Vermeidung der Verwechslung ähnlich klingender Buchstaben: T, B, P ...).
- Telefongespräch mit verteilten Rollen lesen (ohne letzten Absatz) und interpretieren.
- Antizipieren: Was könnte Olaf später seinem Vater ausrichten?
- Textschluss lesen und analysieren: wie kommt Olaf zu dieser Nachricht?
- Selbst Analogietexte schreiben: Wie kann man die Informationen noch mischen?
- Gespräch Olaf – Vater spielen, in dem der Vater herauszufinden versucht, was Olaf ihm wirklich bestellen soll.

13 HOL!

Bernhard-Viktor von Bülow (=Loriot) (*1923)

Textmerkmale

- Komische Verfremdung menschlichen Handelns im Rollentausch: Hund – Mensch.
- Groteske Zuspitzung durch unverständliche Entkleidung des Mannes, der gut dressiert auf Befehl gleich ins Meer springen und den Stock apportieren wird.

Anregungen

- Über Hundedressur und den Sinn des Apportierens weggeworfener Stöcker sprechen (Spiel, notwendige Bewegung des Lauftieres, Gehorsam).
- Cartoon präsentieren und interpretieren.
- Einzelbild zur Bildsequenz ausbauen: schwimmender Mann mit Stock im Mund ...

14 Bitte weitersagen

Der Schulrat ruft bei der Schulleitung an und sagt zur Sekretärin:
„Bestellen Sie bitte dem Rektor, dass ich morgen die Schule besuchen werde.
Ich will mit dem Rektor und den Lehrkräften sprechen.
Ich möchte auch eine Unterrichtsstunde in einem vierten Schuljahr sehen.
Bei schönem Wetter machen wir einen Gang über den Schulhof
und ich besichtige das neue Klettergerät und den Schulgarten.
Der Hausmeister kann uns begleiten."

Die Sekretärin sagt zum Rektor:
„Morgen kommt der Schulrat zu Besuch.
Der Hausmeister wird ihn begleiten.
Er will mit Ihnen und einigen Lehrern sprechen
und im vierten Schuljahr eine Unterrichtsstunde sehen.
Bei schönem Wetter soll im Schulgarten gearbeitet werden
und das neue Klettergerät soll auf dem Schulhof ausprobiert werden."

Der Rektor sagt zur Konrektorin:
„Der Schulrat hat für morgen seinen Besuch angesagt.
Er will im Lehrerzimmer sprechen
und in der vierten Stunde eine Unterrichtsstunde sehen.
Bei schönem Wetter soll der Hausmeister im Schulgarten arbeiten
und das neue Klettergerät auf dem Schulhof ausprobieren."

Die Konrektorin sagt zur Lehrerin Meier:
„Also morgen kommt der Schulrat.
Er will uns im Lehrerzimmer besuchen
und bei schönem Wetter im Schulgarten arbeiten.
Er bringt auch neues Klettergerät mit
und probiert es zusammen mit dem Hausmeister aus.
Nach vier Stunden wird er sich wieder verabschieden."

Lehrerin Meier sagt zum Lehrer Müller:
„Haben Sie schon gehört:
Morgen besucht der Schulrat den Hausmeister.
Bei schönem Wetter will er vier Stunden lang
mit dem Hausmeister im Lehrerzimmer neues Klettergerät ausprobieren.
Schularbeiten bringt er auch mit.
Den Rektor will er verabschieden!"

Winfried Ulrich (*1941)

Textmerkmale

- Allmähliche, stark übertriebene Verwandlung einer Äußerung bei der Weitergabe von Mund zu Mund.
- Äußerung zunächst stimmig und sinnvoll, dann immer unsinniger, wobei einzelne Wörter und Ausdrücke beibehalten und richtig übermittelt werden, in der neuen Anordnung aber ganz andere Kontexte und Sinnzusammenhänge entstehen.

Anregungen

- Als Vorbereitung auf den Text „Stille Post" spielen: Ein extrem leise ins Ohr des Nachbarn gesprochener Satz wird im Kreis herum weitergegeben. Der letzte der Runde und der erste sagen dann ihren Satz laut, so dass von allen der Ausgangssatz mit dem Endresultat verglichen werden kann.
- Text lesen und genau verfolgen, was bei der Weitergabe des Gehörten erhalten bleibt, was sich verändert hat.
- Erste mit der letzten Äußerung vergleichen: Ist noch etwas wiederzuerkennen?
- Textkritik üben: die Übertreibung durch den Textverfasser herausarbeiten, gleichzeitig aber feststellen, dass sich Übermittlungsfehler und inhaltliche Veränderungen leicht einschleichen, wenn eine Information mündlich über mehre Stationen weitergegeben wird.

15 Man darf sich doch mal irren

Christine betrachtet den im Sessel eingeschlafenen Vater und entdeckt an seinen Schläfen die ersten grauen Haare. Erschrocken ruft sie: „Papa, du fängst ja an zu schimmeln!“

„Unsere neuen Nachbarn müssen sehr arme Leute sein“, meint Tina. „Wieso?“ fragt die Mutter. „Na, ihr kleiner Junge hat eine Mark verschluckt, und nun sind alle ganz aufgeregt und wollen ihn sofort wieder rausholen.“

Im Eisenbahnabteil sitzt Helge und kaut Kaugummi. Sein Mund ist in heftiger Bewegung. Ihm gegenüber sitzt eine alte Frau. Sie betrachtet ihn freundlich und sagt nach einiger Zeit: „Es ist sehr nett von dir, mein Junge, dass du mir etwas erzählen willst. Aber leider verstehe ich nichts. Ich bin nämlich taub.“

Petra hat in der Schule gelernt, dass das Pferd fohlt, die Kuh kalbt, das Schaf lammt und das Schwein ferkelt. Nun ist sie neugierig geworden und fragt ihre Lehrerin: „Und wann eiert unser Kanarienvogel?“

Mutter: „Sieh mal dort oben den schönen Klapperstorch!“ – „Aber Mutti, es gibt doch gar keinen Storch!“

Der kleine Kai fährt mit seinem Opa im Bus. Da sagt er laut: „Opa, ich muss mal pinkeln!“ Der Opa schüttelt den Kopf und antwortet: „Gleich, bei der nächsten Haltestelle steigen wir aus. Aber sag nicht so laut ‚Ich muss mal pinkeln‘. Das müssen ja nicht alle Leute hören. Das nächste Mal sagst du: ‚Ich muss mal singen, klar?‘“ Kai nickt. - Am Abend, als Kai und sein Opa bereits schlafen gegangen sind, sagt der Junge: „Opa, ich muss mal singen.“ Der Opa antwortet: „Aber mitten in der Nacht singt man doch nicht!“ – „Doch, Opa, ich muss dringend singen.“ – „Na, wenn es unbedingt sein muss, dann sing mir ins Ohr.“

Winfried Ulrich (*1941)

Textmerkmale

- Irrtumswitze mit Fehleinschätzungen (graue Haare), verschluckte Münze, Kaubewegungen) sowie falschen Übertragungen und Sprachverwendungen.
- Komik durch Kontrast zwischen tatsächlicher Wirklichkeit und falsch eingeschätzter Situation.

Anregungen

- Witze vorlesen und interpretieren lassen.
- Den jeweiligen Grund für das Lachen erarbeiten.
- Witze lesen und dann nacherzählen lassen (Idealform).
- Nach weiteren Irrtumswitzen suchen.

ENTEN

Hans Jürgen Press

(*1926)

Textmerkmale

- Bildergeschichten mit Fehleinschätzungen der Gummi-Ente durch Entenküken.
- Großes, prächtiges Gummitier beeindruckt die Küken mehr als Muttertier.
- Entenmutter „entlarvt“ Pseudo-Ente.

Anregungen

- Vierteilige Bilderfolge in Form verwürfelter Einzelbilder vorgeben, die erst in die richtige Reihenfolge gebracht werden müssen, damit sich eine stimmige „Geschichte“ ergibt.
- Bildergeschichte mündlich und schriftlich erzählen lassen.
- Aussage der Geschichte kritisch-realistisch prüfen: Werden Entenküken auf Gummi-Ente hereinfallen? Wird die Entenmutter den Stöpsel herausziehen? Berechtigung solchen Zuspitzungen zugunsten einer Pointe?

17 Irrtum

Jean Jaques Sempé (*1932)

Textmerkmale

- Bruch mit Klischeevorstellung: Jungen spielen Fußball und schießen dabei Fensterscheiben entzwei, Mädchen tun das nicht.
- Strafpredigt trifft den Falschen: Frau ist noch der alten Klischeevorstellung verhaftet.
- Mädchen profitiert von der Fehleinschätzung, klärt nicht auf, sondern wendet sich mit Unschuldsmiene den Blumen (Symbol für weibliche Interessen) zu.

Anregungen

- Über Rollenklischees (Jungen – Mädchen) sprechen.
- Zweiteiligen Cartoon interpretieren.
- Strafpredigt der Frau (Mutter, Tante, Nachbarin?) und Gedankenmonolog des Mädchens verbalisieren.
- Verbalisierungen als Sprech- und Denkblase in den Comic-strip integrieren.
- „Geschichte“ fortsetzen: Gespräch zwischen den Kindern, in dem der Jungen sich beklagt, das Mädchen sich verteidigt.

18 Der Löwe

Als die Mücke zum ersten Male den Löwen brüllen hörte,
da sprach sie zur Henne: „Der summt aber komisch."
„Summen ist gut", fand die Henne.
„Sondern?" fragte die Mücke.
„Er gackert", antwortete die Henne. „Aber das tut er allerdings komisch."

Günther Anders (*1902)

Textmerkmale

- Deutung der Wirklichkeit aus dem eingeschränkten eigenen Blickwinkel heraus: Neues verstehen bedeutet Analogien mit eigenen Erfahrungen herstellen.
- Verstoß gegen die konventionelle Zuordnung von Tierart und Tierlaut in der Sprache.
- Komik: die korrigierende (und sich ein wenig über die Mücke lustig machende) Henne macht den gleichen Fehler wie die korrigierte Mücke und macht sich dadurch lächerlich.

Anregungen

- „Brüllen, summen, gackern" und weitere Verben sammeln, die einen Tierlaut bezeichnen.
- Zuordnungen vornehmen: Wer krächzt, bellt ...? Was tut ein Schwein, ein Schaf ...?
- Fabel lesen und interpretieren.
- Analogtexte mit anderen Tieren schreiben.

19 LESESTUNDE

Ein Hund, ein Schwein, ein Huhn, ein Hahn,
ein Specht, der grade zu Besuch,
die fanden hinterm Haus ein Buch –
was haben da die fünf getan?
Sie riefen alle laut: „Mal sehn,
was mag auf Seite eins wohl stehn?“

„Oi oi oi oi“, so las das Schwein.
Da sprach der Hund: „Das kann nicht sein.
Da steht wau wau wau wau wau wau.“
Der Specht rief gleich: „Ich seh`s genau,
da steht tak tak tak tak tak tak.“
Das Huhn las eifrig: „Gack gack gack.“
Hell schrie der Hahn: „Das stimmt doch nie,
da steht kikerikikriki!“

Die Eule hörte das Geschrei
im Tagversteck und flog herbei.
Nun sprach der Hahn mit wilden Augen:
„Das dumme Buch kann nicht viel taugen:
denn jedem lügt`s was andres vor.“
Die Eule hielt es an ihr Ohr:
„Mir sagt das Buch, es läg daran,
dass keiner von euch lesen kann.“

Hans Baumann (*1914)

Textmerkmale

- Widerspruch zwischen objektiver Textvorlage und von verschiedenen Lesern erlesenen Textinhalten.
- Jeder Leser liest mit seiner eigenen „Sprache“, seinen eigenen Erfahrungen, Vorstellungen, Erwartungen: „Lesertexte“ unterscheiden sich von einander.

Anregungen

- Lesen der ersten beiden Strophen und erörtern, was denn nun wirklich in dem Buch stehen könnte.
- Dritte Strophe lesen und erörtern, ob die Eule Recht hat: Können alle nicht lesen? Lesen sie alle etwas in den Text hinein, was gar nicht drin steht? Oder verstehen Leser mit ihren verschiedenen Erfahrungen und Kenntnissen denselben Text grundsätzlich verschieden?

20

"Johny sagt, dass du nicht genug Geld hast, um mir das Fahrrad zu kaufen – und ich sage, natürlich kannst du es!"

Whiting

Textmerkmale

- Raffinierte Strategie zum Erreichen des gewünschten Ziels: Appell an bezweifelte Fähigkeiten des Vaters.
- Indirekte Form der Verständigung: eine Bitte („Kauf mir das Fahrrad!") wird hinter einer Äußerung versteckt, mit der der Sohn sein großes Zutrauen in die Fähigkeiten des Vaters zum Ausdruck bringt („Du kannst es!").

Anregungen

- Verschiedene Möglichkeiten prüfen, mit denen ein Kind seinen Vater bewegen kann, ihm ein neues Fahrrad zu kaufen.
- Den sprachlichen Trick im Witz untersuchen und bewerten.
- Allgemein zwischen direkten und indirekten Formen der Verständigung unterscheiden („Darf ich ins Kino gehen"? – „Heute gibt es einen tollen Film im Kino!").

21

Unbekannter Zeichner

Textmerkmale

- „Fehler“ des auf den Kopf gestellten Plakats erweist sich als geschäftstüchtige Absicht: Hut fällt beim Lesen auf die Erde und muss gereinigt werden.

Anregungen

- Beispiele dafür nennen und untersuchen, dass man manchmal in bestimmter Absicht etwas falsch macht.
- Frage erörtern, ob man auch mit Absicht ein Plakat kopfüber aufhängen könnte.
- Cartoon als Lösung der Frage präsentieren.

Ganz schön schlau

„Tanja, nun iss aber endlich deine Suppe auf! Viele Kinder wären froh, wenn sie nur die Hälfte davon hätten." – „Ich auch!"

Die Mutter nimmt sich ihre beiden Schlingel vor: „Zu meinem Geburtstag wünsche ich mir weiter nichts als zwei artige Kinder." – „Au fein", meint der Ältere, „dann sind wir ja vier."

Die Schulklasse macht am Wandertag Mittagspause in einer Gaststätte. Klaus, der anderen nie etwas abgibt, sitzt hinter einem Riesenglas mit Coca Cola. Da muss er dringend mal raus. Weil er Angst hat, jemand könne von seiner Coca Cola trinken, schreibt er auf einen Zettel: „Ich habe reingespuckt." Als er zurückkommt, steht darunter: „Ich auch."

Der Vater hat Geburtstag. Stefan erzählt seinen Geschwistern stolz: „Ich schenke Papa so viel, dass er gar nicht alles auf einmal tragen kann!" – „Toll!" staunen die andern, „und was schenkst du ihm?" – „Zwei Schlipse."

Der Vater stirnrunzelnd: „Heute habe ich deinen Lehrer getroffen!" – „Ja, komischer Kerl, was? Loben tut der keinen."

„Siehst du, Junge", spricht der Vater, „sooft du ungezogen bist, bekomme ich ein graues Haar." „Aber Papi", fragt das Kind nach einer Weile, „wie kommt es, dass Opa nur weiße Haare hat?"

Helga hat eine neue Lederjacke bekommen. Das Kleidungsstück passt ihr so gut, dass sie ganz begeistert ausruft: „Herrlich, ich fühle mich wie in meiner eignen Haut!" „Kein Wunder", meint ihr Bruder, „die Jacke ist ja auch aus Ziegenleder."

„Herr Meier, ist der Hund, den Sie mir verkaufen wollen, auch treu?" – „Und ob! Ich habe ihn schon dreimal verkauft, und immer ist er wieder zu mir zurückgekommen!"

Auf der Klassenreise gibt es am Sonntag Kuchen. Der dicke Bert fragt die Herbergsmutter: „Kann ich zwei Stück Kuchen haben?" – „Aber natürlich", meint diese lachend, „schneide dein Stück durch!"

Winfried Ulrich (*1941)

Textmerkmale

- Umbiegungswitze, in denen einer Äußerung eine überraschende zweite Bedeutung zugewiesen wird.
- Die Umbiegung erfolgt im Dialog zum Vorteil des Sprechers, belegt seine Geistesgegenwart und Schlagfertigkeit.

Anregungen

- Anspielung im ersten Witz erarbeiten: Was meint Tanja mit ihrer Antwort? Worin unterscheiden sich ihre Meinung und die der Mutter?
- Die anderen Witze untersuchen: Wieso ist da überall jemand „ganz schön schlau"?
- Schüler einen Witz nach freier Wahl nacherzählen lassen und auf Abweichungen vom Originaltext hin überprüfen.

23 Vorgetäuschte Kraft

E. O. Plauen (= Erich Ohser) (1903-1944)

Textmerkmale

- Sechsteilige Bildergeschichte mit nichtsprachlicher Kommunikation durch den Vater: Baum ausreißen als Warnung oder Drohung.
- Täuschungshandlung als erfolgreiche Selbstverteidigung.

Anregungen

- Handlung der Geschichte von "Vater und Sohn" beschreiben.
- Überschrift deuten.
- Besprechen: Was „sagt“ der Vater, indem er den Baum ausreißt?

24 Der junge Herr und das A

Es war einmal ein reicher Mann, der suchte einen Sekretär.
Weil nun der reiche Mann seine Angestellten gut bezahlte, meldeten sich viele Leute
– Damen und Herren, junge Mädchen und junge Burschen -,
die sich um diese Stellung bewarben.
Der reiche Mann stellte jeden auf die Probe, indem er ein Gespräch mit ihm führte.
Er hatte von acht Uhr früh bis elf Uhr mittags schon 111 Leute geprüft
und immer noch keinen geeigneten Sekretär gefunden,
als ein junger Herr bei ihm eintrat, „guten Tag“ sagte
und sich auf ein Zeichen des reichen Mannes auf einem Stuhl niederließ.

„Wie Sie wissen“, begann der reiche Mann die Unterhaltung,
„führe ich mit jedem Bewerber um den Sekretärsposten ein kurzes Gespräch.“
Der junge Mann sagte kurz: „Ah!“ (Es klang, als habe er „aha“ gesagt.)
Dabei hob er ganz leicht die Augenbrauen.

„Ich verlange keine schwere, aber ordentliche und gute Arbeit“,
fügte der reiche Mann hinzu.
Der junge Herr machte ein höflich interessiertes Gesicht und sagte etwas gedehnt:
„Aah!“ (Es klang wie „ah ja“.)

„Sie werden“, erklärte der reiche Mann weiter,
„viele bedeutende Persönlichkeiten empfangen müssen.
Dabei kommt es darauf an, dass Sie gut zuhören,
selber wenig reden und sich alles genau merken.“
Der junge Herr nickte mit dem Kopf und ließ ein zustimmendes „ah“ hören.
(Es klang wie „ja ja, natürlich“.)

„Die Arbeiten, die ich ihnen auftrage“, erklärte der reiche Mann,
„müssen sehr gewissenhaft ausgeführt werden,

und manchmal werden Sie auch nach Büroschluss noch ein wenig arbeiten müssen."
„Ah", sagte der junge Herr verständnisvoll und nickte wieder.
(Es klang wie „also gut denn".)
„Ich gebe Ihnen aber auch", lächelte der reiche Mann,
„jeden Samstag und Sonntag frei
und stelle Ihnen ein Auto und ein Häuschen zur Verfügung."
Der junge Herr lächelte ebenfalls und sagte freudig überrascht: „aaah!"
(Das klang wie bei einem Kind, das überraschend etwas geschenkt bekommen hat.)

Nach diesem „ah" erhob der reiche Mann sich plötzlich,
und auch der junge Herr stand sofort höflich vom Stuhl auf.
Einen kleinen Augenblick lang sahen die beiden sich an:
der reiche Mann mit zusammengekniffenen Augen,
der junge Herr mit offenem Gesicht und heiterem Blick.

Da sagte der reiche Mann: „Sie bekommen den Posten!
Sie gefallen mir. Sie haben gut zugehört
und mir durch einen einzigen Buchstaben in wechselnder Betonung
jeweils genau zu verstehen gegeben, was Sie gerade dachten.
Sind Sie bereit, die Stelle anzutreten?"

Jetzt sagte der junge Herr zum erstenmal ein wenig mehr als nur „ah".
Er meinte: „Wer a sagt, der muß auch b sagen. Ich bin be-reit, den Posten anzutreten."
„Ah!" lachte der reiche Mann.
„Ausgezeichnet! Dann können wir gleich morgen mit der Arbeit beginnen."

James Krüss (*1926)

Textmerkmale

- Mehrfunktionale variationsreiche Verwendung des Ausdrucks „Ah".
- Wortkargheit hier kein Zeichen für mangelnde Kommunikationsfähigkeit.
- Spiel mit der Redewendung „Wer a sagt ..." und dem Wortbaustein „be" in „bereit".

Anregungen

- Frage erörtern: Warum stellt der Mann den jungen Herrn eigentlich ein?
- In Leseproben die jeweilige Klangfärbung des „Ah" herausarbeiten.
- Über die Bedeutung der Redewendung nachdenken: Wer A sagt, der muss auch B sagen.
- Untersuchen: Warum steht „be–reit" im Text mit einem Trennungsstrich geschrieben?

25 Zweierlei Maß

„Seht, wie groß ich bin!“ prahlte der Spatz
und pluderte sich vor seinen Jungen auf.
– Als ihn gleich darauf eine Katze fing, jammerte er:
„Verschone mich, ich bin ja so klein!“

Rudolf Kirsten (*1886)

Textmerkmale

- Situationsabhängigkeit der Rede.
- Relative Bedeutung der Größenangabe (im Vergleich mit Jungen – im Vergleich mit einem großen Happen).

Anregungen

- Frage erörtern: Hält mich der Spatz nun wirklich für groß oder für klein? Oder für beides zugleich?
- Analogien suchen: Kann jemand zugleich alt und jung, arm und reich, faul und fleißig, stark und schwach sein?
- Analogiengeschichte mit einem frei gewählten gegensätzlichen Wortpaar schreiben.

Marie Marcks (*1922)

Textmerkmale

- Unaufrichtige Sprachhandlung: Vortäuschung des Interesses an alter Kirche - tatsächliche Absicht, im Kiosk einzukaufen.
- Widerspruch zwischen verbaler Zustimmung und Interessenbekundung einerseits („ja, herrlich!") sowie tatsächlichem Desinteresse andererseits (Abtauchen im Fonds des Autos, nur die Füße der Kinder ragen empor).

Anregungen

- Typische Interessengegensätze von Eltern und Kindern erörtern.
- Von eigenen Erfahrungen bei Ausflügen mit den Eltern berichten.
- Cartoon „lesen" und besprechen.
- Widersprüche im Verhalten der Kinder erarbeiten.
- Trick bewerten, mit dem die Eltern hereingelegt werden.

27 Bitte, Herr Meier ...

Schüler: „Bitte, Herr Meier, was haben wir heute gelernt?"
Lehrer: „Das ist aber eine merkwürdige Frage!"
Schüler: „Finde ich auch. Aber wenn ich nach Hause komme, werden sie mich alle danach fragen."

Unbekannter Verfasser

Textmerkmale

- Fragen können unsinnig und unbeantwortbar sein.
- Problem vieler Kinder, auf „merkwürdige" Fragen Erwachsener eingehen zu sollen.

Anregungen

- Text lesen und klären, was an der Frage eigentlich „merkwürdig" ist.
- Überlegen, wie der Schüler zu Hause auf die Frage reagieren sollte.

SCHÜTZT DIE NATUR!

Jan P. Schniebel

Textmerkmale

- Widerspruch zwischen erklärtem Ziel der Demonstranten und ihrem Verhalten.
- Spannung zwischen Wort und Tat: Problem der Wahrhaftigkeit sprachlichen Handelns.

Anregungen

- Spruchbänder lesen lassen: Widerspruch zwischen Forderung und eigenem Handeln.
- Widerspruch zwischen Forderung und eigenem Handeln herausarbeiten.
- Über Wahrhaftigkeit sprachlichen Handelns sprechen.

29 So was Dummes!

Die Mutter zu Phillip: „Wenn ich jetzt verreise, ist es deine Aufgabe, jeden Tag die Eier aus dem Hühnerstall zu holen. Schreib aber bitte auf jedes Ei, das du aus dem Nest holst, wann es gelegt wurde." – „Mach ich, Mutter", versichert Phillip. - Als die Mutter von der Reise zurückkommt, steht auf jedem Ei „heute".

Mensch Egon, wie siehst du denn aus. Du hast ja einen braunen und einen schwarzen Schuh an!" – „Ja, furchtbar! Und denk dir, zu Hause habe ich noch so'n Paar."

„Der wievielte ist denn heute eigentlich?" – „Weiß ich nicht. Sieh doch in der Zeitung nach!" – „Aber die ist doch von gestern."

Die Eltern haben ihrem Jungen beigebracht, nach dem Essen ein Dankgebet zu sprechen. Eines Tages hören sie ihn im Badezimmer beten. „Das brauchst du nicht", ruft die Mutter, „nur nach dem Essen!" – „Ich weiß", ruft der Junge zurück, „aber ich habe ein Stück Seife verschluckt."

„Wie listig doch der Fuchs ist", brummt der Jäger. „Ach was", meint sein Freund, „das sagt man doch nur so." – „Nein, nein", fährt der Jäger fort, „der Fuchs ist listig. Neulich verfolge ich einen Fuchs, mehrere Stunden lang, und als ich ihn endlich erlegen kann, da ist es nur ein rothaariger Hund!"

„Idioten, sind das eigentlich Tiere?" – „Unsinn, das sind Menschen wie du und ich."

„Mama, darf ich im Bett noch etwas lesen, bis ich einschlafe?" – „Meinetwegen. Aber das sage ich dir: keine Minute länger!"

Winfried Ulrich (*1941)

Textmerkmale

- Enthüllungswitze, in denen jemand sich selbst unfreiwillig bloß stellt.
- Die zweite, verborgene Bedeutung einer Äußerung ist nicht beabsichtigt, wird vom Sprecher selbst oft gar nicht bemerkt.

Anregungen

- Herausarbeiten, worin der Gedankenfehler des Sprechers bei jedem Witz liegt.
- Witze auswendig nacherzählen und dann mit Original vergleichen.
- Weitere Witze mit „Torheiten" sammeln und erzählen.

30 Schwächere schlagen

„Ich werde dir helfen, Schwächere zu schlagen!“

Unbekannter Zeichner

Textmerkmale

- Widerspruch zwischen vertretener sittlicher Forderung und eigenem (erzieherischen!) Verhalten.
- „Naives“ Handeln ohne kritische Selbstreflexion (Widerspruch fällt Handelndem gar nicht auf).

Anregungen

- Zeichnung zunächst ohne Text untersuchen. (Prügelstrafe, Schadenfreude des anderen Jungen).
- Text hinzunehmen und Widerspruch herausarbeiten.
- Besprechen: Was gibt es da eigentlich zu lachen? (Komik durch Normverstoß).

31 Aber wie

Ich habe doch nichts gesagt
sagst du
und du hast recht
kein Wort
hast du gesagt –
aber wie

Manfred Mai (*1949)

Textmerkmale

- „Beredtes Schweigen“ als Kommunikationsform.
- Man kann nicht "nicht kommunizieren".

Anregungen

- Text durch Zeichensetzung (Redezeichen, Komma, Punkt, Ausrufezeichen) gliedern.
- Über parasprachliche (Pausen, Lautstärke, Sprachtempo) und nichtsprachliche Verständigungsmittel (Mimik, Gestik, Körperhaltung) und ihre „Bedeutung“ reden.
- Über Formen des Schweigens und seine „Bedeutung“ sprechen.

32 Leicht übertrieben

„Ich glaube, unser Opa hört wieder besser.“ – „Wie kommst du darauf?“ – „Als gestern der Blitz in unser Haus einschlug, rief er ‚Herein!‘“

„Ihre Wohnung ist feucht?“ – „Und ob! Gestern fanden wir einen Fisch in der Mausefalle.“

„Herr Ober, warum ist der Teller so nass?“ – „Mein Herr, das ist die Suppe.“

Zwei Jungen streiten sich, wer von ihnen den stärkeren Vater habe. Bernd fragt Hans: „Kennst du den Bodensee?“ – „Natürlich.“ – „Siehst du, und für den hat mein Vater das Loch gegraben.“ Fragt Hans Bernd: „Hast du schon vom Toten Meer gehört?“ – „Natürlich.“ – „Siehst du, mein Vater hat es umgebracht.“

Ein Kunde verlangt ein Haarwuchsmittel. „Und es hilft wirklich?“ – „Garantiert! Gestern sind mir ein paar Tropfen auf meinen Bleistift gefallen, heute benutze ich ihn als Zahnbürste.“

Der Gast am Frühstückstisch fragt misstrauisch: „Ist das Ei auch wirklich frisch?“ Der Ober ist empört: „Mein Herr, frisch ist gar kein Ausdruck. Das Huhn vermisst es noch gar nicht!“

Winfried Ulrich (*1941)

Textmerkmale

- Übertreibungwitze mit Spannung zwischen Erfahrungswirklichkeit und Aussage.
- Komik durch Kontrast zwischen tatsächlicher und beschriebener Wirklichkeit.

Anregungen

- Unmögliche Erscheinungen in den Witzen benennen.
- Besprechen, wieso Unmöglichkeiten Übertreibungen sind (wo ist der mögliche Ansatz?).
- Erörtern, wieso man über Unmöglichkeiten eigentlich lacht.

33 Mehr links!

„'n bisschen höher
und etwas mehr links!"

Pit Grove

Textmerkmale

- Situationsunangemessenheit des Sprachhandelns.
- Gebotene nichtsprachliche Hilfe (Beteiligung) an den Hausarbeiten, zumindest aber Türöffnen) kann nicht durch sprachliche Hilfe (Information) ersetzt werden.
- Sprache weist auf unangemessene Sozialbeziehung hin.

Anregungen

- Bild-Sprach-Witz untersuchen: Weshalb ärgert sich der Betrachter über den Mann?
- Überlegen: Wie könnte die Frau reagieren?
- Beispiele für situationsunangemessenes Reden suchen und beschreiben: Warum können gut gemeinte Worte als Provokation empfunden werden?

34 Die schwierige Position Gottes

„Und verschone uns mit Feuer, Missernten und Heuschreckenschwärmen",
beteten die Farmer am Sonntagmorgen.
Zu gleicher Zeit hielten die Heuschrecken einen Bittgottesdienst ab, in welchem es hieß:
„Und schlage den Feind mit Blindheit, auf dass wir in Ruhe seine Felder abnagen können."

Wolfdietrich Schnurre (*1920)

Textmerkmale

- Widerspruch der Interessen und ausgesprochenen Wünsche verschiedener „Gesprächspartner".
- Problem: Wie verhält man sich, wenn verschiedene Partner mit sich widersprechenden, aber jeweils für sich genommen berechtigten Erwartungen an einen herantreten?

Anregungen

- Text lesen und Überschrift interpretieren.
- Gebetssituation auf zwischenmenschliche Verständigungssituation übertragen: A will von dir etwas, B will von dir genau das Gegenteil. Was tust du? Was sagst du ihnen?

II Spiele mit Regeln der Textbildung

35 Ameisen krabbeln

Ameisen krabbeln auf Ameisenhaufen,
Ameisen krabbeln, wo Hasen laufen,
Ameisen krabbeln am Straßenrand,
Ameisen krabbeln an jeder Wand,
Ameisen krabbeln in Mauerritzen,
Ameisen krabbeln auf Kirchturmspitzen,
Ameisen krabbeln in Blumenkästen,
Ameisen krabbeln auf Frühstücksresten,
Ameisen krabbeln in Honigtöpfe,
Ameisen krabbeln in Pfeifenköpfe,
Ameisen krabbeln auf Brillengläser,
Ameisen krabbeln auf Zittergräser,
Ameisen krabbeln auf Eisenbahnschwellen,
Ameisen krabbeln auf dunklen, auf hellen
Teppichen, Tischen, auf Bänke, auf Bäume,
Ameisen krabbeln in alle Räume,
Ameisen krabbeln leider, leider
in Hosen, in Hemden, in sämtliche Kleider,
besonders wenn du sie ausziehst beim Baden –
und dass sie nicht krabbeln am Hals, an den Waden,
ist`s besser, du schüttelst die Kleider gut aus
und trägst nicht die Krabbelameisen nach Haus!

Hans Baumann (*1914)

Textmerkmale

- Text, der aus einem einzigen Satz besteht.
- Prinzip der Wiederholung: sechzehn mal "Ameisen krabbeln", viele Ortsangaben.
- Graphische Gestaltung des Textaufbaus spiegelt das „Gekrabbel und Gewimmel“, aber auch die in Reihe auf der „Ameisenstraße“ ziehenden Tiere wider.

Anregungen

- Textpartitur erarbeiten: eine Schülergruppe liest ununterbrochen „Ameisen krabbeln, Ameisen krabbeln ...“; Einzelschüler lesen abwechselnd Ortsangaben; auf Handzeichen sind alle still, ein Schüler liest die letzten sechs Verse vor.
- Orts- und Richtungsangaben (wo? wohin?) unterscheiden (mit Dativ bzw. Akkusativ).
- Ersten Teil des Textes durch weitere Orts- und Richtungsangaben erweitern.

36 Darf ich Ihnen helfen?

Nitka

Textmerkmale

- Fehleinschätzung einer Situation und einer Absicht.
- Die gut gemeinte Tat ist nicht hilfreich.

Anregungen

- Bilderfolge durch Gedanken und Sprechblasen zum Comic umwandeln.
- Besprechen, dass man jemanden erst dann richtig versteht, wenn man seine Absicht kennt.
- Erspielen, wie das Missverständnis durch Fragen nach der Absicht oder durch Erklärung der (eigenen) Absicht zu verhindern wäre.

37 fünfter sein

tür auf
einer raus
einer rein
vierter sein

tür auf
einer raus
einer rein
dritter sein

tür auf
einer raus
einer rein
zweiter sein

tür auf
einer raus
einer rein
nächster sein

tür auf
einer raus
selber rein
tagherrdoktor

Ernst Jandl (1925-2000)

Textmerkmale

- Fünf fast gleiche Strophen, aber regelmäßiger Fortgang der Handlung.
- Sehr knappe Vorgangsbeschreibung mit unvollständigen Sätzen und ohne Satzzeichen und Großschreibung.
- Unkonventionelle Zusammenschreibung in der letzten Zeile.

Anregungen

- Zeile für Zeile ermitteln, wer der Sprecher/Beobachter sein kann.
- Lösung des Rätsels in der letzten Zeile finden (Grußformel wie ein Wort gesprochen).
- Funktion der unpersönlichen Pronomen „einer/selber“ besprechen: Namenlosigkeit der hereingerufenen Patienten.
- Andere Überschrift suchen.

Unbekannter Zeichner

Textmerkmale

- Versuchung durch Süßigkeiten.
- Schlaue Rechtfertigung des Handelns: Niederlage gegen zahlenmäßige Übermacht.

Anregungen

- Situation erarbeiten, in der man mit sich selber ringt, sich nicht verführen lassen will.
- Die Bilderfolge interpretieren, zunächst Bild 4 ohne Text.
- Die leere Sprechblase in Bild 4 füllen und die gefundenen Texte vergleichen
- Pointe von Bild 4 besprechen.

39 Inserat

Die verehrlichen Jungen, welche heuer
Meine Äpfel und Birnen zu stehlen gedenken,
Ersuche ich höflichst, bei diesem Vergnügen
Womöglichst insoweit sich zu beschränken,
Dass sie daneben auf den Beeten
Mir die Wurzeln und Erbsen nicht zertreten.

Theodor Storm (1817–1888)

Textmerkmale

- Bewusst gestelzte, förmliche, umständliche Ausdrucksweise in altertümlichem Schreibstil.
- Zeitungsanzeige, die an Unbekannte gerichtet ist.
- Verspottung von Missständen (satirisches Gedicht), verbunden mit Bitte um Schadensbegrenzung.

Anregungen

- Besprechen, dass Äpfelstehlen in früheren Zeiten zu den sehr verbreiteten „Bubenstreichen" gehörte.
- Sprachliche Unklarheiten beseitigen (Inserat, heuer, ersuchen).
- Briefstil erfassen (Anrede, „höflichst ersuchen").
- Spöttischen Unterton herausarbeiten.

TOC! TOC!
Was ist los?
Kommen Sie bitte herunter!
Eine milde Gabe! Bitte, eine kleine Spende!
Komm mit nach oben!
Ich habe leider nichts, was ich Dir geben könnte!
Warum haben Sie mir das nicht schon unten gesagt?
und Du... warum hast Du mich nicht gefragt, als ich noch oben war?
Boris

Boris (1974)

Textmerkmale

- Achtteilige Bilderfolge im Comic-Stil.
- Unangemessene Aufforderungshandlung des Bettlers.
- Heimzahlung „mit gleicher Münze".

Anregungen

- Bildergeschichte interpretieren: Wer legt hier eigentlich den anderen herein? Wer ist zu Recht ärgerlich?
- Erarbeiten: Um Missverständnisse und berechtigte Verärgerung zu vermeiden, sollte man nie mit Teilinformationen umgehen, sondern gleich so ausführlich reden, wie es in der Situation erforderlich ist.
- Geschichte nachspielen.

41 Vor den Zeugnissen

Der Lehrer sagt: Die Blätter
fallen zur Erde. Wer fällt zur Erde? Wer oder was
bedeckt wen oder was? Ah, das gefällt euch wohl nicht,
wenn ich frage: Wen oder was bedecken die Blätter? Also,
die Erde wird zugedeckt von den Blättern. Die Erde
und außerdem wer oder was? Und wann?
Und wie oft? So, nun schreibt
euren Aufsatz über
den Herbst.

Günter Bruno Fuchs (1928–1977)

Textmerkmale

- Unangemessene Vermischung von Grammatikfragen und Schreibimpulsen.
- Aufsatzerarbeitung, wie sie absurder kaum sein kann.

Anregungen

- Erörtern, was der Lehrer eigentlich von seinem Schüler will.
- Lehrerverhalten beurteilen.
- Über die Überschrift nachdenken (Aufsatz soll wohl benotet und für die Zeugnisnote herangezogen werden).

42 Im Hutladen

Verkäuferin: Guten Tag. Sie wünschen?
Valentin: Einen Hut.
Verkäuferin: Was soll das für ein Hut sein?
Valentin: Einer zum Aufsetzen.
Verkäuferin: Ja, anziehen können Sie niemals einen Hut, den muss man immer aufsetzen.
Valentin: Nein, immer nicht – in der Kirche zum Beispiel kann ich den Hut nicht aufsetzen.
Verkäuferin: In der Kirche nicht – aber Sie gehen doch nicht immer in die Kirche.
Valentin: Nein, nur da und hie.
Verkäuferin: Sie meinen nur hie und da!
Valentin: Ja, ich will einen Hut zum Auf- und Absetzen.
Verkäuferin: Jeden Hut können Sie auf- und absetzen! Wollen Sie einen weichen oder einen steifen Hut?
Valentin: Nein – einen grauen.
Verkäuferin: Ich meine, was für eine Fasson?
Valentin: Eine farblose Fasson.
Verkäuferin: Sie meinen, eine schicke Fasson - wir haben allerlei schicke Fassonen in allen Farben.
Valentin: In allen Farben? – Dann hellgelb!
Verkäuferin: Aber hellgelbe Hüte gibt es nur im Karneval - einen hellgelben Herrenhut können Sie doch nicht tragen.
Valentin: Ich will ihn ja nicht tragen, sondern aufsetzen.
Verkäuferin: Mit einem hellgelben Hut werden Sie ja ausgelacht.
Valentin: Aber Strohhüte sind doch hellgelb.
Verkäuferin: Ach, Sie wollen einen Strohhut?
Valentin: Nein, ein Strohhut ist mir zu feuergefährlich!
Verkäuferin: Asbesthüte gibt es leider noch nicht! - Schöne weiche Filzhüte hätten wir.
Valentin: Die weichen Filzhüte haben einen Nachteil, dass man sie nicht hört, wenn sie einem vom Kopf auf den Boden fallen.
Verkäuferin: Na, dann müssen Sie sich eben einen Stahlhelm kaufen, den hört man fallen.
Valentin: Als Zivilist darf ich keinen Stahlhelm tragen.
Verkäuferin: Nun müssen Sie sich aber bald entschließen, was Sie für einen Hut wollen.
Valentin: Einen neuen Hut!
Verkäuferin: Ja, wir haben nur neue.
Valentin: Ich will ja einen neuen.

Verkäuferin:	Ja, aber was für einen?
Valentin:	Einen Herrenhut!
Verkäuferin:	Damenhüte führen wir nicht!
Valentin:	Ich will auch keinen Damenhut!
Verkäuferin:	Sie sind sehr schwer zu bedienen, ich zeige Ihnen einmal mehrere Hüte!
Valentin:	Was heißt mehrere, ich will doch nur einen. Ich habe ja auch nur einen Kopf.
Verkäuferin:	Nein, zur Auswahl zeige ich Ihnen mehrere.
Valentin:	Ich will keine Auswahl haben, sondern einen Hut, der mir passt!
Verkäuferin:	Natürlich muss ein Hut passen, wenn Sie mir Ihre Kopfweite sagen, dann werde ich schon einen passenden finden.
Valentin:	Meine Kopfweite ist bei weitem nicht so weit, wie Sie denken! Ich habe Kopfweite 55 – will aber Hutnummer 60 haben.
Verkäuferin:	Dann ist Ihnen ja der Hut zu groß.
Valentin:	Aber er sitzt gut! Habe ich aber einen um fünf Nummern kleineren, der fällt mir runter.
Verkäuferin:	Das hat auch keinen Sinn; wenn man Kopfweite 55 hat, dann muss auch die Hutnummer 55 sein! Das war schon von jeher so.
Valentin:	Von jeher! – Das ist ja eben das Traurige, dass die Geschäftsleute an alten Sitten und Gebräuchen hängen und nicht mit der Zeit gehen.
Verkäuferin:	Was hat denn die Hutweite mit der neuen Zeit zu tun?
Valentin:	Erlauben Sie mir: die Köpfe der Menschen bleiben doch nicht dieselben, die ändern sich doch fortwährend!
Verkäuferin:	Innen – aber außen doch nicht! Wir kommen da zu weit.
Valentin:	Ja, Sie wollten doch die Weite wissen!
Verkäuferin:	Aber nicht von der neuen Zeit, sondern von Ihrem Kopf.
Valentin:	Ich habe Ihnen nur erklären wollen, dass die Menschen in der sogenannten guten alten Zeit andere Köpfe hatten als heute.
Verkäuferin:	Das ist Quatsch – natürlich hatte jeder Mensch, solange die Menschheit besteht, seinen eigenen Kopf, aber wir reden doch nicht von der Eigenart, sondern von der Größe Ihres Kopfes. - Also, lassen Sie sich von mir belehren, nehmen Sie diesen Hut hier, Größe 55, der Hut kostet 15 Mark, ist schön und gut und ist auch modern.
Valentin:	Natürlich lasse ich mich von Ihnen belehren, denn Sie sind Fachmann. Also, der Hut ist modern, sagen Sie.
Verkäuferin:	Ja, was heißt heute modern!

Es gibt Herren, sogenannte Sonderlinge,
die laufen Sommer und Winter ohne Hut im Freien herum
und behaupten, das sei das Modernste!

Valentin: So, keinen Hut tragen ist das Modernste?
Dann kaufe ich mir auch keinen.
Auf Wiedersehen!

Karl Valentin (1882–1948)

Textmerkmale

- Verkaufsgespräch mit schwer zu bedienendem Kunden ohne klare Vorstellung von der Ware, die er kaufen will.
- Sprachliche „Hakeleien“ mit Korrekturen von Nachlässigkeiten („da und hie“), aber auch mit unbegründeter Kritik („nicht tragen, sondern aufsetzen“).
- Fehlen eines zielgerichteten Textfortschritts, weil Kunde dauernd unpassende Bemerkungen macht, viele Gesprächskonventionen missachtet.

Anregungen

- Text mit verteilten Rollen lesen.
- Unklarheiten ausräumen („Fasson“, Asbesthüte“).
- Untersuchen, an welchen Stellen die Verkäuferin ungeduldig wird und woran man das merkt.
- Besprechen, was für ein Mensch Valentin wohl ist (Schelm).

April! April!

Andreas und Angela Hopf

Textmerkmale

- Sechsteiliger Comic-strip zum Thema „jemanden in den April schicken".
- Bluff durch Strategiewechsel: zwei Mal traditionelles Hereinlegen, dann Umkehrung.
- Textentfaltung in drei Abschnitten: zwei Bilderpaare inhaltlich parallel geführt (Wiederholung),ein Bildpaar mit scheinbarer Wiederholung.

Anregungen

- Über den Brauch sprechen, jemanden am 1. April zum Spaß etwas vorzuflunkern und ihn dann aufzuklären.
- Bildergeschichte interpretieren.
- Vergleich mit Sprichwort anstellen: Wer einmal lügt, dem glaubt man nicht, und wenn er auch die Wahrheit spricht.

44 Gruß und Kuss von Repsak

Liebe Freunde!
Voriges Messer fehlte mir ein Mittwoch.
Da fand ich es so lange, bis ich es suchte.
Es lag in einem Schrank, der in einer Hose hing.
Ich eilte schnell in einen Blumenstrauß und schnitt einen Garten.
Den brachte ich dem Geburtstag, welcher gerade eine Großmutter hatte.
Sie war eben in der Tasse und spülte die Küche.
Meine Blumen freuten sich über die Großmutter.
Sie ging deshalb mit mir in die Schaufenster, um die Stadt zu besehen.
In einem Abendessen bestellten wir ein Gasthaus.
Wir tranken ein saures Brot und aßen einen belegten Sprudel.
„Das war eine schöne Großmutter", sagte ich zu meinem Tag.
Leider ging auch dieses Ende zu Tage, und ich stieg ins Auge,
weil mir die Betten zufallen wollten.
Gerne hätte ich Euch meinen Traum erzählt,
aber eben rief mich die Großmutter wieder.
Viele Grüße von Eurem lustigen Freund Repsak.

Alfred Birkel

Textmerkmale

- In Paaren vertauschte Wörter.
- Vertauschte Inhaltswörter (Nomen und Verben) ergeben komisch wirkenden Unsinn, der aber auflösbar ist.
- Zusätzliches Rätsel: „Repsak" = Kaspar.

Anregungen

- Ersten Satz an Tafel schreiben und untersuchen.
- Weitere Sätze hinzuziehen, bis das Textbauprinzip (Wortvertauschung) erkannt ist.
- Analogen Text schreiben.
- Prüfen, wer sich hinter dem ungewöhnlichen Namen „Repsak“ verbergen könnte.

45 Guten Hut!

Vorigen Handschuh verlor
ich meinen Herbst,
da ging ich ihn finden,
bis ich ihn suchte.
Da kam ich an eine Guckte
und schlucht hinein,
da saßen drei Stühle
auf drei großen Herren,
da nahm ich meinen
guten Tag und sagte:
„Guten Hut, meine Herren,
da bring ich drei Pfund Strümpfe
auf drei Paar Garn,
sie sollten morgen
fertig werden,
dass ich sie heut' noch
anziehen kann.“
Da lachten die Herren
an zu fingen,
dass ihnen der Platz bauchte.

Unbekannter Verfasser

Textmerkmale

- In Paaren vertauschte Wörter.
- Wechsel der Wortart („Schlucht“ – „juckte“) und neue Wortbildungen („bauchen“).
- Komik durch normabweichende Satzinhalte.

Anregungen

- Texte lesen und korrigieren.
- Text mit gleicher Verfremdungstechnik fortsetzen (z. B.: „und der Krach stehlte“).

46 Inselwitz

„Eins, zwei, drei – ich komme!"

Wolter

Textmerkmale

- Inselwitz mit völlig situationsunangemessenem Verhalten: Versteckspiel auf vier Quadratmetern!
- Steigerung der Situationskomik durch „Abzählen", das nur unter ganz anderen Umständen sinnvoll ist.

Anregungen

- Situation auf dem Bild beschreiben.
- Abzählspruch deuten.
- Pointe erkennen und erläutern.

47 Dunkel war`s, der Mond schien helle

Dunkel war`s, der Mond schien helle,
Schneebedeckt die grüne Flur,
Als ein Wagen blitzeschnelle
Langsam um die Ecke fuhr.
Drinnen saßen stehend Leute,
Schweigend ins Gespräch vertieft,
Als ein totgeschoss`ner Hase
Auf der Wiese Schlittschuh lief.
Und auf einer roten Bank,
Die blau angestrichen war,
Saß ein blondgelockter Jüngling
Mit kohlrabenschwarzem Haar.
Neben ihm `ne alte Schachtel,
Zählte kaum erst sechzehn Jahr.
Und sie aß ein Butterbrot,
Das mit Schmalz bestrichen war.
Droben auf dem Apfelbaume,
Der sehr süße Birnen trug,
Hing des Frühlings letzte Pflaume
Und an Nüssen noch genug.

Unbekannter Verfasser

Textmerkmale

- Mündlich überlieferter, schon unter Kindern sehr verbreiteter Text mit leicht zu erfassender Komik.
- Krasse Widersprüche in den Aussagen durch Gegenüberstellung unvereinbarer Gegensätze.

Anregungen

- Leicht unterschiedliche in Umlauf befindliche Texte vergleichen, sofern sie den Kindern bekannt sind.
- Widersprüche im Text herausarbeiten.
- Text mit Ziel der Widerspruchsfreiheit überarbeiten.
- Text mit der Technik der Vorlage fortsetzen.

48 Gruselgraussong

Der große Zauberspruch, den man vor jeder Klassenarbeit sagen muss, wenn man beim Mogeln nicht erwischt werden will

Hokuspokus, grüner Kater,
schwarzweißroter Rabenvater,
Krötenschleim und Mäusezahn,
dreigeschwänzter blauer Hahn.

Drudenfuß und Schierlingsblüte,
Kaugummi und Wundetüte,
Vollmondstrahl und Krähenschrei,
grüngelbgiftiges Schlangenei.

Sechzehn Tropfen rote Tinte,
Rost von einer Räuberflinte,
Haifischflossen, Fingerhut
und drei Tropfen Lehrerblut.

Bilsenkraut und Spinnenbeine,
Tau von einem Leichensteine,
Knochensplitter, Katzenschwanz,
Kokolores, Firlefanz.

Rattenfell und Maulwurfsauge,
Unterhosenwäschelauge,
Diebesfingernageldreck
und ein Achtel Kantorspeck.

Staub vom Kirchturmuhrgehäuse,
dreizehn tote Fledermäuse,
Eulenkralle, Regenwurm,
Kalk aus einem Hungerturm.

Holofernes, Hexenbesen,
hinkend hässlich Hexenwesen,
Hundeohr und Hühnerschiet
und drei Takte Teufelsbeat.

Knollenblätterpilzgemüse,
Puder für Gespensterfüße,
Tollkirsch-Wein und Farnkrauttee ...
Hokuspokus, Hussahee!

Hansjörg Martin

Textmerkmale

- Aneinanderreihung exotischer Erscheinungen (Bestandteile eines Zaubertranks).
- Aufzählung von Nomen (ohne Verben und ohne Satzbildung) ergibt Text.
- Ungewöhnliche Wortbildungen („Diebesfingernageldreck", „grüngelbgiftig").

Anregungen

- Über Zaubersprüche und ihre Funktion reden.
- Text als Zauberspruch vorlesen oder vorspielen (mit Requisiten).
- Wortwahl untersuchen und Wortbedeutung klären.
- Text erweitern.

49 Was hat Frau Pumpel eingekauft?

Sie geht gebückt. Sie keucht und schnauft.
Ein dicker, prall gefüllter Sack
Wippt auf dem Rücken, huckepack.
Sechs Kilometer Hühnerklein,
zwei Schaufeln Muskatellerwein,
zehn Zentimeter Erdbeereis,
ein Hektoliter Puddingreis,
drei Bogen Zucker, Pfeffer, Salz
und Senf in Tüten ebenfalls
und siebzehn Tropfen Räucherlachs
und dreizehn Tafeln Bohnerwachs
und zwanzig Röllchen Kräutertee
und fünfzehn Stangen Malzkaffee.
Zwei Literflaschen Sahnequark,
neunzehn Schachteln Tomatenmark,
verschiedene Scheiben Erdnußöl
und hundert Tuben Weizenmehl,
vier Löffel Käse, frisch gezapft
und sieben Ballen Apfelsaft
und Vollmilch, an die dreißig Pfund,
und Eier, etwa fünfzig Bund,
und Blütenhonig, sechzehn Stück,
zwölf Dosen eingekochtes Glück,
und Zahncreme, vierundzwanzig Paar,
und acht Minuten Kaviar
und ganz am Ende, ganz am Schluß,
drei Wochen Schokoladenguß.

Rosemarie Neie (*1925)

Textmerkmale

- „Verkehrte Welt"-Gedicht mit nicht zusammenpassenden Waren und deren Form („Scheiben Erdnußöl"), deren Behälter („Senf in Tüten") oder deren Mengenangaben („dreißig Pfund Vollmilch").
- Einig eingestreute „Ausreißer" (Abstraktum „Glück", Zeitangabe „drei Wochen" statt Mengenangabe).

Anregungen

- Typische Einkaufszettel untersuchen: Menge + Ware.
- Text lesen und Widersprüche herausarbeiten.
- Text „korrigieren" (Waren oder Mengen/Behälter austauschen).
- Analogen Unsinnstext schreiben.

50 Viel Gerumpel um Frau Pumpel

Die Pumpelfrau am Küchenherd
ist mehr als zwanzig Köche wert.
Frau Pumpel quirlt ein Bauernbrot;
drei Kringel schweben aus dem Schlot.
Sie schuppt die Knödel, röstet Schmalz
und brät das grob gekörnte Salz.
Sie filtert Fleisch und rupft Kaffee,
sie backt ein Viertelliter Tee
und grillt die Butter, dickt ein Ei
und schlägt die Wurst am Topf entzwei.
Im Kännchen gießt sie Nudeln auf,
dann mahlt sie einen Kohlauflauf,
halbiert die Suppe, spickt das Eis
und schabt die Milch zum Apfelreis.
Sie süßt den Schinken, wendet Öl,
schreckt Kuchen ab und schneidet Mehl.
Dann häutet sie das Apfelmus
und raspelt einen Zuckerguß.
Sie knetet Sahne, mischt Spinat
und reibt die Kresse zu Salat,
sie rührt den Petersilienstrauß
und rollt ihn ebenmäßig aus.
Sie stampft das Hühnerfrikassee
und wäscht Kartoffeln zu Pürree,

und schließlich siebt sie etwas Kraut
und schmeckt es ab mit Gänsehaut,
sie dämpft die Soße, hackt den Quark,
sticht Formen aus dem Knochenmark.
Und alles schafft sie flink und flott,
die Leber mixt sie zu Kompott,
sie wässert Pudding, schält den Fisch,
kippt alle Speisen auf den Tisch
und lädt zum Mahl das Fritzchen ein.
Doch Fritzchen sagt: „Ich danke, nein."

Rosemarie Neie (*1925)

Textmerkmale

- „Verkehrte Welt"-Gedicht mit nicht zusammenpassenden Verben (Prädikaten) und Nomen (in Objekt-Position).
- Unmögliche Vorgänge („Knödel schuppen") und unübliche Handlungen („Schinken süßen").

Anregungen

- Typische Tätigkeiten in der Küche sammeln: Welche Lebensmittel hat man dort? Was macht man mit ihnen?
- Text lesen und Widersprüche herausarbeiten: nicht möglich – nicht üblich.
- Text „korrigieren" (richtige Zuordnungen).
- Analogen Unsinnstext schreiben.

51 Verkehrte Welt

Des Abends, wenn ich früh aufsteh,
des Morgens, wenn ich zu Bette geh,
dann krähen die Hühner, dann gackelt der Hahn,
dann fängt das Korn zu dreschen an.

Die Magd, die steckt den Ofen ins Feuer,
die Frau, sie schlägt drei Suppen in die Eier,
der Knecht, der kehrt mit der Stube den Besen,
da sitzen die Erbsen, die Kinder zu lesen.

Der Stall ist aus dem Pferde geloffen,
der Branntwein hat sich am Bauern versoffen,
arg haben die Linsen die Mäuse zerbissen,
die Hosen haben den Peter zerrissen.

O weh, wie sind mir die Stiefel geschwollen,
dass sie nicht in die Beine nein wollen!
Nimm drei Pfund Stiefel und schmiere das Fett,
dann stelle mir vor die Stiefel das Bett!

Unbekannter Verfasser

Textmerkmale

- Sachliche und sprachliche Unverträglichkeiten auf verschiedenen Ebenen: Handlung und Zeitpunkt, Handlung und Handelnder, Behälter und Inhalt ...
- Komik durch Widersprüche gegenüber der Lebenserfahrung.

Anregungen

- Strophe für Strophe erarbeiten, was eigentlich gemeint ist.
- Besprechen, was beim Lesen eines solchen Textes Spaß macht.

52 (Der Sommerfrischler und die Lokalbahn)
Abfahrt

„Ja zum Donnerwetter nochmal,
sollen wir denn ewig hier stehen bleiben?
Fertig!!!!!“

„Wer sagt fertig?
Was is fertig?
Nix is fertig!!!"

"Sag'n Sie fertig?
Oder sag i fertig?
An Dreck is fertig!!.!"

"Fertig!"

Owlglass (= Hans Erich Blaich) (1873-1945) und Olaf Gulbransson (1873-1958)

Textmerkmale

- Eisenbahnfahrt in vergangener Zeit mit schwierigem Dialog zwischen Fahrgast und Bahnhofsvorsteher.
- Selbstbewusstsein des „Amtsinhabers“, der allein bestimmte Anweisungen geben darf.
- Komischer Konflikt zwischen Bezeichnung eines Zustands (Abfahrtsbereitschaft)und der Befugnis, diese Bezeichnung zu verwenden.

Anregungen

- Über Dampfeisenbahn früherer Zeiten, Amtsverständnis der Bahnbeamten und die Zugabfertigung am Bahnsteig sprechen (Kelle hochhalten und rufen).
- Bildergeschichte lesen und interpretieren.
- Widerspruch der Aussagen („Nix is fertig!“ – „Fertig“) erörtern.
- „Wenn zwei das Gleiche sagen, ist es noch lange nicht dasselbe!“ Bildergeschichte mit Spruch vergleichen.

53 Hundert Lügengeschichten

"Komm und spiel mit mir!" sagt Sylvia.

"Tut mir leid, keine Zeit!" sagt Karin (ihre Mama). "Ich muss zum Nordpol schwimmen."
"Tut mir leid, keine Zeit!" sagt Otto (ihr Papa). "Ich muss meinen Knochen vergraben."
"Tut mir leid, keine Zeit!" sagt Bettina (ihre Tante). "Ich muss Seifenblasen polieren."
"Tut mir leid, keine Zeit!" sagt Golo (ihr Onkel). "Ich muss den Sonntagskuchen singen."
"Tut mir leid, keine Zeit!" sagt Peter (ihr Freund). "Ich muss die Peitsche verhauen."
"Tut mir leid, keine Zeit!" sagt Michael (ihr anderer Freund). "Ich muss einen Schneemann braten."
"Tut mir leid, keine Zeit!" sagt Uli (ihre Freundin). "Ich muss meine Hühner melken."
"Tut mir leid, keine Zeit!" sagt Katharina (ihre andere Tante). "Ich muss in der Badewanne liegen."
"Tut mir leid, keine Zeit!" sagt Paul (ihr anderer Onkel). "Ich muss meine Bücher gießen."
"Tut mir leid, keine Zeit!" sagt Franz (ihr Opa). "Ich muss Kümmel auf den Mond schießen."
"Tut mir leid, keine Zeit!" sagt Felicitas (ihre Oma). "Ich muss den Fernseher ausbrüten."
"Tut mir leid, keine Zeit!" sagt Konrad (ihr Nachbar, der Kaufhausbesitzer). "Ich muß betteln gehen."

Ernst A. Ekker (*1937)

Textmerkmale

- Unmöglichkeiten der „verkehrten Welt“ als Ausreden.
- Unverträglichkeit vom Verb (Prädikat) und Nomen (in Objektposition) oder Adverbialbestimmung, aber auch von Handelndem und Handlung („Papa vergräbt seinen Knochen“), verhindert stimmige Satzbildung.
- Wiederholung der gleichen Unstimmigkeit wirkt textbildend.

Anregungen

- Besprechen: Wie begründen die Leute ihren Mangel an Zeit?
- Text lesen und interpretieren.
- Untersuchen, was den Text lustig macht.

54 Im Schnee

Unbekannter Zeichner

Textmerkmale

- Bilderfolge mit enttäuschend endender Informationssuche: statt gewünschter Auskunft schon bekannte Auskunft.
- Ironische Zuspitzung: Nachricht informiert „überflüssigerweise über den Zustand, aus dem der Mann sich gerade befreien möchte.

Anregungen

- Die drei Bilder nacheinander vorgeben und deuten (enttäuschte Hoffnung).
- Untersuchen, wie eine Bildergeschichte Bild für Bild viele Einzelheiten wiederholt und wie die wenigen Veränderungen den Handlungsfortschritt andeuten (ganz anders bei sprachlicher Geschichte).

55 Mittagspause

„Endlich einmal
etwas Erfreuliches
in der Zeitung!“
ruft der Maurer.
„So, was denn?“ –
„Eine Wurstsemmel
und zwei Eier!“

Alfons Schweiggert (*1947)

56 Schlaumeier

Was er habe,
so schwor er,
wolle er redlich teilen
und ohne Zögern hingeben.

Er hatte Zahnweh.

Hans Manz (*1931)

Textmerkmale (der Texte 55 und 56)

- „Mittagspause“ und „Schlaumeier“ als Texte mit Aufbau einer bestimmten Erwartung beim Leser, die durch überraschenden Schluss zusammenbricht (Pointe).
- Vom Schluss her Umbiegung der Bedeutung des voranstehenden Kontextes.

Anregungen

- Beide Texte lesen und vergleichen: Was ist das Überraschende?
- Untersuchen, an welcher Stelle sich im Text eine Sinnwende ergibt.
- Texte zu Witzen umgestalten:
  In der Mittagspause faltet ein Maurer auf der Baustelle seine Zeitung auseinander ...

57 ANGEBER

Unbekannter Zeichner

Textmerkmale

- Bilderfolge als „Überbietungswitz“: Jeder Sprecher will seinen Vorredner übertrumpfen.
- Neigung zu Superlativen bei Angebern.
- Bruch im Textaufbau durch Verlassen der Fiktion und Hinweis auf Realität.
- Verspottung der beiden Angeber.

Anregungen

- Über Angeberei sprechen und das dabei oft zu Beobachtende überbieten.
- Bildergeschichte interpretieren.
- Überbietungswitze („Mein Vater ...“ – „Das ist doch gar nichts. Mein Vater ...“) sammeln.

58 DU

Du bist eine Mischung aus einem Auto und einem Flugzeug.
Denn du stinkst wie ein Auto, und bald fliegst du raus.

Kurt Werner Peukert (*1931)

Textmerkmale

- Vergleich, der zur Beschimpfung genutzt wird.

Anregungen

- Den ersten Satz wie ein Rätsel vorgeben: Was soll das bedeuten?
- Zweiten Satz als Lösung vorgeben.
- Analoge Texte verfassen.

59 Die Ohrfeige

Ein Büblein klagte seiner Mutter: „Der Vater hat mir eine Ohrfeige gegeben.“ Der Vater aber kam dazu und sagte: „Lügst du wieder? Willst du noch eine?“

Johann Peter Hebel (1760-1826)

Textmerkmale

- Widerspruch zwischen „lügst du“ und „noch eine“.
- Doppelstrategie des Vaters: Leugnen (gegenüber der Mutter) und Drohen (gegenüber dem Sohn).

Anregungen

- Text lesen und interpretieren (Vater verrät sich).
- Erarbeiten, wie man mit denselben Worten verschiedenen Personen ganz Verschiedenes sagen kann („Stimmt gar nicht!“ – „Gleich kriegst du noch eine!“).

60 Kritik

„Sieh doch!“ rief die Spätzin bewundernd vorm Pfau,
„schlägt er nicht ein herrliches Rad mit seinen Federn?“
„Schon, schon“, sagte der Spatz, „aber sie stecken ihm alle im Hintern.“

Wolfdietrich Schnurre (*1920)

Textmerkmale

- Fabel über Bewunderung und Geringschätzung.
- Klischees der für Schönheit empfänglichen Frau und des nüchtern realistischen Mannes.

Anregungen

- Text interpretieren: Welche Haltung spricht aus den Worten von Spatz und Spätzin?
- Erörtern: Wer von beiden hat Recht?

61

DER BOTE

Paemuar

Textmerkmale

- Komischer Kontrast zwischen geradezu übermenschlichen Anstrengungen des Boten, seinen Auftrag zu erfüllen, und dem dafür erhaltenen „Lohn" (Pointe).
- Vierteiliger „Text"-Aufbau: Auftrag (1), Weg (2-6), am Ziel (7-8), „Dank" (9).

Anregungen

- Bilder 1-8 interpretieren, dann erst Bild 9 als überraschenden Schluss einbeziehen.
- Vermutlichen Briefinhalt und Grund für die Ohrfeige erörtern.
- Darüber nachdenken, wieso man über diese Geschichte eigentlich lacht.

III Spiele mit Regeln der Satzbildung

62

koffer koffer kindertragen
flaschen taschen puppenwagen
papa mama koffer kinder
autokarte notlichtblinker

frühgeweckt gefrühstückt raus
winke winke schlüssel haus
autobahnen autoschlange
kinderplappern mama bange

schlange kriechen sonne heiß
stinken staub benzin und schweiß
stockung hunger mama brote
papa skatspiel radio: tote

schlafen schimpfen hupen schwitzen
weiterfahren weitersitzen
müde mitternacht hotel pension
tausenddreißig schlafen schon

Hans A. Halbey (*1922)

Textmerkmale

- Gedicht ohne Satzbildungflexion: statt dessen Aneinanderreihung von Schlüsselwörtern in ihren Grundformen.
- Hauptsächlich Inhaltswörter: Nomen, Verben (Infinitve und Partizipien), Adjektive, aber auch einige Partikel („raus“, „winke winke“, „schon“), aber fast keine verknüpfenden Formwörter (eine einzige Konjunktion „und“)..

Anregungen

- Überschrift vorgeben und überlegen, wie ein solches Gedicht anfangen könnte.
- Text vorlesen: Überraschung (keine Sätze).
- Begründung für Montagetechnik suchen (Ablauf vieler Einzelhandlungen, eiliges Einpacken vieler Gegenstände).
- Selber analoge Wortketten zu einem Thema reimen und in Strophenform aufschreiben.

63 die seereise

das Schiff
der Dampfer
das Flussschiff
der Segler
die Schifffahrt
die Schifffahrtsgesellschaft
der Schiffsarzt
der Schiffsjunge
die Schiffsmannschaft
der Matrose
der Lotse
der Kapitän
das Deck
das Promenadendeck
das Zwischendeck
der Deckstuhl
die Flut
die Ebbe
sich einschiffen
einlaufen
der Bug, das Vorderschiff
das Heck, das Hinterschiff
die Kabine
der Kai
die Koje
der Passagier
seekrank sein (werden)
segeln
das Signal
das Steuer
die Überfahrt
untergehen

Wolf Wondratschek (*1943)

Textmerkmale

- Gedicht aus Nomen und einigen Verben, die um das Thema „Seereise“ kreisen.
- Wörter in lexikalischer Grundform (Nominativ, Singular und Artikel – Infinitiv), sie sind nicht durch Flexion und syntaktische Verknüpfung zu Sätzen zusammengefügt.

Anregungen

- Text ohne Überschrift vorlesen, lesen lassen, Überschrift suchen.
- Wortformen unterscheiden: Grundformen, wie sie im Wörterbuch stehen, nicht in Texten.
- Über Gründe für diese Textform ohne Sätze nachdenken (Verallgemeinerung, keine Reise einer bestimmten Person, sondern Aufzählung all dessen, was zu einer Seereise gehört).
- Text umschreiben: „Meine erste Seereise“ (einige Wörter in Sätze einbetten).

64 MEINE MU

Meine Mu, meine Mu,
meine Mutter schickt mich her,
ob der Ku, ob der Ku,
ob der Kuchen fertig wär‘?
Wenn er no, wenn er no,
wenn er noch nicht fertig wär‘,
käm’ich mo, käm‘ ich mo,
käm‘ ich morgen wieder her.

Unbekannter Verfasser

Textmerkmale

- Mündlich verbreiteter Text mit „verzögert“, nämlich zunächst nur im Anlaut (Konsonant und folgender tontragender Vokal) zum Ausdruck gebrachten Wörtern.
- Ebenfalls „verzögerte“ Satzbildung mit dreimaliger Wiederholung des Satzbeginns.
- Doppelte Verzögerung lässt die Bedeutung der unabgeschlossenen Äußerung einige Zeit unklar, lässt den Hörer/Leser Vermutungen über den Fortgang anstellen und diese schließlich überprüfen.

Anregungen

- Erste Zeile vorgeben und laut lesen lassen (vermutlich wird langer Vokal gesprochen), dann zweite hinzufügen (Vokal wird in „Mutter“ plötzlich kurz).
- In den folgenden drei Teilsätzen das unvollständige Wort erraten lassen.
- Text auswendig sprechen und (als Kanon) singen lassen.

65 Länger und länger

Thomas fällt.
Thomas fällt über den Kuchen.
Thomas fällt über den Kuchen her – und isst ihn auf.

Arne kocht.
Arne kocht sich selbst.
Arne kocht sich selbst einen Pudding – und isst ihn auf.

Tanja bricht.
Tanja bricht ein Stück Schokolade.
Tanja bricht ein Stück Schokolade ab – und isst es auf.

Ines legt.
Ines legt ein Ei.
Ines legt ein Ei in den Becher – und isst es auf.

Katrin schmiert.
Katrin schmiert sich aufs Brötchen.
Katrin schmiert sich aufs Brötchen die Butter – und isst sie auf.

Philipp Günther

Textmerkmale

- Sätze entstehen (scheinbar!) wie eine Perlenkette: Wörter oder Wortgruppen werden der Reihe nach auf eine Schnur gezogen.
- Sprunghaft wechselnde Bedeutung als Beweis für die nichtlineare Satzstruktur („fallen über“ ≠ „herfallen über“; „sich selbst“ als Akkusativobjekt oder als Dativobjekt)!
- Parallele Strophenbildung mit identischem Schluss.

Anregungen

- Sätze mit Strophen Zeile für Zeile an Tafel entstehen lassen.
- Jeweiligen Grund für Bedeutungssprung erarbeiten.
- Analoge Texte verfassen.

66 die sonne scheint

die sonne scheint
die sonne scheint unterzugehen
die sonne scheint untergegangen
die sonne scheint aufzugehen
die sonne scheint aufgegangen
die sonne scheint

Ernst Jandl (1925-2000)

Textmerkmale

- Schrittweise erfolgende Satzbildung mit Alternativen.
- Verbform „scheint“ doppeldeutig: „Licht ausstrahlen“ – „den Eindruck hervorrufen“.
- Textfortschritt mit Geschehensabfolge: Tag, Abend, Nacht, Morgen, Tag.

Anregungen

- Sechsmal untereinander die Zeile „die sonne scheint“ vorgeben, Eindruck: Tag mit herrlichem Sonnenschein.
- Nacheinander die beiden Infinitive und Partizipien verwürfelt dazugeben und probeweise an Zeilen anhängen: verblüffender Bedeutungswechsel der Zeile.
- Originalabfolge der Sätze als natürlichen Zeitablauf rekonstruieren.
- Text in Parallelführung visualisieren:

67 Sie Ochs

Richter: „Sie haben den Kläger einen Ochs genannt und deshalb ist er beleidigt.“

Angeklagter: „Nein, ich habe ihn keinen Ochs genannt, ich habe nur zu ihm gesagt, ‚Sie Ochs ...‘“

Richter: „Nun ja, Sie geben es doch zu, dass Sie ‚Sie Ochs‘ zu ihm gesagt haben.“

Angeklagter: „Nein, ich hab zu ihm gesagt, ‚Sie Ochs ...‘“

Richter: „Zum Donnerwetter noch einmal, Sie sagten doch gerade im Moment, dass Sie ‚Sie Ochs‘ zu ihm sagten.“

Angeklagter: „Aber bitte, Herr Richter, fallen Sie mir doch nicht immer ins Wort, lassen Sie mich doch den Satz aussagen; ich sagte zu dem Kläger ‚Siochs-Indianer sind ausgestorben“.

Unbekannter Verfasser

Textmerkmale

- Dialogszene mit überraschendem Abschluss eines begonnenen Satzes.
- Auseinanderfallen gesprochener und geschriebener Sprache (Klanggleichheit, aber unterschiedliche Schriftgestalt).

Anregungen

- Text mit verteilten Rollen lesen (oder von zwei Schülern nach Vorbereitung vorspielen) lassen.
- Auf Eindeutschung der Bezeichnung für den Indianerstamm der „Sioux" hinweisen (englisch anders gesprochen und geschrieben).

68 Sekundenzeiger

dass ich als ich
ein und zwei ist
dass ich als ich
drei und vier ist
dass ich als ich
tickt und tackt sie
dass ich als ich
fünf und sechs ist
dass ich als ich
sieben und acht ist
dass ich als ich
wenn sie steht sie
dass ich als ich
wenn sie geht sie
dass ich als ich
neun und zehn ist
dass ich als ich
elf und zwölf ist.

Hans Arp (1186-1966)

Textmerkmale

- Gedicht mit regelmäßigem Zeilenwechsel: eine Zeile konstant, eine variabel.
- Variable Zeilen mit „Zeitfortschritt“: von 1 bis 12 im Sekundentakt (und Stundentakt?).
- Unvollständige Sätze, die zum einen auf Handlungen („dass ich“) zu einem bestimmten Zeitpunkt („als ich“) zielen, zum anderen auf Zeitablauf und Zeitpunkte.
- Eingestreute Zeilen verweisen auf prüfende Blicke auf die Uhr („wieviel zeigt sie?“) und auf die Bewegung der Uhrzeiger wie auf das typische Geräusch des Tickens.
- Regelmäßiges Ticken bestimmt auch den Sprachrhythmus des Gedichts (konkrete Poesie in der Form „akustischer Dichtung“): regelmäßiger Wechsel von betonter und unbetonter Silbe (Versmaß: zweimaliger Trochäus pro Verszeile).

Anregungen

- Rhythmisches Sprechen des Gedichts mit gleichzeitigem Zeigen des ruckartigen Springens des Sekundenzeigers mit der Hand auf der großen Kreisspur einer gedachten Uhr.
- Inhaltlich die Einzelzeile zu Sätzen erweitern und dadurch das Gedicht interpretieren (z. B.: „Ich erinnere mich, dass ich gerade zu Mittag gegessen hatte, als ich Besuch bekam“).
- Auf diese Weise den Verlauf eines Nachmittags rekonstruieren.

69 Verstehen

Du bist noch zu klein, um das zu verstehen,
das kannst du noch nicht verstehen,
nein, das verstehst du nicht,
noch nicht,
verstanden !!!

Unbekannter Verfasser

Textmerkmale

- Aneinanderreihung typischer Erklärungen Erwachsener gegenüber Kindern.
- Abrupter Übergang zu der sehr ungeduldigen Abschlussbemerkung „verstanden““, die in einem gewissen Widerspruch zu dem voranstehenden Text steht (eigentlich bedeutet sie ja „Hast du das verstanden?“; verwendet wird der Ausdruck aber nicht für die Frage, sondern für Aufforderungshandlungen: „Schluss jetzt“ Sei still!“).

Anregungen

- Text zunächst ohne Schlusszeile lesen und interpretieren.
- Schluss hinzunehmen und Text mit sich steigernder Ungeduld vorlesen (Text mit allmählich wechselndem Schriftgrad abschreiben).
- Text zum Dialog ausgestalten (Kind fragt – Erwachsener antwortet).

„Ich sage Ihnen: an jedem Baum!"

Bernhard-Viktor von Bülow (= Loriot) (*1923)

Textmerkmale

- Umkehrung des Mensch-Hund-Verhältnisses mit komischer Wirkung: Reviermarkierung durch Duftmarken an Bäumen.
- Sprache als „hündisches", Duftmarke als menschliches Verständigungsmittel.

Anregungen

- Erörtern, weshalb Hunde ihr Zeichen an Baumstämmen hinterlassen und was die Hundehalter daran stört.
- Bildbetrachtung und dabei herausarbeiten, was hier eigentlich komisch ist, zum Lachen reizt.
- Analoge Situationen beschreiben (z. B. Menschen an der Leine beißen sich).

71 Wen du brauchst

Einen zum Küssen und Augenzubinden,
einen zum Lustige-Streiche-Erfinden.
Einen zum Regenbogen-suchen-Gehn
und einen zum Fest-auf-dem-Boden-Stehn.
Einen zum Brüllen, zum Leisesein einen,
einen zum Lachen und einen zum Weinen.
Auf jeden Fall einen, der dich mag,
heute und morgen und jeden Tag.

Regina Schwarz

Textmerkmale

- Unvollständige Sätze: Beschränkung auf Akkusativobjekte und präpositionales Attribut: „Du brauchst einen ..."
- Präpositionalergänzungen erfassen wichtige soziale Handlungen im Leben (als Sozialwesen benötigt der Mensch Partner).
- Attribut geht zum Schluss in Relativsatz über.

Anregungen

- Von Überschrift ausgehen und darüber sprechen, welche anderen Menschen man „braucht".
- Text lesen und interpretieren.
- Sätze im Text jeweils mit vorangestelltem „Ich brauche" ergänzen und dann mit verteilten Rollen lesen.
- Text analog weiterschreiben

Wo holt sich die Erde die himmlischen Kleider?

Wo holt sich die Erde die himmlischen Kleider?
Beim Wettermacher, beim Wolkenschneider.
Sie braucht keine eitlen Samte und Seiden,
sie nimmt, was er hat, und trägt froh und bescheiden
das Regenschwere, das Flockenleichte,
das Schattenscheckige, Sonngebleichte,
das Mondgewobne und Sternbestickte,
das Windzerrissene, Laubgeflickte,
das Gockelrote, das Igelgraue,
das Ährengelbe, das Pflaumenblaue,
das Gräserkühle, das Nesselheiße,
das Hasenbraune, das Schwanenweiße –
und schlendert die Jahre hinaus und hinunter:
je schlichter, je lieber, je schöner, je bunter.

Christina Busta (*1915)

Textmerkmale

- Ungewöhnlich umfangreiche Wortreihen (vor allem Akkusativobjekte), die das Satzgerüst zu sprengen drohen.
- Unvollständiger Satz als Antwort auf Frage (zweite Zeile), sonst nur in gesprochener Rede üblich.
- Ungewöhnliche, „blumige" Wortbildungen.

Anregungen

- Über die Bedeutung der Überschrift nachdenken („himmlische" Kleider).
- Text lesen und Metapher erarbeiten („Wolkenschneider"), Vergleiche erarbeiten („regenschwer", „schattenscheckig", „pflaumenblau" ...).
- Wortbildungen mit syntaktischen Wortgruppen vergleichen, aus denen sie hervorgegangen sind („mondgewoben" – „vom Mond gewoben"; „sternbestickt" – „mit Sternen bestickt").
- Langen Satz in Einzelsätze auflösen („Sie trägt das regenschwere Kleid. Sie trägt ...").

73 Ballade vom schweren Leben des Ritters Kauz vom Rabensee

Es war ein alter Ritter
Herr Kauz vom Rabensee.
Wenn er nicht schlief, dann stritt er.
Er hieß: der Eiserne.

Sein Mantel war aus Eisen,
aus Eisen sein Habit.
Sein Schuh war auch aus Eisen.
Sein Schneider war der Schmied.

Ging er auf einer Brücke
über den Rhein – pardauz!
Sie brach in tausend Stücke.
So schwer war der Herr Kauz.

Lehnt er an einer Brüstung,
es macht sofort: pardauz!
So schwer war seine Rüstung.
So schwer war der Herr Kauz.

Und ging nach solchem Drama
zu Bett er, müd wie Blei:
Sein eiserner Pyjama
brach auch das Bett entzwei.

Der Winter kam mit Schnaufen,
mit Kälte und mit Schnee.
Herr Kauz ging Schlittschuh laufen
wohl auf dem Rabensee.

Er glitt noch eine Strecke
aufs stille Eis hinaus.
Da brach er durch die Decke
und in die Worte aus:

Potz Bomben und Gewitter,
ich glaube, ich ersauf!
Dann gab der alte Ritter
sein schweres Leben auf.

Peter Hacks (*1928)

Textmerkmale

- Spottgedicht auf kriegerisches, streitbares Verhalten in Vergangenheit und Gegenwart.
- Komik erzeugende Brüche, formal (Satzbruch: „brach er durch die Decke und in die Worte aus“) und inhaltlich („eiserner Pyjama“, „Schlittschuh laufender Ritter“, Ritterrüstung und „Bomben“).

Anregungen

- Text lesen und schwer verständliche Ausdrücke mit Hilfe des Kontextes klären (Ballade, Habit, Brüstung, Drama, brechen – ausbrechen, Potz ...).
- Doppeldeutigkeit des „schweren Lebens“ erarbeiten.
- Komik (Widersprüche) und Spott im Text aufspüren.

74 Fliegen

WENN FLIEGEN HINTER
FLIEGEN
FLIEGEN
FLIEGEN
FLIEGEN
FLIEGEN
NACH

Unbekannter Verfasser

Textmerkmale

- Durch scheinbare Aneinanderreihung des gleichen Wortes unübersichtliche Satzstruktur.
- Gleichklang (Homophonie) von Tierbezeichnungen (Nomen) und Handlungsverb.
- Unterschiede durch Verzicht auf Groß- und Kleinschreibung aufgehoben.
- Verzicht auf Satzzeichen (Komma) macht Satzbau schwer durchschaubar.

Anregungen

- Nur Zeilen 2 bis 6 vorgeben, Rätseleffekt nutzen (Was soll das bedeuten?), dann 1 und 7.
- Text in Standardschrift umschreiben (Groß- und Kleinschreibung, Satzzeichen).

75 Kriegslied des Dakotahäuptlings Regengesicht

Regen regnet, regnet Regen,
regnet Regen ins Gesicht.
Regnet Regen keinen Regen,
regnet Regen Regen nicht.

Regenpfeifer pfeift dem Regen,
pfeift dem Regen ins Gesicht
warum Pfeifer pfeift dem Regen,
wissen Pfeif und Regen nicht.

Christa Reinig (*1926)

Textmerkmale

- Ungewöhnliche Satzbildung mit Häufung des Nomens „Regen“ und des Verbs „regnen“.
- „Inneres Subjekt“ (Regen regnet) und „inneres Objekt“ (Regen regnen) kombiniert.
- Nutzung der im Deutschen großen Freiheit der Wortstellung im Satz.

Anregungen

- Zentralsatz untersuchen: „Regen regnet Regen“. – Wer regnet was?
- Satzbildungen im Gedicht klären.
- Überschrift zur Deutung heranziehen („Lied“ deutet auf Musikalität der Formulierungen: Sprachmagie der beschwörenden Wiederholungen)

76 tiere fressen

tiere fressen menschen essen tiere

Unbekannter Verfasser

Textmerkmale

- Wortreihe, die sich in unterschiedliche Wortgruppen/Sätze aufgliedern lässt: Tiere fressen. Menschen essen. Tiere fressen Menschen. Menschen essen Tiere.
- Vieldeutigkeit der syntaktischen Struktur durch Kleinschreibung und Weglassen von Satzschlusszeichen begünstigt.
- Erstes Wort = letztes Wort: Text lässt sich als in sich geschlossener „Kreis-Text“ lesen.

Anregungen

- Erleseversuche von Sätzen durchführen (auch: Fressen Menschen? Essen Tiere? Essen Tiere Tiere?).
- Über den Gebrauchs- und Bedeutungsunterschied der beiden Verben sprechen (mit „saufen“ und „trinken“ vergleichen).
- Text vergleichen mit: Tiere fressen Tiere fressen Tiere.

77 WEISS

WEISS – DER – HIMMEL – WER – DA – WIEDER – ZUCKER – VERSTREUT – HAT – DER – KÜCHENBODEN – IST – GANZ –

Hans Manz (*1931)

Textmerkmale

- Sätze, die „sich in den Schwanz beißen“: „weiß“ als Farbbezeichnung gegenüber dem gleich lautenden und gleich geschriebenen „weiß“ (= Homonym) als flektierte Form des Verbs „wissen“.
- Keine Signale für Satzbeginn (Großschreibung) und Satzschluss (Satzzeichen), dagegen Gedankenstrich als zusätzliche Wortgrenzenmarkierung (neben Abstand).

Anregungen

- „Kreistext“ erlesen und feststellen, dass eine Wortgestalt eigentlich zweimal erscheinen müsste (WEISS): Pfeil deutet Beginn und Abschluss zugleich an.
- Text umschreiben: Standardschrift und Satzzeichen.
- Analogtext verfassen.

78 Erbsensuppe

In der deutschen Sprache ist das Dichten ein bisschen leichter
als in anderen Sprachen", sagte mein Urgroßvater.
„Wieso?" fragte die Ober-Großmutter.
„Weil man im Deutschen die Wörter dauernd umstellen kann".
„Verstehe ich nicht", brummte die Ober-Großmutter.
„Dann wollen wir es mal ausprobieren, Margaretha.
Nehmen wir zum Beispiel den Satz:
Erbsensuppe ist ein nahrhaftes Essen für die Familie."
„Ein sehr wahrer Satz!" sagte die Ober-Großmutter
und sah mich schräg von der Seite an.
Da aß ich schnell mit Schlucken und Drucken drei Löffel Suppe.
Mein Urgroßvater aber sagte: „Wir wollen den Satz verändern,
indem wir die Wörter umstellen. Versuch es mal, Boy!"
Während mein Urgroßvater und meine Ober-Großmutter
sich einen zweiten Teller Erbsensuppe nahmen,
legte ich aufatmend den Löffel hin und begann, den Satz umzubauen:
„Erbsensuppe ist ein nahrhaftes Essen für die Familie.
Erbsensuppe ist für die Familie ein nahrhaftes Essen.
Erbsensuppe ist ein nahrhaftes Familien-Essen.
Ein nahrhaftes Essen für die Familie ist Erbsensuppe.
Ein nahrhaftes Essen ist Erbsensuppe für die Familie.
Für die Familie ist Erbsensuppe ein nahrhaftes Essen.
Für die Familie ..."
„Hör auf, du verdirbst mir den Appetit an Erbsensuppe!"
rief meine Ober-Großmutter.
„Da dreht sich einem ja das Essen im Magen herum!
Überhaupt will ich bei Tisch nichts mehr vom Dichten hören!
Iss deinen Teller leer, Boy, sonst kriegst du keine Rote Grütze!"

James Krüss (*1926)

Textmerkmale

- „Umstellprobe" mit Positionsveränderung der Satzglieder, aber auch Auflösung des Satzglieds mit Attribut (Erbsensuppe ist ein nahrhaftes Familienessen" bedeutet etwas anderes als „Für die Familie ist Erbsensuppe ein nahrhaftes Essen").

Anregungen

- Text lesen und die Umstellungen genau inhaltlich untersuchen.
- Umstellprobe fortsetzen.
- Zu andern Umstellsätzen eine kleine Geschichte schreiben.

79 auf los gehts los

auf los gehts los.
auf gehts! los! los!
auf! los! los gehts!

los gehts. auf los.
los! auf! los gehts!
los los! auf gehts!
los! auf gehts! los!
los gehts! los! auf?
los! los? gehts auf?

gehts auf los los?
gehts? los auf los?
gehts los? los.auf.

Konrad Balder Schäuffelen (*1929)

Textmerkmale

- Variationen mit dem Wortmaterial der Anweisung „Auf los geht's los!"
- Aufspaltungen der Wortgruppe, Umstellungen der Bestandteile, Wechsel der Satzschlusszeichen: Bedeutungsveränderungen.

Anregungen

- Durch Stimmführung, Lautstärke, Dynamik die Bedeutungsunterschiede herausarbeiten.
- Situationen erarbeiten, in denen die einzelnen Äußerungen verwendet werden könnten.

80 Gib es doch zu!

du bist es gewesen
bist du es gewesen
gewesen bist du es

gewesen bist du es nicht
nicht gewesen bist du es
du bist es nicht gewesen

wer ist es gewesen
bist du es nicht gewesen
nicht du bist es gewesen
du bist es gewesen

Winfried Ulrich (*1941)

Textmerkmale

- Beschuldigungsszene mit Variation einer formelhaften Wendung.
- Durchgehende Kleinschreibung und Fehlen von Satzzeichen: Leseerschwerung.

Anregungen

- Von Überschrift ausgehend erarbeiten, mit welchen Worten man jemand beschuldigt, etwas getan zu haben.
- Text erlesen: sinngestaltende Leseversuche.
- Text in Standardsprache umschreiben (Satzreihe oder Satzgefüge: „Wer ist es gewesen, bist du es nicht gewesen?").

81 SPRICHWÖRTER ETWAS VERÄNDERT

Aller Anfang wird einem schwer gemacht.
Wer zuerst kommt, hat sich vorgedrängt.
Man soll den Tag nicht vor dem Abendprogramm loben.
Sich regen bringt Muskelkater.
Frisch gewagt, hat schon manchen den Hals gekostet.
Scherben bringen Arbeit,.
Wer nicht hören will, hat Gründe.
Wenn sich zwei streiten, muss es der Dritte büßen.
Je später der Abend, desto teurer die Rechnung.
Wer zuletzt lacht, ist gemein.
Was ich nicht weiß, hat mir niemand gesagt.
Ein blindes Huhn kann auch Eier legen.
Eigener Herd bringt hohe Kosten.

Manfred Mai (*1949)

Textmerkmale

- Kleine sprachliche Veränderungen an bekannten Sprichwörtern führen zu großen Verschiebungen der Bedeutungen.
- Erfahrungswahrheiten ergeben sich auch bei den veränderten Aussagen.

Anregungen

- Zugrunde liegende Sprichwörter erarbeiten und interpretieren.
- Wahrheitsgehalt der ursprünglichen und der neuen Aussage prüfen, in Beziehung setzen.
- Untersuchen, welches Verhalten die Sprichwörter empfehlen, und warum.

M O R G E N ist

H E U T E schon

G E S T E R N und

G E S T E R N wird

M O R G E N schon

V O R G E S T E R N sein,

H E U T E dagegen

G E S T E R N .

Winfried Ulrich (*1941)

Textmerkmale

- Komplexer Satz mit Häufung von Adverbialbestimmungen der Zeit.
- Bedeutungsunklarheit durch freie Wortstellung und Unsicherheit, welche Wörter als „Satzgegenstand“, welche als „Satzaussage“ zu betrachten sind.

Anregungen

- Zunächst nur die ersten drei Zeilen betrachten und analysieren (hilfreiche umschreibende Variante: Morgen früh werden wir zu allem, was heute geschieht, schon sagen, dass es gestern gewesen ist).
- Umschreibversuche vornehmen, ohne Sinnänderung: Heute ist morgen schon gestern. Gestern war heute schon morgen.
- Weitere Textteile interpretieren.

IV Spiele mit Regeln der Wortbildung

83 Die Walnuss

Unbekannter Zeichner

Textmerkmale

- Falsche Analyse des zusammengesetzten Wortes „Walnuss“ (eigentlich „welsche“ = italienische, von den Römern übernommene Nuss, im Unterschied zu der bei den Germanen heimischen Haselnuss).

Anregungen

- Nur das erste Bild vorgeben und über das Wort „Walnuss“ nachdenken.
- Überraschende Pointe im zweiten Bild entdecken.
- Die Erklärung kritisch prüfen: Hat die Nuss wirklich etwas mit dem Wal zu tun?
- Erklären, dass der gleich klingende und gleich geschriebene erste Bestandteil des zusammengesetzten Wortes ein ganz anderer Wortbaustein ist als „Wal“, der früher auch anders gesprochen und geschrieben wurde.

84 Kuriose Berufe

Bedenk‘ ich’s, möchte‘ ich lieber kein
ZITRONENFALTER werden, nein!
Kein blasser und kein gelber.
Ach, der Beruf ist ganz veraltet!
Denn, seht ihr, heutzutage faltet
doch jeder die Zitronen selber.

Was so ein WOLKENKRATZER tut,
erfordert sicher großen Mut –
mehr als Gedichte schreiben.
Mir aber scheint es rätselvoll,
wozu man Wolken kratzen soll.
Ich lass es lieber bleiben.

Auf freiem Felde geht ein Mann,
der strengt sich ganz gewaltig an.
Mit einer spitzen Rute
sticht er und sticht im Feld herum.
Die Sache scheint mir ziemlich dumm:
FELDSTECHER ist der Gute!

In unserm Haus fällt einer auf,
der streckt die Hände stets hinauf.
Ein seltsamer Bewohner!
Er hält die Arme meistens so,
dass er nicht anstößt irgendwo.
Der Mann ist ÄRMELSCHONER!

Zur Backstub‘ steigt ein Mann hinab,
zu prüfen mit dem Meterstab
das, was der Bäcker schuf.
Er misst das Brot von allen Seiten.
Der Mann ist (niemand wird’s bestreiten)
BROTMESSER von Beruf.

Ein Mann muß stets am Boden sitzen.
Er saugt an Teppichen und Ritzen,
das macht er Tag für Tag.
Vom Staub bleibt wirklich keine Spur,
doch frag‘ ich mich, wie einer nur
STAUBSAUGER werden mag?

Am Marktplatz stand ein Mann bereit,
der zeigte jedesmal die Zeit,
ob's Zwölf war oder Eins.
Er zeigte immer seine Uhr,
sonst tat er nichts, er zeigte nur.
UHRZEIGER war er, scheint's.

Wo Frauen stricken, dorthin schreitet
gleich einer, der die Arbeit leitet
mit Ernst und Disziplin.
Das Regiment der Damen führt er.
„Zwei links, zwei rechts!" so kommandiert er.
STRICKLEITER nennt man ihn.

Ich habe einen Mann gekannt,
der niemals etwas wieder fand.
Es war schon manchmal peinlich!
Wieso verlegt er alle Sachen?
Er war – da gibt es nichts zu lachen! –
VERLEGER höchst wahrscheinlich.

Es baut ein Mann ganz haargenau
Specht, Amsel, Drossel, Spatz und Pfau,
den Strauß und auch den Auer.
Wozu bemüht der Mann sich nur?
Das macht doch alles die Natur.
Er ist ein VOGELBAUER.

Schmeißt einer so das Geld umher,
die Zwanzig-, Fünfzig-, Hunderter,
der hat's wohl, denke ich.
SCHEINWERFER nennt man so etwas.
Ganz unter uns, ich glaube, *das*
wär' ein Beruf für mich!

Michael Ende (*1929)

Textmerkmale

- Umdeutung zusammengesetzter Wörter.
- Ableitungen mit dem Baustein -er, die sich zu verschiedenen Wortgruppen mit jeweils gleicher Bedeutungsausrichtung zusammentun: „jemand der etwas tut“ (Bäcker = jemand der backt), „Gegenstand, mit dem etwas getan wird“ (Staubsauger = Gerät, mit dem Staub gesaugt wird).

Anregungen

- Strophe für Strophe lesen und die Fragen nach der Wortbildung erörtern: Was hat ein „Zitronenfalter“ mit Zitronen zu tun (Farbe)? Was hat er mit der Tätigkeit des Faltens zu tun (gar nichts: Falter ist hier eigentlich „Flatterer“)?
- Analoge Strophen verfassen (Strumpfhalter, Regenschauer, Ohrenschützer, Raupenschlepper, Dosenöffner, Türdrücker ...).

85 MAULESEL

Eines Tages war Eulenspiegel mit seinem neuen Herrn aufs Feld hinausgegangen, um Kohl zu pflanzen. Da ritten drei Junker des Weges, und den einen plagte der Übermut, dass er zu Eulenspiegel sprach: „Was gibst du mir, Bursche, wenn ich dir beweise, daß du ein Kohlkopf bist?“

„Nichts, gnädiger Herr Ritter“, entgegnete Till, „denn solche Rätsel mache ich selber.“

Der Junker, den es belustigte, dass ein Bauernknecht sich vermaß, witzig zu sein, sprach: „So lass doch eines hören!“

„Wisst ihr, edle Herren, weshalb eure Sättel drei Maulesel sind?“ fragte Till. Die Junker wussten es nicht und verlangten die Lösung des Rätsels zu hören.

„Je nun“, sprach Till, „was zwischen einem Pferd und einem Esel ist, das ist doch all mein Lebtag ein Maulesel gewesen.“

Georg Paysen-Petersen

Textmerkmale

- Rätsel mit sprachspielerischer Lösung, die auf eine beleidigende Anspielung hinausläuft: Ihr seid Esel!
- Doppeldeutigkeit des Ausdrucks „zwischen ... sein“.

Anregungen

- „Maulesel“ als Kreuzung von Pferd und Esel erklären.
- Gespräch über Eulenspiegel führen (Schelm, der mit seinen Streichen andere hereinlegt).
- Text lesen und Rätsel mit Lösung besprechen.

„Von wegen Wachskerzen!
Kleiner werden sie, immer kleiner!"

Willnarz

Textmerkmale

- Falsche Analyse des zusammengesetzten Wortes, dessen erster Bestandteil (Bestimmungswort) nicht das Verb „wachsen", sondern das Nomen „Wachs" ist.
- Missverständnis durch Umdeutung eines Wortes.

Anregungen

- Bildwitz „lesen" und Pointe besprechen.
- Zusammengesetzte und abgeleitete Wörter mit den Konstituenten „Wachs" und „wachsen" sammeln und ordnen: Wachstuch, Wachsfigur, Wachsstift, Wachszeit, wachsweich, Wachstum, Wachsfarbe ...

87 Ein Esel beschimpft eine Lehrerin

Sind Sie eine Lehrerin? Sie sind keine Lehrerin.
Sie sind eine enge Straße. Sie sind eine Erbse. Sie sind voller Essig. Sie sind eine Lehrerin?
Sie haben ein Schimpfwort erfunden, weiter nichts, aber das reicht schon!
Sie wissen auch, was ich sagen will. Sie tun verwundert, als wüssten Sie nicht, was ich sagen will. Ich habe mich bei einem Kind erkundigt! Sind die Seiten eines Schulbuchs oben oder unten angeknickt, dann nennen Sie diese angeknickten oder umgeknickten Stellen kurzerhand Eselsohr.
Haben wir solche Ohren? Treten Sie näher, setzen Sie Ihre Brille auf!
Was sehen Sie? Sie sehen Eselsohren. Das hier an meinem Kopf sind die Ohren eines Esels.
Wie kommt es zu dieser Verwechslung? Weshalb entschuldigen Sie sich nicht?
Was geschieht, wenn Ihr Schimpfwort von anderen Lehrerinnen und Lehrern beliebig ausgesprochen wird in ständiger Beleidigung meiner Ohren? Sage ich zu meinen Kindern: Du hast Lehrerinnenohren? Ich sage das nicht. Ist das Ihre Aufgabe, so was zu sagen? Haben Sie nichts anderes gelernt? Geht das, was ich hier sage, in eines Ihrer Ohren hinein und zum anderen hinaus? Iiih, sage ich, aber nicht Aaah! Nein, halten Sie sich nicht die Ohren zu! Laufen Sie nicht zum Rektor! Wenn Sie den Rektor holen, beiße ich den Rektor.
Am besten, Sie entschuldigen sich, das wäre am besten für die Zukunft.

Günter Bruno Fuchs (1928-1977)

Textmerkmale

- Übertragener Gebrauch (Metapher) des Wortes „Eselsohr".
- Neue Metaphern bzw. Vergleiche: „enge Straße", „Erbse", „voller Essig" mit abwertender Bedeutung.
- Infragestellung der sachlichen Berechtigung für einen bildhaften Ausdruck.

Anregungen

- Grundbedeutung und übertragene Bedeutung von „Eselsohr" klären.
- Text lesen und interpretieren.
- Vergleichsausdrücke untersuchen (Was macht sie zu Schimpfwörtern?).
- Weitere tierdiskriminierende Ausdrücke sammeln und untersuchen: Rabeneltern, saudumm, bockig, Katzenwäsche, katzenbuckeln, Affentheater, Hühnerauge ...

88 Kaum zu glauben

Es ist kaum zu glauben,

dass ein Großvater ein sehr kleiner Mann sein kann,

dass der Sonnabend schon am Morgen beginnt,

dass Kunststoff nie von Künstlern hergestellt wird,

dass ein Geburtstagskind seinen achtzigsten Geburtstag feiert,

dass eine Wachsfigur keinen Zentimeter größer wird,

dass man im Schuhgeschäft nicht einen einzigen Handschuh kaufen kann,

dass ein Eisbein warm auf den Mittagstisch kommt,

dass man einen Bildschirm nicht aufspannen kann,

dass eine Windhose nie gewaschen oder gebügelt wird,

dass noch niemand von einer Grasmücke gestochen worden ist.

Winfried Ulrich (*1941)

Textmerkmale

- Fehl- und Umdeutungen der Bauweise zusammengesetzter Wörter.
- Komik durch regelwidriges „Wörtlichnehmen".

Anregungen

- Text Zeile für Zeile lesen und besprechen.
- Für die „richtige" Analyse ein (etymologisches) Wörterbuch heranziehen: Vater einer „großen" = über mehrere Generationen reichenden Familie, „Abend" vor dem Sonntag (vgl. Heiligabend), „künstlich" hergestelltes Material, „Kind" im Blick auf die Geburt, Figur aus „Wachs", Kleidungsstück wird über die Hand „gezogen", zum „Eislauf" geeigneter großer Röhrenknochen, „schirmförmig" gewölbte Röhre, „hosenförmiger" (früher: Hose = Strumpf) Windwirbel, „grauer" Vogel (der sich durchs Gebüsch „schmiegt").

89 Stimmt das?

Auf vielen Suppen sieht man Augen schwimmen –
auf Hühnersuppen schwimmen Hühneraugen.

Die meisten Würmchen trinken keinen Wein –
Glühwürmchen aber mögen Glühwein.

Manche Bauern rauchen Pfeife –
nur wenige Orgelbauer rauchen Orgelpfeife.

Männchen essen gerne Kuchen –
Sandmännchen lieben Sandkuchen.

Hunde tragen nur im Winter Hemden –
wann tragen Kettenhunde Kettenhemden?

Winfried Ulrich (*1941)

Textmerkmale

- Zusammensetzungen mit scheinbar gleichbedeutendem Bestimmungswort bzw. scheinbar analoger Bedeutungsstruktur.
- Komik durch Einbettung der Zusammensetzungen in Sätze.

Anregungen

- Satz für Satz lesen und Titelfrage beantworten.
- Die Wortbedeutung analysieren: Suppe mit Hühnerfleisch – Hornhaut mit Form eines Hühnerauges ...
- Analoge Scherzsätze bilden.

90 Was ist das?

Blasebalg – pustendes Kleinkind
Brechstange – Halterung für Seekranke
Lakritze – beschädigter Anstrich
Tornister – in Hauseinfahrt brütender Vogel
Posaunen – Dampfsitzbäder
Kantor – eckiges Gehörorgan
Luftaufnahme – Foto von Unsichtbarem

Winfried Ulrich (*1941)

Textmerkmale

- Umdeutung von Wörtern.
- Mehrdeutige Wortbausteine („Balg“ = Beutel aus Tierhaut – unartiges Kind, „brechen“ = durchtrennen – sich übergeben), falsche Wortbausteine (Lak ≠ Lack ...), unkonventionelle Verknüpfung von Wortbausteinen (Aufnahme von der Luft aus – Aufnahme der Luft).

Anregungen

- Ausgangswörter vorgeben und nach der Bedeutung fragen.
- Die folgenden „Definitionen“ dazugeben und untersuchen. (Was hat das eine mit dem anderen zu tun?).
- Eigene Definitionsversuche vornehmen (z. B.. „Mädchen" – kleiner Wurm).

91 Ameisenhaufen

„Das soll ein Ameisenhaufen sein? Glaube ich nie, daß so kleine Tierchen so große Haufen machen.“

Unbekannter Zeichner

Textmerkmale

- Spiel mit Mehrdeutigkeit von „Haufen“ (kugelartige Anhäufung – Menge von Kot).
- Komik durch Missverständnis (Schadenfreude beim Betrachter).

Anregungen

- Bildbetrachtung: Was könnte die Frau (geöffneter Mund) gerade sagen?
- Pointierenden Text hinzufügen - Warum wird jetzt gelacht?

92 Harter Kampf

Eine Mannschaft,
eine Klassenmannschaft,
eine Schulklassenmannschaft,
eine Volksschulklassenmannschaft,
eine Knabenvolksschulklassenmannschaft

kämpfte
bei der Meisterschaft,
bei der Landesmeisterschaft,
bei der Jugendstaffellandesmeisterschaft,
bei der Schuljugendstaffellandesmeisterschaft,
bei der Volksschuljugendstaffellandesmeisterschaft

in einem Bad,
in einem Schwimmbad,
in einem Hallenschwimmbad,
in einem Wasserhallenschwimmbad,
in einem Warmwasserhallenschwimmbad

und gewann
den Pokal,
den Meisterschaftspokal,
den Landesmeisterschaftspokal,
den Staffellandesmeisterschaftspokal,
den Jugendstaffellandesmeisterschaftspokal,
den Schuljugendstaffellandesmeisterschaftspokal,
den Volksschuljugendstaffellandesmeisterschaftspokal.

War das nicht kolossal?

Oskar Döring

Textmerkmale

- Wachsende Zusammensetzungen mit hinzukommenden Bestimmungswörtern.
- Nicht immer zutreffende Rekonstruktion der tatsächlichen Wortentstehung („Wasserhallenschwimmbad“ falsch, diese Zeile muss eigentlich ausgelassen werden).
- Einbettung der Wortungetüme in einen einzigen Satz.

Anregungen

- Text langsam lesen und Schritt für Schritt erschließen.
- Die Bedeutungen der wachsenden Wörter jeweils umschreiben.
- Selbst „Klettenwörter“ und „Klettensätze“ bilden.

93 Erfindungen

Der erste Erfinder erfand
einen Kronenkorkenentferner.
Ein zweiter Erfinder erfand
eine Kronenkorkenentfernermaschine.
Ein dritter Erfinder erfand
einen Kronenkorkenentfernermaschinenautomaten.
Ein vierter Erfinder erfand
einen Kronenkorkenmaschinenautomatenentferner.

Was nun?

Hans Manz (*1931)

Textmerkmale

- Wachsende Wortzusammensetzungen mit jeweils hinzukommenden Grundwörtern.
- Bei dem inhaltlichen Übergewicht des Grundwortes (im Vergleich mit dem Bestimmungswort) bezeichnet das Wort nach jede Veränderung etwas ganz Neues.
- Pointe durch „Positionswechsel“ des Bestandteils „Entferner“ bei der letzten Wortbildung.

Anregungen

- Besprechen: Was ist ein Kronenkorken? Wie öffnet man eine Flasche mit einem solchen Korken? Warum trauen sich manche Leute nicht, das zu tun?
- Text lesen und interpretieren: Was soll die Frage am Schluss?
- Untersuchen: Fehlt bei der letzten Wortbildung nicht ein Wortbaustein?

94 Die Gänse-Fang-Maschine

Jan P. Schniebel

Textmerkmale

- Erfindung einer neuen Maschine und eines neuen Wortes.
- Die durchsichtige Bezeichnung täuscht über die wahre Funktion hinweg.
- Pointe in der Ironie der Schlussbemerkung der Gans.

Anregungen

- Comic lesen und interpretieren.
- Zutreffende Bezeichnung für die Maschine suchen.

Seltene Berufe

FINGERNAGELLACKENTFERNER

EISBLUMENSTRAUSSVERKÄUFER

EINLITERVOLLMILCHTÜTENKLEBER

WELTRAUMREISENFREMDENFÜHRER

KLAPPERSCHLANGENGIFTZAHNZIEHER

SCHREIBTISCHLAMPENSCHIRMPOLIERER

MENSCHÄRGERDICHNICHTSPIELVERDERBER

TAUSENDUNDEINEGUTENACHTGESCHICHTENERZÄHLER

Winfried Ulrich (*1941)

Textmerkmale

- Umfangreiche Zusammensetzungen als komisch wirkende Berufsbezeichnungen: Wer wird so etwas beruflich schon tun?
- Grundwort ist jeweils ein von einem Verb abgeleitetes Nomen mit dem Ableitungssuffix -er (jemand, der tut, was mit dem Verb bezeichnet wird: ein „Entferner“ entfernt etwas).

Anregungen

- Wörter untersuchen und erläutern, was die Person jeweils in ihrem Beruf zu tun hat: Jemand entfernt Lack, der auf Fingernägel aufgetragen wird.
- Analoge Berufsbezeichnungen bilden.

95 Einbrecher

Unbekannter Zeichner

Textmerkmale

- Umdeutung des abgeleiteten Nomens: jemand, der in ein Haus „einbricht", um dort etwas zu stehlen – jemand, der ins Eis „eingebrochen" ist.
- Umdeutung des Hilferufes: Helft und nehmt Einbrecher fest! – Helft dem Einbrecher, dass er wieder ans Ufer kommt!

Anregungen

- Bildwitz interpretieren: Was ist da los? Warum läuft der eine Mann schreiend davon?
- Die konventionelle und die hier vorliegende Bedeutung von „Einbrecher" erarbeiten.

96 DREI KLEINE LÄUSCHEN

Drei kleine Läuschen
zwickten drei Mäuschen,
die schwankten mit Räuschen
hinein in ihr Häuschen.

Hans Manz (*1931)

Textmerkmale

- Suggestive Parallelführung von vier Reimwörtern, von denen aber nur drei sich wirklich reimen („Räuschen" = Plural von „Rausch").
- Irreführung des Lesers, der „Räus-chen" liest.
- Korrekturmöglichkeit: „Räusch – chen" bei Erhalt der Verkleinerungsform auf -chen.

Anregungen

- Text ohne Vorwarnung lesen lassen.
- Besprechen: Was ist ein „Räuschen"?
- Bei Reimdurchbrechung mit Flexionsform von „Rausch" lesen.
- Probieren, ob man den „Rausch" nicht auch „verkleinern" kann.

98 Lottchen, Lottchen

Lottchen, Lottchen,
ach mein Gottchen,
holchen mirchen bittchen mal
meinchen feinchen klitzekleinchen
grünchen Blümchenseidenschal
hintchen aus dem Kleiderschränkchen,
dennchen sonstchen werd' ich kränkchen.
Na? Wird's bald?
Oder soll ich ernsthaft mit dir reden?

Roswitha Fröhlich (*1924)

Textmerkmale

- Regelwidrige Verwendung des Ableitungssuffixes -chen, mit dessen Hilfe (verniedlichende) Verkleinerungsformen von Namen („Lottchen") und Nomen („Schränkchen") gebildet werden, auch zur Wortbildung mit Angehörigen anderer Wortarten.
- Verspottung (und am Ende Aufhebung) einer permanenten Verniedlichungssprache.

Anregungen

- Text probeweise in Normalsprache rückverwandeln (Lotte, Lotte, /ach mein Gott ...).
- Text vergleichen und Wirkung beschreiben.
- Lexikalisierte Verkleinerungsformen und Kosenamen sammeln und prüfen, was sie ausdrücken (Tellerchen, Blümchen, Häschen, Kläuschen, Hänschen, Püppchen ...).
- Mit Wörtern auf -lein vergleichen (Geißlein, Äuglein, Mäuslein ...).

99 Wie seltsam!

Die Kuh kalbt.
Das Pferd fohlt.
Das Schaf lammt.
Das Schwein ferkelt.
Und die Hündin welpt!
Und die Henne kükt!

Mit dem Hammer hämmern wir.
Mit dem Nagel nageln wir.
Mit der Säge sägen wir.
Mit der Feile feilen wir.
Und mit der Zange zangen wir!
Und mit dem Beil beilen wir!

Wenn die Äpfel reif werden, dann reifen sie.
Wenn das Holz faul wird, dann fault es.
Wenn die Wunde heil wird, dann heilt sie.
Wenn die Büsche grün werden, dann grünen sie.
Und wenn die Kinder groß werden, dann großen sie!
Und wenn die Schüler klug werden, dann klugen sie!

Winfried Ulrich (*1941)

Textmerkmale

- Kreative Fortsetzung einer Wortreihe nach gleichem Wortbildungsmuster: Jungtier zur Welt bringen, Werkzeug benutzen, einen Zustand erreichen.
- An sich mögliche Beseitigung von Lücken im Wortschatz.

Anregungen

- Jede der drei „Strophen“ einzeln lesen und untersuchen: Was hat das Stammwort („Kalb“, „Hammer“, „reif“) mit dem davon abgeleiteten Wort zu tun („kalben“, „hämmern“, „reifen“)?
- Die Neubildung in den letzten beiden Zeilen interpretieren.
- Selbst solche Neubildungen vornehmen.

Stinktierschutz ° Rucksackgasse ° Löwenzahnbürste ° Sonnenscheinwerfer
Handschuhputzer ° Ohrenschmalzgebäck ° Hühneraugenarzt
Löschblattlaus ° Eselsohrring ° Schultaschengeld ° Zitroneneisbär
Streichholzlöffel ° Milchzahnrad ° Schokoladeneierschale
Suppentopfblume ° Schornsteinpilz ° Leserattenschwanz
Klopapierserviette ° Flaschenhalsschmerzen ° Liebesbriefmarke
Gartentorwart ° Armbandwurm ° Flussbettwäsche
Tischbeinbruch ° Augapfelmus ° Sonnenbrillenschlange
Leckermaulkorb ° Ohrfeigenbaum

Winfried Ulrich (*1941)

Textmerkmale

- „Kofferwörter", die durch Zusammenziehung zweier Wörter mit gleichem Baustein am Ende und am Anfang entstehen (Stinktier + Tierschutz → Stink – tier – schutz).
- Komische Wirkung durch die inhaltliche Verschmelzung von Wörtern ganz unterschiedlicher Sinnbereiche, Stilebenen und Bewertungen.

Anregungen

- Ein Wort als Beispiel vorgeben (z. B. „Stinktierschutz") und überlegen, was es bedeutet und wie es entstanden sein kann.
- Text insgesamt erarbeiten.
- Die lustigsten Wörter auswählen.
- Analoge Wortkreuzungen vornehmen.

101 Leogei

Jals

Textmerkmale

- Tierkreuzung im Bild: „Leogeier“ oder „Geiopard“: Wortanfang und Wortende werden zusammengezogen.
- Komik der „unpassenden“ Tierzusammenführung.

Anregungen

- Bild betrachten und deuten.
- Bildinhalt versprachlichen (s.o.).
- Durch Montage von Tierbildern selbst Kreuzungen durchführen und benennen.

102 Kennt ihr die?

Schmetterfant und Eleling,

Saladil und Krokomander,

Kängudar und Dromeru,

Antiraffe und Gilope.

Winfried Ulrich (*1941)

Textmerkmale

- Rätseltext mit „Kreuzung“ von Tieren und Tierbezeichnungen.
- In jeder Zeile Vertauschung von erstem und zweitem Teil eines Wortes (Schmetter – ling, Ele – fant).

Anregungen

- Text lesen und entschlüsseln: Was könnten das für Wesen sein?
- Wortkreuzungen visualisieren: Montage von Ausschnitten aus Tierfotos oder Tierzeichnungen.

103 Schnurpsenzoologie

Im Urwald, Forschern unbekannt,
lebt fröhlich der KAMELEFANT.

Durch Wüstensand trabt mit Gewackel
ein seltnes Tier, der DROMEDACKEL.

Im bunten Federkleid ganz leis
meckert im Stall die PAPAGEISS.

Mit viel Gequieck und viel Gewerkel
fliegt auf den Baum das MAIKÄFERKEL.

Es piekt im Bett mal dort, mal da
gestreift und platt das WANZEBRA.

Im Vogelkäfig riesengroß
singt das KANARHINOZEROS.

Man zählt erstaunt der Beine sechse
(trotz Schwanz!) bei jeder AMEIDECHSE.

Durchs Wasser schwimmt mit buntem Fittich
laut zwitschernd der FORELLENSITTICH.

Besonders schmerzenreiche Bisse
verursacht uns die NASHORNISSE.

Wohl weil er nackt ist, braucht er solch
ein Flügelpaar, der FLEDERMOLCH.

Ein Tier mit Haus, das kriecht, nennst du,
wenn's plötzlich hüpft: SCHNECKÄNGERUH.

Es wiehert süß mit offenem Maul
bei Mondenschein der NACHTIGAUL.

Mit Hörnern krabbeln durch die Tropen
die FEUERSALAMANTILOPEN.

Zum Kämmen brauchst du einen Striegel
und Heldenmut beim KROKODIGEL.

Sehr scheu, und ganz und gar kein Krieger,
lebt im Gebirg' der MURMELTIGER.

Durchs Fenster, ohne aufzustehn,
kann der GIRAFFENPINSCHER sehn.

Es schlängelt sich, im Maul ein Körnchen,
den Baum hinauf das
BLINDSCHLEICHÖRNCHEN.

Du meinst, es gibt kein einz'ges Tier
von allen, die ich nannte hier?
Sei doch so gut und mal sie mir,
dann gibt es sie – auf dem Papier.

Michael Ende (*1929)

Textmerkmale

- Wortkreuzungen bei Klangähnlichkeit von Auslaut und Anlaut (Kam – el, El – efant).
- Nutzung der Wortkreuzung als Reimwort im Gedicht.
- Einbettung in Sätze, die sich auf beide Ausgangstiere zugleich beziehen („Gequiek" des Ferkels, aber es „fliegt" der Maikäfer) und so den widersprüchlichen Ausdruck zuspitzen.

Anregungen

- Ddie Zusammenziehung der Ausgangswörter rekonstruieren und beide Ausgangstiere in den Sätzen wiederfinden („schmerzenreicher" Stich der Hornisse – „Biss" des Nashorns!).
- Aufforderung der letzten Strophe Folge leisten.

103 Das Kakadugnu

Einst liebte Herr Gnu
Frau Kakadu.
Dem Kind, das sie bekamen,
gaben sie den Namen:
Kakadugnu.
War es ein Kakadugnu?
War's nicht ein Gnukakadu?
Oder ein Kakagnudu?
Ein Kadukagnu?
Dukakagnu?
Knugagadu?
Gukakadnu?

Käthe Recheis (*1928)

Textmerkmale

- Ein zusammengesetztes Wort wird bei großer Klangähnlichkeit seiner Silben durch unterschiedliche Kombination (der Reihenfolge) und Variation (der Lautung) zu verschiedenen Wortverschmelzungen umgeformt.
- Beschränkung auf Viersilbler mit jeweils zwei Vokalen a und zwei Vokalen u und drei Verschlusslauten (Vertauschung des stimmhaften mit dem stimmlosen Gaumenlaut j – k).

Anregungen

- Text laut und schnell lesen.
- Wortverschmelzungstechnik untersuchen.
- Sich für den lustigsten „Namen“ entscheiden.

105 Seltsame Wesen

Jals

Textmerkmale

- Tier- und Wortkreuzungen durch Zusammenziehung von Wortanfang/Kopf und Wortende/Körper.
- Komik durch „unpassende" Kreuzung.

Anregungen

- Bilder betrachten und deuten.
- Wörter analysieren.
- Tierbilder montieren.

106

 und  als unverhoffte Gäste

Daumenfriseur	**Brautkartoffeln**
Schornsteinfeiger	**Schnürlreigen**
Heldensaugen	**Wildbauch**
Denkmaul	**Degenfeuchter**
Staubhochspringer	**Leiderhose**
Angorahäuschen	**Wetterlauge**
Teppichweiber	**Alleskleiber**
Traubrennplatz	**Spazierwiege**
Garauge	**Geigenwart**
Leiberknödel	**Guthauben**
Haufenkneipe	**Grausbündel**

Unbekannter Verfasser

Textmerkmale

- Wortveränderungen durch eingeschmuggeltes u oder i, die sich mit a oder e zu den Diphthongen au und ei zusammensetzen.
- Komische Wirkung durch den erzielten Anschein einer regulären Zusammensetzung.

Anregungen

- Wörter ohne Überschrift vorgeben und diese aus den ungewöhnlichen Wörtern bzw. aus den rekonstruierten Ausgangswörtern entwickeln: au und ei statt a und e.
- Text fortsetzen.

107 Eletelefon

Es war einmal ein Elefant,
Der griff zu einem Telefant –
O halt, nein, nein! Ein Elefon,
Der griff zu einem Telefon –
(Verflixt! Ich bin mir nicht ganz klar,
Ob's diesmal so ganz richtig war.)

Wie immer auch, mit seinem Rüssel
Verfing er sich im Telefüssel;
Indes er sucht sich zu befrein,
Schrillt lauter noch das Telefein –
(Ich mach jetzt Schluss mit diesem Song
Von Elefuss und Telefong!)

Laura E. Richards

Textmerkmale

- Wortkreuzungen: Zusammenziehung eines Wortanfangs mit einem Wortende (Telefon – Elefant), begünstigt durch Klangähnlichkeit der beiden ersten Silben im Wort.
- Steigerung zur reimenden Wortkreuzung zusätzlich im Zeileninneren (Schluss – Elefuss).

Anregungen

- „Versprechergedicht" lesen und untersuchen (Überschrift einbeziehen).

108 AN DER MENSCHENLEINE

Bernhard-Viktor von Bülow (= Loriot) (*1923)

Textmerkmale

- Komik der „verkehrten Welt“ mit Rollentausch von Herr und Hund.
- Zuspitzung in der Wortbildung „Menschenleine“ in Analogie zu „Hundeleine“.

Anregungen

- Cartoon ohne Überschrift interpretieren, Überschrift suchen.
- Überschrift vorgeben und untersuchen.

109 Ein Nasenhuhn

ein Nasenhuhn
ein Nasenzwerg
ein Nasenschwein
die gründeten
einen Verein

und als da kam
ein Ohrentier
da riefen sie:
„was willst du hier?“

ein Ohrenhuhn
ein Ohrenzwerg
ein Ohrenschwein
die gründeten
einen Verein

und als da kam
ein Nasentier
da riefen sie:
„was willst du hier?“

Jürgen Spohn (*1934)

Textmerkmale

- Zusammensetzungen nach gleichem Wortbildungsmuster, einmal mit Bestimmungswort „Nase“, einmal mit „Ohr“.
- Solidarisierung (Zusammengehörigkeitsgefühl) bei gemeinsamen Merkmalen, Abgrenzung gegenüber anderen mit ebenfalls gemeinsamen Merkmalen (Ingroup – Outgroup).

Anregungen

- Strophe für Strophe zunächst einzeln interpretieren (Vereinsgründung bei Gemeinsamkeiten, Ausgrenzung des Andersartigen, Umkehrung der Mehrheit-Minderheit).
- Text fortschreiben (ein Lippenhuhn, ein Haarschopfhuhn ...).

110 Bärenfang

Ein Him- und ein Johannisbär,
die gingen Schritt für Schritt,
und noch ein Brombär hinterher,
und sonst ging keiner mit.

Doch waren diese drei dann bald
um einen Bären mehr,
es kam aus dunklem Tannenwald
ein großer Preiselbär.

Ein Erd- und auch ein Stachelbär,
die reihten sich mit ein,
dann kam ein Blaubär an, und der
war nun nicht mehr allein.

Nur einer fehlte allen sehr,
er wurde nicht gefunden,
denn dieser selten schöne Bär
wird Leuten aufgebunden!

Evelyn B. Hardey (*1930)

Textmerkmale

- Ersatz des Grundwortes „Beer(e)“ in mehreren Zusammensetzungen durch das fast gleichlautende Wort „Bär“.
- Durchsichtige (Erdbeere, Stachelbeere) neben undurchsichtigen Wortbildungen (Himbeere, Brombeere).
- Pointe am Schluss durch Aufgreifen der Redewendung „jemandem einen Bären aufbinden“ (= ihn beschwindeln).

Anregungen

- Text lesen und Lösung erarbeiten („Bär“ statt „Beere“).
- Die Bedeutung der Redewendung besprechen.
- Überschrift untersuchen. (Wieso „Bärenfang“?).

111 Drei Bären

Ein Brombär, froh und heiter, schlich
durch einen Wald. Da traf es sich,
dass er ganz unerwartet, wie's
so kommt, auf einen Himbär stieß.

Der Himbär rief – vor Schrecken rot -:
„Der arme Stachelbär ist tot!
Am eignen Stachel starb er eben!"
„Ja", sprach der Brombär, „das soll's geben!"
und trottete – nun nicht mehr heiter –
weiter ...

Doch als den „Toten" er nach Stunden
gesund und munter vorgefunden,
kann man wohl zweifelsohne meinen:
Hier hat der andre Bär dem einen
'nen Bären aufgebunden!

Heinz Erhardt (1909-1979)

Textmerkmale

- Ersatz des Grundwortes „Beer(e) in mehreren Zusammensetzungen durch das fast gleichlautenden Wort „Bär".
- Schlusspointe durch Aufgreifen der Redewendung „jemanden einen Bären aufbinden" (= ihn beschwindeln).
- Neben undurchsichtigen Bildungen (nur in diesen Wörtern existierende Wortbausteine Him- und Brom-) Problematisierung der Durchsichtigkeit: Was für „Stacheln" hat eine „Stachelbeere" (stachelig erscheinende Härchen)?

Anregungen

- Text lesen und interpretieren: Wer bindet wem einen Bären auf?
- Über die Undurchsichtigkeit der Beerenbezeichnungen reden (vgl. Erdbeere, Blaubeere).
- Text mit Text „Bärenfang" von Hardey vergleichen (s.o.).

Herr Schneck
(mit seinem Versteck)
kommt so rasch,
dass es braust,
um die Ecke gesaust.
Da schreit er laut:
Halt !!!
Fast
wären wir
zusammengeknallt!
Herr!!!
Sehen Sie nicht, dass ich
die Vorkriech habe?
Sie sind vielleicht
ein Unglücksrabe!
Beinahe hätte es
einen Unfall gegeben,
mir verdanken Sie,
dass Sie
noch leben!
Sie haben wohl
keinen Kriecherschein?
„Nein!" brummt der Stein.

Max Kruse (1854-1942)

Textmerkmale

- Komischer Kontrast von (behaupteter) Schnelligkeit (der sprichwörtlich langsamen Schnecke) und (tatsächlicher) Langsamkeit.
- Sprachliche Zuspitzung des Kontrasts in Wortneubildungen mit Anleihen bei Begriffen der Straßenverkehrsordnung (Vorfahrt – Vorkriech, Führerschein – Kriecherschein).
- Schlusspointe: Verkehrspartner ist der sich gar nicht bewegende „Stein".
- „Zickzackkurs" der kriechenden Schnecke um die „Ecke" wird im unregelmäßigen Zeilenfall angedeutet (Flattersatz statt Blocksatz am Zeilenende und Zeilenanfang).

Anregungen

- Text lesen und Tempowiderspruch erarbeiten (einschließlich Pointe).
- Kreative Wortbildungen untersuchen.
- Vermutungen zum ungewöhnlichen Layout und Zeilensatz anstellen.
- Text mit drei verteilten Rollen lesen (Schnecke, Erzähler, Stein).

113 Die hahnende Krähe

Auf einem Baum
bei uns in der Nähe
wohnt eine alte,
sprechende Krähe.

Mit dieser Krähe,
mit dieser alten,
kann man sich manchmal
gut unterhalten.

Vorgestern nachmittag
- so gegen vier -
sagte die sprechende
Krähe zu mir:

«Es ist nicht richtig
und wirklich nicht fein,
dass Hähne krähen.
Das seh ich nicht ein.

Die Krähe soll krähen!
Sonst dauert's nicht lange,
bis ich auf einmal
zu hahnen anfange!»

Wenn Krähen erst hahnen
und Hähne krähen,
dann wird wahrscheinlich
bald dieses geschehen:

Erst taubt ein Gurr,
dann katert ein Schnurr,
drauf bient der Summ,
es hummelt der Brumm,
es sonnt der Schein,
es kindet der Wein.
Der Grunz, der schweint,
der Rausch, der rheint,
der Bell, der hundet,
der Lach, der mundet.
Der Rausch kann schloten,
der Back kann broten,
eine Reife kann beeren,
eine Schneide kann scheren,
ein Brenn kann lichten
und dies End kann gedichten.

Paul Maar (*1937)

Textmerkmale

- Problematisierung der Bezeichnung „krähen" für das Schreien des Hahns (sprachgeschichtlich ist das Verb älter als das davon abgeleitete Nomen „Krähe" mit der ursprünglichen Bedeutung „die Krächzerin", nicht umgekehrt).
- Übertragung der falschen Vorstellung, das Verb sei vom Nomen abgeleitet, auf Neubildungen („hahnen, tauben, katern ...") mit der Bedeutung „das tun, was für das Tier bzw. für die Erscheinung typisch ist".
- In umgekehrter Richtung „Rückbildungen" von Nomen aus vermeintlich abgeleiteten Verben: ein „Gurr" ist, wer „gurrt", und ein „Wein" ist, wer „weint".

Anregungen

- Text lesen und über das Verhältnis von „Krähe" und „krähen" nachdenken: Zuerst wurde das Geräusch bezeichnet, dann die Vogelart, die dieses hervorruft (vgl. „spinnen" → „die Spinne"; dagegen: „Hamster" → „hamstern" = sich verhalten wie ein Hamster).
- Ausgangswörter der langen Schlussstrophe rekonstruieren.

114 DER SCHÄFERMENSCH

Bernhard-Viktor von Bülow (= Loriot) (*1923)

Textmerkmale

- Cartoon „verkehrter Welt“ durch Rollentausch von Herr und Hund.
- Zuspitzung der Komik in der Wortbildung „Schäfermensch“ (Analogie zu Schäferhund“).

Anregungen

- Cartoon ohne Überschrift interpretieren.
- Überschrift suchen.
- Überschrift „Der Schäfermensch“ vorgeben und untersuchen.

115 Schöne Wörter aus der Werbung

Hubert sieht gern fern. Am liebsten sieht er die Werbung.
Da gibt es viele schöne Wörter:
zischfrisch, lämmchenweich, hautfreundlich, knusperfroh,
kuschelweich, schaumgebremst, knabberwürzig, atmungsaktiv ...
Hubert macht seine Hausaufgaben.
Er soll in vier Sätze Eigenschaftswörter einsetzen.

knusperleicht röstfrisch bärenstark
vollautomatisch schmusewollig
minutenschnell zischfrisch
zahngesund
programmgesteuert

Die *liebe* Mutter bäckt einen *guten* Kuchen – das findet Hubert langweilig.
Er kennt ja viel schönere Wörter!
Hubert schreibt:
Die *lämmchenweiche* Mutter bäckt einen *hautfreundlichen* Kuchen.
Der *zischfrische* Vater liest die *atmungsaktive* Zeitung.
Die *knabberwürzige* Schwester lernt das *kuschelweiche* Gedicht.
Der *knusperfrohe* Bruder spielt mit den *schaumgebremsten* Bausteinen.
Hubert findet seine Sätze sehr schön.
Er klappt das Heft zu und steckt es in die Schultasche.
Er rennt in die Küche und reißt das Fenster auf.
Unten im Hof warten schon Wolfi und Mirjana. Hubert ruft:
„Frischwärts, Leute! Ich komme wie ein weißer Wirbelwind!"
Mirjana und Wolfi schauen zum Bierer-Fenster hinauf. Sie schnuppern.
Der wilde Duft der rauhen Männer liegt in der Luft.

Friederike Lanzelsdorfer und Ernst Pacolt

Textmerkmale

- In Werbesprache besonders beliebte adjektivische Neubildungen.
- Wörter mit positiv besetzten emotionalen Assoziationen (= konnotative Bedeutung), die den Kunden zum Kauf der Ware bewegen sollen.
- Die begriffliche (denotative) Bedeutung der Wörter ist oft zweitrangig, wird gar nicht erfasst oder beachtet („hautfreundlicher Kuchen").

Anregungen

- Lückensatz „Die ...Mutter backt einen ... Kuchen" vorgeben und Einsetzungsproben durchführen.
- Text lesen und besprechen.
- Zusammenstellung von Nomen und Attribut prüfen und die Bedeutung der Adjektive klären (wer oder was kann „atmungsaktiv" sein?).
- Erörtern, was Hubert an seinen Sätzen so gefällt.
- Schlusssatz deuten.

116 Immer das Richtige!

Wenn ich morgens aufstehe,
ist mein Vater schon zur Arbeit geopelt, Mama aber noch nicht.
Sie siemenst, philipst und AEGt in der Küche herum.
Schnell colgate ich, palmolive und niveae ein bisschen,
bluejeanse und adidaxe ruckzuck und eile zum Frühstück:
Soll ich heute kelloxen oder mir ein Brötchen nutellaen?
Gekabat wird sowieso, obwohl ich eigentlich lieber cocacolan würde!
Ich kettlere zur Schule:
Schließlich muss man mickymousen und gehaen lernen!
In der großen Pause milchschnitten und punicaen wir.
Lena hat Geburtstag und wir dürfen milkan und haribon.
Markus lässt mich sogar mal gameboyen.
Nach Hause zurückgekettlert erwartet mich das Mittagessen.
Vor den Hausaufgaben darf ich noch etwas kinderkanalen:
Soll ich heute pumuckln oder lieber käpt'nblaubärn?

Winfried Ulrich (*1941)

Textmerkmale

- Ungewöhnliche Wortbildungen: Ableitungen aus dem Namen einer Firma, eines Produkts, einer Fernsehsendung oder Figur und der verbalen Flexionsendung.
- Wortbedeutungen ergeben sich aus dem Gebrauch der mit Namen genannten Erscheinungen.
- Verspottung unseres von Werbung und Markenartikeln beherrschten Alltagslebens.

Anregungen

- Text lesen und „übersetzen" („gekabat" = Kaba getrunken, „adidaxen" = Sportschuhe anziehen).
- Analogtext über Nachmittag, Sonntag, Geburtstag ... schreiben (oder wenigsten einzelne Sätze aufschreiben und Bedeutung von Mitschülern erraten lassen).

117 Bauchtänzerin

Unbekannter Zeichner

Textmerkmale

- Bildwitz mit abweichendem Gebrauch der Zusammensetzung „Bauchtänzerin“: „jemand, der auf einem (fremden) Bauch tanzt“ statt jemand, der beim Tanzen den (eigenen) Bauch rhythmisch bewegt.

Anregungen

- Über Witz lachen.
- Beide Bedeutungen von „Bauchtänzerin“ erarbeiten und vergleichen.
- Erörtern, ob das Mädchen das Wort tatsächlich missverstanden hat oder ob es nur so tut.

Ein
Oster-
hase sah
hinter einem
parkenden Auto
auf der Landstraße
das rote Dreieck stehen.
„Ei, ei!“ sagte der Oster-
hase. „Untersteh dich!“ rief
das Dreieck. „Rühr mich nicht
an! Was bleibt von mir übrig, wenn
du . . . .“ „Ein Dreck!“ sagte der
Osterhase, nahm das Ei und ging davon.

Mira Lobe (*1913)

Textmerkmale

- Umwandlung des zusammengesetzten Wortes „Dreieck“ in „Dreck“ durch Streichung des Diphthongs „ei“.
- Spiel mit der Tatsache, dass der gestrichene Diphthong ebenfalls Wortcharakter haben kann: das „Ei“.
- Textlayout nach Art der konkreten Poesie: Form des Dreiecks.

Anregungen

- Text lesen (und abgebrochenen Satz vervollständigen).
- Über die Form des Textes reden.
- Geschichte weitererzählen (mündlich, dann eventuell auch schriftlich) mit dem Ziel der Rekonstruktion des „Dreiecks“: „Da kam ein Huhn auf der Straße daher ...“

119 Tiger-Jagd

Wer Lust hat, kann an Regentagen
auch hierzulande Tiger jagen.

Es lohnt zum Beispiel der Versuch
der Tigerjagd im Wörterbuch.

Dort spielt der Tiger mit den Jungen
im Quellgebiet der Steigerungen:

Ein Lus-Tiger, ein Präch-Tiger,
ein Läs-Tiger, ein Mäch-Tiger,
ein Hef-Tiger, ein Gran-Tiger,
ein Bors-Tiger, ein Kan-Tiger,
ein Kräf-Tiger, ein Saf-Tiger,
ein ganz und gar Wahrhaf-Tiger,
ein Ar-Tiger, ein Bär-Tiger,
und manchmal ein Verfer-Tiger

von Bildern und Geschichten,
der so ein Spiel erfinden kann,
von dem wir hier berichten.

Man braucht zu dieser Tigerjagd
kein Netz und kein Gewehr,

und wer ein bisschen überlegt,
der findet noch viele mehr.

Hans Georg Lenzen (*1921)

Textmerkmale

- Die wirklichen Grenzen der Wortbausteine missachtende Aufgliederung flektierter Adjektive (keine Steigerungsform!) auf -ig (lust - ig - er).
- Vortäuschung von Zusammensetzungen mit dem Grundwort „Tiger“.

Anregungen

- „Tigerjagd im Wörterbuch“ vorgeben und besprechen, was damit gemeint sein könnte.
- Text erlesen (Adjektive probeweise attributiv verwenden: „ein lustiger Kasper“).
- „Noch viel mehr“ suchen.
-

120 Die musikalischen Pinguine

Mein Nachbar ist ein Pinguin.
Er wohnt mit seiner Schwester
gleich nebenan und spielt Klavier
beim städtischen Orchester.

Dort spielt er abends. Und sonst übt
er stundenlang zu Hause.
„Ping, ping ...“, so tönt’s auf dem Klavier.
„Ping, ping, ping!“ Ohne Pause.

Drum steht an seiner Wohnungstür:
„Hier wohnt Herr Ping-uin,
und wer mich hier besuchen will,
muss an der Glocke ziehn.“

Doch kürzlich übernahm er auch
noch die Orchestertrommeln.
Jetzt steht an seiner Wohnungstür:
„Pingpong-uin. Hier bommeln!“

Der Krach bei ihm ist seitdem groß,
er übt den ganzen Tag.
Von zehn bis zwei auf dem Klavier,
danach den Trommelschlag.

Jedoch das Schlimmste kommt erst jetzt:
Auch seine kleine Schwester
trat neuerdings als Paukerin
ins städtische Orchester.
Seitdem, oh hört, gibt’s nebenan
von früh bis spät nur Krach:
„Ping, pong! Pang, pang!“ – Wer schlafen will,
den stört’s, und er bleibt wach.

Und jetzt steht an der Wohnungstür:
„Wir sind zwei Musiküsse
und heißen Ping-pong-panguin.
Wir öffnen nur auf Schüsse!“

Eva Rechlin (*1928)

Textmerkmale

- Morphologisch falsche „Entdeckung“ von Geräuschwörtern in der Tierbezeichnung „Pinguin“ (von englisch „penguin“).
- „Ping“, „pong“ und „pang“ als Geräuschwörter für Klaviertöne, Trommelklänge und Paukenschläge in einen gemeinsamen Namen „Ping-pong-pang-uin“ übernommen.
- Konzentration auf Töne und Laute führt zu Wortveränderungen („bommeln“ statt „bimmeln“, „Musiküsse“ statt Musikanten), unter Einfluss der Reimbildung.

Anregungen

- Besprechen, mit welchen Geräuschwörtern („bumm“, „tut“, „täterätäh“ ...) man die Töne einzelner Musikinstrumente erfassen kann.
- Zunächst die ersten drei Strophen, dann die nächsten beiden, schließlich die restlichen lesen und interpretieren.
- Die klangtragende Funktion der Vokale heraushören: ping-pong-pang-peng, bimmeln, bommeln, bammeln, bummeln.
- Schlusspointe mit „Schüssen“ und „Musiküssen“ besprechen.

121 Vier Ausgänge

„Du stellst Fragen! Warum vier Ausgänge? Natürlich für Vollmilch, Buttermilch, Sauermilch und Rahm.“

Unbekannter Zeichner

Textmerkmale

- Witz mit Aufzählung von zusammengesetzten Wörtern zur Bezeichnung von Milchsorten bzw. Milchprodukten.
- Nur zum Teil durchsichtige Wortbildungen: Milch mit „vollem" Fettgehalt, beim „Buttern" als Rückstand übrig bleibende Milch, „saure" durch Gärung geronnene Milch.

Anregungen

- Sich über Witz und „dummen" Erwachsenen freuen.
- Milchsorten unterscheiden und Bezeichnungen erklären (zusätzlich: Magermilch, Büchsenmilch, Dickmilch, Frischmilch).

122 Aufpassen

Jeder muss lernen
sich anzupassen,
aber gleichzeitig
aufpassen,
dass er nicht verpasst
zu sagen:
Das passt mir nicht!

Hans Manz (*1931)

Textmerkmale

- Wortbildungen mit dem Verb „passen" und verschiedenen vorangestellten Wortbausteinen.
- Bedeutungsunterschiede trotz gleichen Grundwortes.
- Vergleich mit Bedeutung der festen Wendung „etwas passt jemandem".

Anregungen

- Text lesen und die Verben „passen, sich anpassen, aufpassen, verpassen" herausstellen.
- Bedeutungen der Verben durch Satzbildungen herausarbeiten: „Hast du auch gut aufgepasst?" „Die Sachen passen wie angegossen." ...
- Weitere Verben zusammen und in Sätze einbetten: zusammenpassen, hineinpassen, hinpassen ...
- Weitere Redewendungen untersuchen: Das passt wie die Faust aufs Auge. Das könnte dir gerade so passen! Haben Sie es nicht passend?

Malen & malen

Mahlende Müller mahlen Mehl.
Malende Maler malen Mehl.
Malende Maler malen Müller.
Malende Maler malen mahlende Müller.
Malende Maler malen Mehl mahlende Müller.
Malende Maler malen Maler.
Malende Maler malen malende Maler.
Malende Maler malen Müller malende Maler.
Malende Maler malen mahlende Müller malende Maler.
Malende Maler malen Mehl mahlende Müller malende Maler.

Worauf den Müllern die Geduld reißt.
Sie erinnern sich an das Ende von Max und Moritz und mahlen die Maler.

Brigitte Peter (*1936)

Textmerkmale

- Gegenüberstellung zweier gleich klingender, aber verschieden geschriebener (homophoner) Verben, der von ihnen gebildete Partizipien und von ihnen abgeleitete Nomen.
- Textbildung mit klangähnlichen Wörtern (alle mit demselben Anlaut „m" und einem „l" im Inlaut).
- Symmetrische Anordnung des Textes um eine gedachte Mittelachse herum.

Anregungen

- Einstiegsfrage erörtern: Gibt es nur „Maler" oder auch „Mahler".
- Text interpretieren (Zusammenhang mit Max und Moritz erläutern).
- Einzelne Sätze durch zusätzliche Einführung des Familiennamens „Müller" (neben der Berufsbezeichnung) erweitern, z. B.: Malende Müller malen mahlende Müller.

»Müde?«
»K. O.!!«
»Leg dich hin!«
»Und jetzt?«
»O. K.«

Hans Manz (*1931)

Textmerkmale

- Kurzdialog mit Gegenüberstellung der sehr ähnlich erscheinenden , in den Bedeutungen aber recht verschiedenen Ausdrücke K.O. (eigentlich K.o. = Knockout, Niederschlag im Boxsport; gebräuchlich für „mit den Kräften am Ende") und o. K. (okay = alles in Ordnung).

Anregungen

- Text als Dialog mit Pause erlesen (auf deutsche bzw. englische Aussprache des „K" achten).
- Die Bedeutungen der aus dem Englisch-Amerikanischen übernommenen Kürzel klären.
- Über die weite Verbreitung besonders des Ausdrucks o. K. und die Gründe dafür sprechen.

125 Km 21

Ein Rabe saß auf einem Meilenstein
und rief Ka-em-zwei-ein, Ka-em-zwei-ein ...

Der Werhund lief vorbei, im Maul ein Bein,
der Rabe rief Ka-em-zwei-ein, Ka-em-zwei-ein.

Vorüber zottelte das Zapfenschwein,
der Rabe rief und rief Ka-em-zwei-ein.

»Er ist besessen!« - kam man überein.
»Man führe ihn hinweg von diesem Stein!«

Zwei Hasen brachten ihn zum Kräuterdachs.
Sein Hirn war ganz verstört und weich wie Wachs.

Noch sterbend rief er (denn er starb dort) sein
Ka-em-zwei-ein, K-em-zwei-ein.

Christian Morgenstern (1871-1914)

Textmerkmale

- Abkürzung „km" für Kilometer (gekürzt geschrieben, als vollständiges Wort gesprochen) wird wie ein Initialwort gelesen (nur mit dem Buchstaben ausgesprochen, vgl. BMW, CDU), die Zahl 21 wie eine Zahlenfolge aus 2 und 1.
- Auftreten typischer Morgensternscher Fabelwesen (Werhund, Zapfenschwein, Kräuterdachs).

Anregungen

- Text ohne Überschrift als Rätseltext lesen, dessen Lösung wohl nicht ohne Hilfe zu finden ist.
- Erste Lösungshilfe geben: Der Rabe sitzt auf einem „Meilenstein".
- Zweite Hilfe geben: Überschrift lesen lassen.
- Über die Schwierigkeit sprechen, unbekannte Abkürzungen zu lesen und zu verstehen.

V Spiele mit Regeln der Wortflexion

126 Muh!

Medina

Textmerkmale

- Pluralbildung des Geräuschwortes „Muh“ in Analogie zu „Kuh“ – „Kühe“.
- Spiel mit dem Homonymenpaar (gleiche Aussprache und Schreibweise) Kühe – Mühe.

Anregungen

- Sprechblasen der Reihe nach (von oben nach unten) lesen.
- Doppeldeutigkeit des Ausdrucks „Mühe“ besprechen.
- Erörtern, warum man zu vielen Wörtern keine Pluralform bilden kann (außer Geräuschwörtern auch bei nicht zählbaren Stoffbezeichnungen „Milch, Salz, Gold“ und Sammelbezeichnungen „Obst, Laub“ sowie Abstrakta „Fleiß, Gesundheit“).

127 **O du alter Kakadu**

O du alter Kakadu!
Stets gedenk ich Kakadeiner,
Ich misstraue Kakadir,
Und verwünsche kakadich.

Rosemarie Künzler (*1926)

Textmerkmale

- Kasusflexion des Personalpronomens „du“ wird fälschlich in das Wort „Kakadu“ (von malaisch „kakatuwa“) hineinprojiziert.
- Bezeichnung für den Haubenpapagei auch metaphorisch als Personenbezeichnung.

Anregungen

- Nur die erste Zeile vorgeben: Wer könnte so etwas sagen? Zu wem? In welcher Absicht?
- Text insgesamt lesen und mit dem Flexionsparadigma „du, deiner, dir, dich“ vergleichen.

128 Der törichte Star

<u>Ich habe</u> zu Haus einen richtigen Star.
<u>Du hast</u> keine Ahnung, wie töricht der war:
<u>Er hat</u> voll Erstaunen auf Trinchen geschaut.
<u>Sie hat</u> nämlich Häuser aus Klötzchen gebaut.
<u>Es hat</u> ihn erstaunt und gewundert. Ganz klar:
<u>Wir haben</u> ja viel mehr Verstand als ein Star.
<u>Ihr habt</u> das wohl selber schon einmal erkannt:
<u>Sie haben</u> als Stare halt Starenverstand!
<u>Sie haben</u> (und damit erklär' ich es mir)
<u>Sie haben</u> halt kleinere Köpfe als wir!

James Krüss (*1926)

Textmerkmale

- Flexionsparadigma mit sämtlichen Personalformen von „haben“ im Präsens Aktiv.
- Vertextung des Flexionsparadigma mit Positionierung immer am Anfang der Verszeile.

Anregungen

- Flexionsparadigma untereinander an Tafel schreiben und mit Satzbildungen ergänzen; z. B. „Ich habe großen Hunger.“ ...
- Text lesen und entdecken: Diese Sätze ergeben ein Gedicht mit fortlaufender „Handlung“.
- Analogtext schreiben: „Ich bin ... du bist ...“

129 Frage

Ich rede
du redest
wir reden
sie reden
Und wer hört zu?

Roswitha Fröhlich (*1924)

Textmerkmale

- Flexionsparadigma (unvollständig) von „reden“.
- Flexionsformen als Sätze.
- Umschwung der Aussage durch Schlussfrage mit Gegenüberstellung korrespondierender Sprachhandlungen: reden – zuhören.

Anregungen

- Text lesen und entdecken, dass Flexionsformen vom Schluss her als Sätze erscheinen.
- Satzcharakter durch Schreibung zu erkennen geben (Großschreibung am Satzanfang), Punkt als Satzschlusszeichen).
- Paradigma vervollständigen: Er redet. Sie redet ...
- Varianten für Schlusssatz suchen: Ich will nichts mehr hören! Doch nicht alle durcheinander! ...

130 Ich gehe

Ich gehe
du gehst
er geht
sie geht
Es geht.
Geht es?
Danke – es geht.

Rudolf Steinmetz (*1924)

Textmerkmale

- Flexionsparadigma von „gehen".
- Abrupter Übergang zur Redewendung „Es geht".
- Vertextung des Paradigmas von der Eingliederung der Redewendung in einen Kurzdialog aus.

Anregungen

- Die ersten fünf Zeilen anschreiben und mündlich fortsetzen lassen: wir gehen – ihr geht – sie gehen.
- Als Überraschung die Frage darunter schreiben: Flexionsform entpuppte sich als Satzaussage und häufig benutzte Redewendung.
- Schlusszeile hinzunehmen.

131 Zeit-Wörter

Ich bin,
du bist,
wir sind –
so lernt es jedes Kind.

Ich war,
du warst,
wir waren –
auch das ist bald erfahren.

Und was dazwischen
so geschwind
von Tag zu Nacht
vorüberrinnt –
das ist,
das wird gewesen sein:
dein Wirbelwind
von Jahren,
der eben erst
beginnt.

Max Kruse (1854-1942)

Textmerkmale

- Tempusflexion von „sein“: Präsens, Präteritum, Futur II.
- Bezug der Tempora (Zeitformen) auf die drei Zeitstufen Gegenart, Vergangenheit, Zukunft.
- Übergang von grammatischer Formbestimmung zur Reflexion über rasch verrinnende Lebenszeit.

Anregungen

- Angesprochenes Kind (wie die Schüler) mit Lebensgefühl eines alten Menschen konfrontieren: Zwischen „Ich bin“ und „Ich war“ liegt ein ganzes Leben.
- Untersuchen: Wer redet in dem Gedicht mit wem?
- Über die Überschrift nachdenken.

132 Ein schlechter Schüler

Als ich noch zur Schule gehte,
zählte ich bald zu den Schlauen,
doch ein Zeitwort recht zu biegen,
bringte immer Furcht und Grauen.

Wenn der Lehrer mich ansehte,
sprechte ich gleich falsche Sachen,
für die andern Kinder alle
gebte das meist was zum Lachen.

Ob die Sonne fröhlich scheinte
oder ob der Regen rinnte:
wenn der Unterricht beginnte,
sitzt' ich immer in der Tinte.

Ob ich schreibte oder leste,
Unsinn machtete ich immer,
und statt eifrig mich zu bessern,
werdete es nur noch schlimmer.

Als nun ganz und gar nichts helfte,
prophezieh mir unser Lehrer:
wenn die Schule ich verlasste,
wörde ich ein Straßenkehrer.

Da ich das nicht werden willte,
kommte ich bald auf den Trichter,
stak die Nase in die Bücher,
und so werdete ich Dichter.

Bruno Horst Bull (*1933)

Textmerkmale

- Fehlerhafte Konjugation: Vertauschung von regelmäßiger (mit Endung –te) und unregelmäßiger (Vokalwechsel) Bildung des Präteritums
- Verdoppelung der Präteritalendung („machtete“) und ein unpassender Vokal („wörde“).

Anregungen

- Komik der krassen Regelverletzung genießen.
- Korrekte Verbformen einsetzen.
- Text mit entsprechenden absichtlichen „Fehlern“ basteln.

133

Das Rabennest

Zwei Knaben, jung und heiter,
Die tragen eine Leiter.

Im Nest die jungen Raben,
Die werden wir gleich haben.

Da fällt die Leiter um im Nu,
Die Raben sehen munter zu.

Sie schreien im Vereine!
Man sieht nur noch die Beine!

Der Jäger kommt an diesen Ort
Und spricht zu seinem Hund: „Apport!"

Den Knaben apportiert der Hund,
Der Jäger hat die Pfeif' im Mund.

Nun hole auch den andern her!
Der Schlingel aber will nicht mehr.

Der Jäger muß sich selbst bemühn,
Den Knaben aus dem Sumpf zu ziehn.

Zur Hälfte sind die Knaben
So schwarz als wie die Raben.

Der Hund und auch der Jägersmann,
Die haben schwarze Stiefel an.

Die Raben in dem Rabennest
Sind aber kreuzfidel gewest.

Wilhelm Busch (1832-1908)

Textmerkmale

- Gezeichnete und gereimte Lausbuben-Geschichte.
- Durch Reimzwang erzwungener ungewöhnlicher Satzbau („Im Nest die jungen Raben, Die werden wir gleich haben").
- Ebenfalls durch Reimzwang begründete fehlerhafte Verbform „gewest" als Schlussakkord.

Anregungen

- Bildergeschichte aus verwürfelten Kopien der Einzelbilder zusammensetzen.
- Das letzte Wort der Geschichte untersuchen: Warum steht da nicht „gewesen"?

134 mein teich

mein teich
sagte ich

sag teer
meinte er

sag teich
meinte ich

sagte er
mein teer

Ernst Jandl (1925-2000)

Textmerkmale

- Verschiebung von Wortgrenzen (mein teich – meinte ich) durch Getrennt- und Zusammenschreibung bei durchgehender Kleinschreibung.
- Syntaktische Verknüpfung von je zwei Zeilen zu wörtlicher Rede („Mein Teich") und Begleitsatz (sagte ich) ohne verdeutlichende Zeichensetzung.

Anregungen

- Text lesen und für Textfassung 1 die Zeichensetzung und Großschreibung vornehmen.
- Beim Lesen nach anderen „Lesearten" und Deutungen suchen: Meinte ich: „Sag Teich!"
- Textfassung 2 neben die Fassung 1 schreiben und beide vergleichen.

Das Wort ICH wird zu stark betont
und steht zu oft am Anfang.
Aber wie soll es anders sein?
Lernten wir in der Schule nicht:
ICH, du, er, sie, es, wir, ihr, sie?

Lasst uns das WIR mehr nach vorne rücken:
WIR, du, er, sie, es, ich, ihr, sie.

Kurt Küther (*1929)

Textmerkmale

- Inhaltliche Deutung eines grammatischen Flexionsparadigmas.
- Veränderungsvorschlag für das Paradigma aus erzieherischen Gründen.
- Hervorhebung des ersten Pronomens der Reihe mit Hilfe durchgehender Großschreibung.

Anregungen

- Erörtern, warum es nicht besonders geschätzt wird, wenn jemand sich mit „ich, ich, ich" dauernd in den Vordergrund drängt?
- Text interpretieren.
- Überlegen, warum „ICH" (bzw. „WIR") in dem Text groß geschrieben wird.
- Über die Überschrift nachdenken.

VI Spiele mit Wortbedeutungen

136 Welche?

Unbekannter Zeichner

Textmerkmale

- Umwandlung des Zeichens „Olympia-Ringe“ an einer Toilettentür zum Unterscheidungszeichen für „Damen“ und „Männer“.

Anregungen

- Bildwitz ohne Worte betrachten: Was sollen die Zeichen an den Türen bedeuten?
- Erörtern, woran man gewöhnlich erkennen kann, welche Toilettentür die richtige ist (Bildzeichen, Wortzeichen, Anfangsbuchstaben D und M, Personalpronomen „er“ und „sie“).

137 Niemand

Kennt ihr wohl den Unfugsgeist,
Der mit Namen Niemand heißt?
Wohnt beinah in jedem Haus!
Fragt nur mal landein, landaus.

Wer hat Vaters Tisch bekleckst?
Mutters Fingerhut verhext?
Mutters Nadeln, Mutters Scheren?
Wer nahm von den Stachelbeeren?
Wer zerschnitt den neuen Ball?
Überall und überall
Ist's und war's derselbe Wicht,
Doch zu fassen ist er nicht!

Niemand hat das Garn verfitzt,
Niemand hat die Wurst stibitzt,
Niemand krachte mit der Tür,
Niemand kann etwas dafür,
Dass der Garten offen steht;
Niemand trat ins Tulpenbeet,
Niemand aß vom Apfelbrei,
Niemand riss das Buch entzwei,
Niemand warf das Glas vom Tisch!
Wenn ich ihn einmal erwisch!

Such und hasch ihn alle Tage.
Wenn ich Kinder nach ihm frage,
Kommen sie in große Not,
Werden feuer-feuerrot.
Fragst du um im ganzen Land,
Niemandem ist er bekannt.

Frida Schanz (1859-1944)

Textmerkmale

- Doppeldeutigkeit des Personalpronomens „niemand“, indem es auch zum Eigennamen gemacht wird.
- Ausredestrategie bei kleinen Vergehen und Ungeschicklichkeiten, bei denen „niemand“ es gewesen sein will, oder „Niemand“ es gewesen sein soll.

Anregungen

- Antizipierendes Lesen nur der ersten Strophe: Was soll man sich unter einem „Unfuggeist“ mit Namen „Niemand“ vorstellen?
- Über Erfahrungen mit der Frage „Wer war das?“ und den Antworten „Ich nicht“ sprechen.
- Text interpretieren (wieso „feuer-feuerrot“?).
- Unbestimmtes Personalpronomen (klein geschrieben) dem Namen (groß geschrieben) gegenüberstellen.

137 Blaubeeren

Vater und Sohn machen einen Waldspaziergang. Als sie an einer Stelle mit Blaubeeren vorüberkommen, fragt der Junge: „Papa, was sind denn das für Pflanzen?“ – „Das sind Blaubeeren.“ – Der Sohn, überrascht und ungläubig auf die Pflanzen und die Früchte daran blickend: „Blaubeeren? Aber die sehen doch rot aus!“ – Antwortet der Vater: „Das liegt nur daran, dass sie noch grün sind.“

Unbekannter Verfasser

Textmerkmale

- Mehrdeutigkeit des Adjektivs „grün“ (Farbe – Unreife).
- Verblüffendes Zusammentreffen der drei vermeintlichen (und so zumeist verwendeten) Farbadjektive zur Bezeichnung von ein und demselben Objekt.

Anregungen

- Witz vorlesen und Spontanreaktion der Schüler abwarten.
- Mehrdeutigkeit von „grün“ besprechen und an anderen Beispielen demonstrieren: grüne Ampel, grüne Tomate, grüne Hochzeit, grüner Hering (roh), grüner Junge (unerfahren), grüne Seite (links) ...
- Dialog (ohne Zwischentext) mit verteilten Rollen sprechen und spielen.

139 Zusammenpassen

"Da sag einer noch, wir zwei würden nicht zusammenpassen!"

Friedrich Karl Waechter (*1937)

Textmerkmale

- Mehrdeutigkeit von „zusammenpassen“ (Profil, Kleidung, Bildung, Stand).
- Untrennbare Verbindung von Bildwitz und Sprachwitz.

Anregungen

- Bildbetrachtung (ohne Text): völlig verschiedene Menschen, aber: Körperprofile passen genau zusammen.
- Über Mehrdeutigkeit des Verbs sprechen.
- Auch dem Landstreicher Worte in den Mund legen.

Einst kehrte Eulenspiegel im „Roten Löwen“ ein und verlangte kurz und barsch für sein Geld eine gute Suppe, forderte dann auch noch ein Stück gebratenes Rindfleisch und Gemüse für sein Geld und ließ sich alles trefflich schmecken.
Der Löwenwirt, der wohl wusste, dass wortkarge Gäste die besten sind, machte einen höflichen Bückling über den anderen und fragte, ob dem Herrn auch ein Glas Wein beliebe. „Freilich ja“, antwortete Eulenspiegel, „wenn ich für mein Geld etwas Gutes haben kann.“ Der Wein war gut, und Till trank ihn mit großem Behagen, schnalzte mit der Zunge und wischte sich den Mund, wie einer, dem es trefflich geschmeckt hat.
Dann zog er einen Kupferpfennig aus seiner Tasche und sagte: „Da, hier, Herr Wirt, nehmt mein Geld!“
Der Löwenwirt machte große Augen und wusste lange nicht, ob er es für Ernst oder Scherz nehmen und was er davon halten solle. Als Till aber ganz unbefangen Miene machte davonzugehen, vertrat er ihm den Weg und sagte: „Was soll das heißen? Ihr seid mir einen Doppelschilling schuldig und gebt mir einen lumpigen Pfennig.“
„Ich habe für keinen Doppelschilling Speise von Euch verlangt, Herr Wirt, sondern für mein Geld“, versetzte Eulenspiegel. „Hier ist mein Geld, mehr habe ich nicht, und habt Ihr mir zuviel dafür gegeben, so ist's Eure eigene Schuld.“
„Ihr seid ein durchtriebener Schalk“, erwiderte der Löwenwirt, „und hättet wohl etwas anderes verdient. Indessen ich schenke Euch die Mahlzeit und diesen Schilling noch dazu, nur schweigt von der Geschichte und geht morgen zum Bärenwirt gegenüber und macht es mit dem ebenso!“
Till steckte schmunzelnd das dargebotene Geldstück ein, dann griff er nach der Tür, wünschte dem Wirt einen guten Tag und sagte: „Bei Eurem Nachbarn, dem Bärenwirt, bin ich schon gestern gewesen, und der gerade hat mich zu Euch geschickt. Damit Ihr aber Euer Geld nicht nutzlos vergeudet habt, hört meinen Rat: Vertragt Euch mit Eurem Nachbarn und merkt Euch das Sprüchlein: Wo zwei sich streiten, da freut sich der Dritte“.

Georg Paysen-Petersen

Textmerkmale

- Doppeldeutigkeit des Ausdrucks „für mein Geld“ (gegen Bezahlungsmittel überhaupt – gegen Bezahlung mit der Geldmenge, die jemand besitzt).
- Schelmenstreich Eulenspiegels, mit dem er den Wirt hereinlegt.

Anregungen

- Über Eulenspiegel und seine Streiche reden.
- Geschichte lesen und interpretieren (Ist Eulenspiegel ein Betrüger?).
- Mehrdeutigkeit der Rede Eulenspiegels untersuchen.
- Geschichte mit verteilten Rollen erspielen.

Unbekannter Zeichner

Textmerkmale

- Mehrdeutigkeit der (nichtsprachlichen) Handlung des Zungeherausstreckens (zur Untersuchung – zum Zeichen der Abneigung).
- Vergebliche Bemühungen von Arzt und Mutter im Kontrast zum freiwilligen Handeln.

Anregungen

- Bildergeschichte „lesen" und besprechen. Bild für Bild versprachlichen (Ergebnis: Geschichte).
- Bildfolge erspielen.

Nachruf

nachruf
auf meinen radiergummi
du hast dich
aufgerieben
für meine
fehler

Gerhard C. Krischker (*1947)

Textmerkmale

- Doppeldeutigkeit des Verbs „sich aufreiben“ (bei einer Tätigkeit seine Kräfte völlig verbrauchen – durch Reiben/Radieren seine Substanz verlieren).
- Übertragung von Eigenschaften eines lebenden Wesens (eines verstorbenen Menschen) auf einen Gegenstand.

Anregungen

- Begriff „Nachruf“ klären (einem Verstorbenen gewidmete Worte der Würdigung, mit Rückblick auf sein Leben).
- Erörtern, ob es auch einen Nachruf auf Tiere, auf Gegenstände geben kann.
- Text lesen und die Dankbarkeit des Schreibers herausarbeiten („für meine Fehler“).
- Analogie zur Dankbarkeit gegenüber einem Menschen aufzeigen, der sich für jemanden „aufgeopfert“ hat.
- Mehrdeutigkeit des Verbs „sich aufreiben“ besprechen.

Dirk/Chris Browne

Textmerkmale

- Mehrdeutigkeit des Satzes „Bücher erzählen Geschichten“ (sprechen – enthalten).
- Missverständnis der Aussage.

Anregungen

- Comic strip lesen und interpretieren.
- Wikinger Hägar (und seine Frau) charakterisieren: ohne Schulbildung und Lesefähigkeit.
- Analoge Mehrdeutigkeit bei Verben des Sagens untersuchen („Die Uhr sagt mir, wie spät es ist“).

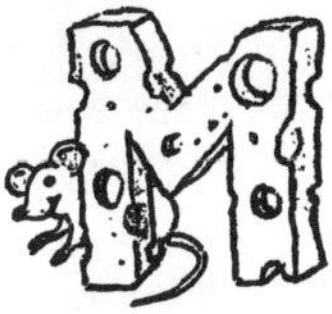

Meine Mama

mag Mäuse.

Mich hat sie so lieb.

Manchmal sagt sie:

„Mein Mäuslein!“

Und ich sage:

„Piep!“

Ute Andresen

Textmerkmale

- Mehrdeutigkeit der Ausdrücke „Maus“ und „Mäuslein“ (Tierbezeichnung – Kosename).
- Mischung der beiden Bedeutungen im „Mausverhalten“ des Kindes: „Piep!“

Anregungen

- Text lesen und besprechen, warum das Kind „Piep!“ sagt.
- Andere Kosenamen aus dem Tierreich sammeln und untersuchen, welche Eigenschaften dieser Tiere so geschätzt werden: Häschen, Goldfasan, Kater (Schmuse-Kätzchen), Täubchen ...

145 Der Sperling und die Schulhof-Kinder

Ein Sperling, der von ungefähr
Zu einem Schulhof kam,
Erstaunte über das, was er
Auf diesem Hof vernahm.

Ein Mädchen sprach zu Meiers Franz:
„Du alter Esel du!"
Da sprach der Franz: „Du dumme Gans
Bist eine blöde Kuh!"

Der Walter sprach zum dicken Klaus:
„Mach Platz, du fetter Ochs!"
Da rief der Klaus: „Du fade Laus,
Pass auf, dass ich nicht box!"

Zum Peter sprach Beate nun:
„Du Affe, geh hier weg!"
Da rief der Peter: „Dummes Huhn,
Ich weiche nicht vom Fleck!"

Der Sperling meint, er hör nicht recht.
Es tönte allenthalb:
„Du Schaf! Du Floh! Du blöder Hecht!
Du Hund! Du Schwein! Du Kalb!"

Der kleine Sperling staunte sehr.
Er sprach: „Es schien mir so,
Als ob ich auf dem Schulhof wär';
Doch bin ich wohl im Zoo!"

James Krüss (*1926)

Textmerkmale

- Schimpfwörter aus dem Bereich der Tierbezeichnungen.
- Attribute mit Hinweis auf verachtete Eigenschaften.

Anregungen

- Text lesen und besprechen, weshalb Tierbezeichnungen oft als Schimpfwörter herhalten müssen (Abwertung des Menschen).
- Weitere Schimpfwörter sammeln und untersuchen: Was meint man mit diesem oder jenem Wort eigentlich?

146 Tiere im Zoo?

Angsthase
Pechvogel
Schmutzfink
Dreckspatz
Naschkatze
Schlaufuchs
Spaßvogel
Leseratte
Bücherwurm
Goldesel
Streithammel
Sündenbock
Schweinehund
Mistfink
Lockvogel
Unglücksrabe
Meckerziege
Mucksmäuschen
Mondkalb
Schmeichelkatze

Winfried Ulrich (*1941)

Textmerkmale

- Personenbezeichnungen, die als zusammengesetzte Wörter eine Tierbezeichnung als Grundwort enthalten.
- Bestimmungsort mit Hinweis darauf, welche Eigenschaften des Tieres den übertragenen Gebrauch nahe legt.

Anregungen

- Im Gespräch klären: Was ist ein „Angsthase“? Warum nennt man ihn so? (Er läuft sofort weg, wenn man ihn in seinem Versteck aufgestöbert hat).
- Text lesen und entsprechende Fragen stellen und beantworten („Pechvogel“ bleibt an Pechrute = Leimrute kleben“, Leseratte frisst sich durch Bücher, „Sündenbock“ wird als Opfer geschlachtet, „Lockvogel“ ist gefangen und lockt durch sein Rufen andere Vögel an, „Mondkalb“ ist ein dummer, eingebildeter Mensch).
- Weitere Beispiele suchen oder selbst bilden: Dickmops, Turteltaube, Neidhammel, Kriechwurm ...

"Einer der klügsten Menschen, die ich je gesehen habe!"

Bernhard-Viktor von Bülow (= Loriot) (*1923)

Textmerkmale

- Bedeutungsveränderung des Attributs „klug“ für Menschen durch Rollentausch von Herr und Hund (mit biologischem Denkvermögen begabt – lernfähig / dressierbar).
- Komik der „verkehrten Welt“.

Anregungen

- Cartoon ohne Text interpretieren.
- Text für Hundeäußerungen vorschlagen und mit Originaltext vergleichen.
- Über die Bedeutung des Adjektivs „klug“ sprechen: wen/was bezeichnet man als klug (Kopf, Rat, Entscheidung, Rede ...)? Dabei auch das Sprichwort berücksichtigen: Der Klügere gibt nach.

148

Wenn die Raben
Kinder haben,
kümmern sie sich drum.

Rabenmutter
holt das Futter
und fliegt weit herum.

Rabenvater
scheucht die Kater
oder Katzen weg.

Wenn die Kleinen
ängstlich weinen,
kriegt er einen Schreck.

Kurz: Die Raben-
kinder haben
Eltern, lieb und gut.

Die ernähren
und belehren
ihre junge Brut.

Teure Mädchen,
werte Knaben,
sagt nun selbst:

Sind solche Raben
Rabeneltern? Nein!
Laßt uns wünschen,
liebe Leute,
manche Menschen
würden heute
Eltern wie die
Raben sein!

James Krüss (*1926)

Textmerkmale

- Hinterfragung der Berechtigung für die abwertenden Konnotationen (Nebenbedeutung) des Wortes „Rabeneltern“ (= schlechte, wenig fürsorgliche Eltern).
- Abwertender Gebrauch (auch von „Rabenmutter“ und „Rabenvater“) seit dem späten Mittelalter wegen der falschen Behauptung, Raben würfen einige ihrer Jungen aus dem Nest, damit sie nicht so viel Futter heranholen müssten.

Anregungen

- Vorerfahrungen mit den drei Wörtern prüfen: Was sind „Rabeneltern“? Warum nennt man sie so?
- Text lesen und interpretieren.
- Besprechen, dass in den Wörtern unserer Sprache nicht nur richtige Beobachtungen weitergegeben werden, sondern auch falsche Aussagen, unzutreffende Vorurteile.

149 Menschensendungen

„Menschensendungen mag ich immer noch am liebsten!“

Langer

Textmerkmale

- Rollentausch von Mensch und Tier (Tiere aus bekannten Zeichentricksendungen des Fernsehens: Micky Mouse, Wumm, Schweinchen Schlau ...).
- Zuspitzung des Rollentauschs in dem zusammengesetzten Wort „Menschensendungen“ (analog zu „Tiersendungen“).

Anregungen

- Zeichentrickfilm-Figuren identifizieren und benennen.
- Komik des Rollentausches erfassen.
- Das Wort „Menschensendungen“ untersuchen.

150 Ein Schauder

Ein Schauder
stieg am Bahnhof aus
lief über'n Damm
in's nächste Haus
und legt' sich
auf die Lauer
an einer
dunklen Mauer.
Dort um die Ecke
bog ein Mann
den sprang er dann
von hinten an
mit Wonne und Entzücken
lief er ihm
über'n Rücken.

Jürgen Spohn (*1934)

Textmerkmale

- Personifizierung des Abstraktums „Schauder".
- Entfaltung der Redensart „Mir lief ein Schauder über den Rücken" zu einem Handlungsablauf.

Anregungen

- Text lesen und Bedeutung des Wortes Schauder bestimmen: plötzliche Kälteempfindung/Frösteln, besonders im Rückenbereich.
- Über Anlässe des Schauders sprechen: Kälte, Angst, Entsetzen, Ehrfurcht.
- Bedeutungen verwandter Wörter durch Satzbildungen einkreisen: schauerlich, schauderhaft, Schauergeschichte, schaudern (es schaudert mich).
- Über „Trick" der Personifizierung des Abstraktums nachdenken (Schauder wird wie etwas Fremdes im Rücken empfunden).

151 Jodok lässt grüßen

Von Onkel Jodok weiß ich gar nichts, außer dass er der Onkel des Großvaters war.
Ich weiß, wie er aussah, ich weiß nicht, wo er wohnte und was er arbeitete.
Ich kenne nur seinen Namen: Jodok. Und ich kenne sonst niemanden, der so heißt.
Der Großvater begann seine Geschichte mit: „Als Onkel Jodok noch lebte"
oder mit „Als ich den Onkel Jodok besuchte"
oder „Als mir Onkel Jodok eine Maulgeige schenkte."
Aber er erzählte nie von Onkel Jodok, sondern nur von der Zeit, in der Jodok noch lebte,
von der Reise zu Jodok und von der Maulgeige von Jodok.
Und wenn man ihn fragte: „Wer war Onkel Jodok?" dann sagte er: „Ein gescheiter Mann."
Die Großmutter jedenfalls kannte keinen solchen Onkel,
und mein Vater musste lachen, wenn er den Namen hörte.
Und der Großvater wurde böse, wenn der Vater lachte,
und dann sagte die Großmutter: „Ja, ja, der Jodok", und der Großvater war zufrieden.
Lange Zeit glaubte ich, Onkel Jodok sei Förster gewesen,
denn als ich einmal zum Großvater sagte: „Ich will Förster werden",
sagte er, „das würde den Onkel Jodok freuen."
Aber als ich Lokomotivführer werden wollte, sagte er das auch,
und auch als ich nichts werden wollte.
Der Großvater sagte immer: „Das würde den Onkel Jodok freuen."
Aber der Großvater war ein Lügner.
Ich hatte ihn zwar gern, aber er war in seinem langen Leben zum Lügner geworden.
Oft ging er zum Telefon, nahm den Hörer, stellte eine Nummer ein und sagte ins Telefon:
„Tag, Onkel Jodok, wie geht's denn, Onkel Jodok, nein, Onkel Jodok,
ja doch, bestimmt, Onkel Jodok",
und wir wussten alle, dass er beim Sprechen die Gabel runterdrückte und nur so tat.
Und die Großmutter wusste es auch, aber sie rief trotzdem:
„Lass jetzt das Telefonieren, das kommt zu teuer."
Und der Großvater sagte: „Ich muss jetzt Schluss machen, Onkel Jodok",
und kam zurück und sagte: „Jodok läßt grüßen."
Dabei hatte er früher immer gesagt: „Als Onkel Jodok noch lebte",
und jetzt sagte er schon: „Wir müssen unsern Onkel Jodok mal besuchen."
Oder er sagte: „Onkel Jodok besucht uns bestimmt",
und er schlug sich dabei aufs Knie, aber das sah nicht überzeugend aus,
und er merkte es und wurde still und ließ dann seinen Jodok für kurze Zeit sein.
Und wir atmeten auf. Aber dann begann es wieder:
Jodok hat angerufen.
Jodok hat immer gesagt.
Jodok ist derselben Meinung.
Der trägt einen Hut wie Onkel Jodok.
Onkel Jodok geht gern spazieren.
Onkel Jodok erträgt jede Kälte.
Onkel Jodek liebt die Tiere liebt Onkel Jodok geht mit ihnen spazieren bei jeder Kälte geht
Onkel Jodok mit den Tieren geht Onkel Jodok verträgt jede Kälte verträgt der Onkel Jodok.
d-e-r O-n-k-e-l J-o-d-o-k.

Und wenn wir, seine Enkel, zu ihm kamen, fragte er nicht: „Wieviel gibt zwei mal sieben?“
oder: „Wie heißt die Hauptstadt von Island?“ sondern: „Wie schreibt man Jodok?“
Jodok schreibt man mit einem langen J und ohne CK,
und das Schlimme an Jodok waren die beiden O.
Man konnte sie nicht mehr hören,
den ganzen Tag in der Stube des Großvaters die O von Joodook.
Und der Großvater liebte die O von Jooodoook, und sagte:
Onkel Jodok kocht große Bohnen.
Onkel Jodok lobt den Nordpol.
Onkel Jodok tobt froh.
Dann wurde es bald so schlimm, dass er alles mit O sagte:
Onkel Jodok word ons bosochon, or ost on goschotor Monn, wor roson morgon zom Onkol.
Oder so:
Onkoljodok word
onsbosochon orost
ongoschotor mon
woroson mor
gonzomonkol.
Und die Leute fürchteten sich mehr und mehr vor dem Großvater,
und er begann jetzt sogar zu behaupten, er kenne keinen Jodok, habe nie einen gekannt.
Wir hätten davon angefangen. Wir hätten gefragt: „Wer war Onkel Jodok?“
Es hatte keinen Sinn, mit ihm zu streiten.
Es gab für ihn nichts anderes mehr als Jodok.
Bereits sagte er zum Briefträger: „Guten Morgen, Herr Jodok“,
dann nannte er mich Jodok und bald alle Leute.
Jodok war sein Kosename: „Mein lieber Jodok“,
sein Schimpfwort: „Vermaledeiter Jodok!“ und sein Fluch: „Zum Jodok noch mal!“
Er sagte nicht mehr: „Ich habe Hunger“, er sagte: „Ich habe Jodok.“
Später sagte er auch nicht mehr „Ich“, dann hieß es „Jodok hat Jodok.“
Er nahm die Zeitung, schlug die Seite „Jodok und Jodok“
– nämlich Unglück und Verbrechen – auf und begann vorzulesen:
„Am Jodok ereignete sich auf der Jodok bei Jodok ein Jodok, der zwei Jodok forderte. Ein Jodok fuhr auf der Jodok von Jodok nach Jodok. Kurze Jodok später ereignete sich auf der Jodok von Jodok der Jodok mit einem Jodok. Der Jodok des Jodoks, Jodok, und sein Jodok, Jodok Jodok, waren auf dem Jodok tot.“
Die Großmutter stopfte sich die Finger in die Ohren und rief:
„Ich kann’s nicht mehr hören, ich ertrag es nicht.“
Aber mein Großvater hörte nicht auf.
Er hörte sein ganzes Leben nicht auf,
und mein Großvater ist sehr alt geworden, und ich habe ihn sehr gern gehabt.
Und wenn er zum Schluss auch nichts anderes mehr als Jodok sagte,
haben wir zwei uns doch immer sehr gut verstanden.
Ich war sehr jung und der Großvater sehr alt,
er nahm mich auf die Knie und jodokte Jodok die Jodok vom Jodok Jodok
- das heißt: „Er erzählte mir die Geschichte von Onkel Jodok“,
und ich freute mich sehr über die Geschichte,

und alle, die älter waren als ich, aber jünger als mein Großvater,
verstanden nichts und wollten nicht, dass er mich auf die Knie nahm,
und als er starb, weinte ich sehr.
Ich habe allen Verwandten gesagt, dass man auf seinen Grabstein nicht Friedrich Glauser,
sondern Jodok Jodok schreiben müsse. Man hörte nicht auf mich, so sehr ich auch weinte.
Aber leider, leider ist diese Geschichte nicht wahr,
und leider war mein Großvater kein Lügner, und er ist leider auch nicht alt geworden.
Ich war noch sehr klein, als er starb, und ich erinnere mich noch daran, wie er einmal sagte:
„Als Onkel Jodok noch lebte", und meine Großmutter, die ich nicht gern gehabt habe,
schrie ihn schroff an: „Hör auf mit deinem Jodok!"
und der Großvater wurde ganz still und traurig und entschuldigte sich dann.
Da bekam ich eine große Wut - es war die erste, an die ich mich noch erinnere - und ich rief:
„Wenn *ich* einen Onkel Jodok hätte, ich würde von nichts anderem mehr sprechen!"
Und wenn das mein Großvater getan hätte, wäre er vielleicht älter geworden,
und ich hätte heute noch einen Großvater, und wir würden uns gut verstehen.

Peter Bichsel (*1935)

Textmerkmale

- Die Wortschöpfung „Jodok" als inhaltliches Leersymbol (wie ein „Joker" beim Kartenspiel) für andere Inhaltswörter.
- Ersetzung aller Vokale durch „o" als zweite Verfremdung der Sprache.
- Textbestandteile leiten das Verstehen: syntaktische Strukturen mit Artikel, Präpositionen, Konjunktionen, Textstrukturen (Textsorte Unfallbericht).
- Gegenseitige Abhängigkeit der Kommunikationspartner (andere verstehen - sich anderen verständlich machen) und durch Sprache gestützte soziale Integration oder Isolation.

Anregungen

- Unfallmeldung übersetzen.
- Inhaltswörter (Nomen, Verben, Adjektive, Adverbien) und Strukturwörter unterscheiden.
- Nach Gründen und Folgen des Verhaltens des Großvaters fragen.
- Eigene Wortschöpfungen mit Textbildung erproben.

152 Murmelverse

niemand mag den schmurgelstein
tupfengleich und blink -
reib die nase glatt und rein
an dem schnurreschmirgelstein -
auf drei beinen hink.
pfropf den mond ins plunderhorn
glimmerdünn und weiß
geh dann weiter ungeschorn
durch das krumme wunderhorn -
zahl den flunkerpreis.

Peter Härtling (*1933)

Textmerkmale

- Wortbildungen mit z. T. leicht veränderten Wortbausteinen („schmirgel" - „schmurgel", „blink" als Adjektiv zum Verb „blinken").
- Normabweichende syntaktische Verknüpfungen: „den Mond ins Horn pfropfen").
- Verse in der Art eines Zauberspruches mit beschwörender Sprachmagie, seltsamen Utensilien („Schmurreschmirgelstein") und beschwörenden Gesten („auf drei Beinen hink").
- Schlusspointe („Flunkerpreis") als Zeichen des Aufbruchs in das Reich der Phantasie, der Poesie.

Anregungen

- Text laut „murmelnd", beschörend vortragen (Klangentwicklung).
- Die ungewöhnlichen Wörter, Gegenstände, Handlungen zu deuten versuchen (Sprachmagie, Zauberspruch).
- „Flunkerpreis" und „Wunderhorn" (vgl. Arnims und Brentanos Gedichtsammlung „Des Knaben Wunderhorn") als Hinweise auf Dichtung und Welt der Phantasie deuten.

153 Kleine Turnübung

Aufgezwackt und hingemotzt,
angezickt und abgestotzt,
jetzt die Kipfe auf die Bliesen
langsam butzen, tapfen, schniesen
dreimal schwupf dich
knitz dich
lüpf
siehstewoll - da flatzt der Büpf.

Hans Adolf Halbey (*1922)

Textmerkmale

- Kreative, z. T. lautmalerische Wortschöpfungen mit unbekannten Wortbausteinen.
- Durch Überschrift, vorangestellte Wortbausteine (auf-, hin-, an-, ab-) und Verbalflexion (Partizipien und Infinitive, Imperative), durch Satzaufbau Suggestion einer Übung am Reck oder Barren.

Anregungen

- Mehrfach laut lesen und Vorstellungsvermögen anregen lassen: Bewegungsabläufe einer Übung im Geräteturnen, vielleicht auch Bodenturnen (mit schwungvollem Abgang).
- Zum Text Zeichnungen anfertigen.

154 *Gruselett*

Der Flügelflagel gaustert

durchs Wiruwaruwolz,

die rote Fingur plaustert,

und grausig gutzt der Golz.

Christian Morgenstern (1871-1914)

Textmerkmale

- Wortschöpfungen mit unbekannten Wortbausteinen.
- Klangwirkung durch Endreim und Stabreim (Flügelflagel, Wirawaruwolz, grausig gutzt der Golz).
- Überschrift und Kontext („grausig“) als Hinweise auf einen schaurigen, unheimlichen Inhalt.

Anregungen

- Text lesen, wie eine Gespenstergeschichte vortragen, auswendig sprechen.
- Mit Unterstützung von Mimik und Gestik szenisch darstellen.

155 **Ballade von den unsagbaren Geschehnissen**

Und der Kallermarl ast Gimme
und die strohn ihm im Salleit,
Pritchie Pritcher ast ein Nimme,
doch den Nimme muhlt man neit.

Lang schon gohlt es im Betritsche,
pussert sich zum Rampelfurm,
meulich mammelt die Matitsche,
pauft die Jemmen in den Zurm.

Unter einem Himmergepsel
brault der Mugger seinen Prumpf,
doch gar bald betreupft Schamepsel,
und es pergelt Mörschenwumpf.

Pritchie frammt sich einen Wusser,
plärzt ins Kneff den wutren Greun,
aber plötzlich schwallern Grusser,
und er wufzt aufs Krützel heun.

Pritchie-boy farewell in Boller,
nimmer pomden wir dich mirn,
nein, wir pomden dich auf holler,
Pritchie, nicht beschwuchten knirn.

Endlich schnefzt herbei die Krosse,
jetzt die Detten vergepliert!
Aber ach, es queuzt Kalosse,
Kneutschels, zengen wir den Schwiert?

Und der Reller prünkelt schweise,
und die Beulken schweun dahin,
das war Bammerwemmels Zeise,
und so nertscht es pacherwin.

Christa Reinig (*1926)

Textmerkmale

- Gedicht im Stil und im Ton, auch mit Inhalt einer Heldenballade.
- Wortschöpfungen ersetzen viele Inhaltswörter (Nomen, Verben, Adjektive), werden aber korrekt flektiert.
- Kräftige Lautmalerei durch tontragende bunte Vokale und geräuschstarke Konsonanten (Verbindungen).
- Anglizismen („Pitchie-boy“, „farewell“).

Anregungen

- Langsam, laut und deutlich artikulierend den Text vortragen und den Inhalt erschließen: Worum geht es? Woran kann man das erkennen?
- Text von Schülern vortragen lassen (sinngestaltend).
- An Einzelstellen eine „Übersetzung“ versuchen („Unter einem Höhleneingang reckt der Drache seinen Kopf ...“).
- Überschrift erläutern (Was ist eine „Ballade“? Warum „unsagbare“ Geschehnisse?).

156 An der „Leine“

Unbekannter Zeichner

Textmerkmale

- „Bedeutungswandel“ des Spaziergangs am Laufgurt (das Kind führt die Eltern).

Anregungen

- Gespräch über das Anleinen von Kleinkindern führen (wann? wie? warum? wie zu beurteilen?).
- Bild betrachten und interpretieren (stolz in die Luft gereckte Nase!).
- Cartoon als Hinweis auf gelegentlichen Rollentausch zwischen Kindern und Eltern in manchen Familien und Situationen ansehen, Beispiele dafür nennen.

VII Spiele mit Regeln des Wortschatzes

157 Hans, Hanshans und Hanshanshans

Ein Vater hatte drei Söhne, die genau gleich aussahen.
Der erste Sohn hieß Hans, der zweite Hanshans und der dritte Hanshanshans.
Diese drei Söhne spielten im Garten,
und der Vater rief sie, wenn das Essen bereit war.
Er rief »Hanshanshanshanshanshans«, wenn er alle drei Söhne meinte.
Später fand er dafür die Abkürzung »Hanshanshans«.
Dieser Name »Hanshanshans« hat ja drei Teile,
und die Namen Hans und Hanshans sind darin enthalten.
Wenn der Vater aber »Hanshanshans« rief und nur den Hanshanshans meinte,
kamen manchmal alle drei,
und wenn er alle drei meinte, kam manchmal nur Hanshanshans.
Das größte Durcheinander aber gab es dann, wenn der Vater dem ersten Sohn,
seinem Hans, zwei- oder dreimal rufen musste, weil er keine Antwort gab.
Da kam dann manchmal, wenn es ihm gerade passte, Hanshans
oder auch Hanshanshans.
Der Vater sah ein, daß er die Namen seiner drei Söhne nicht gut gewählt hatte.
Er musste ihnen neue Namen geben.
Diese neuen Namen sollten aber nicht Namen sein,
die seinen drei Söhnen ganz fremd waren.
Darum nannte er den ersten Sohn künftig Hansrudolf,
den zweiten Sohn Hanskarl und den dritten Sohn Hansjakob.

Jürgen Schubiger (*1936)

Textmerkmale

- Leicht verwechselbare Rufnamen wegen Mehrfachverwendung des einfachen Namens „Hans“ in Doppel- und Dreifachnamen.
- Variation durch Doppelnamen nach dem Muster „Hansdieter, Hansjürgen, Hansgeorg, Hansjoachim“.

Anregungen

- Text interpretieren und über die Beliebtheit des deutschen Rufnamens „Hans“ (aus „Johannes“) seit dem Mittelalter sprechen (in Märchen, Liedern und Begriffen wie „Prahlhans“).
- Seltenheit der Silbenverdoppelung besprechen: Sisi, Jogo, Lili, Lulu (aus Sylvia, Joachim, Elisabeth, Luise).
- Über Alternativen der Unterscheidung nachdenken (Hansi, Hänschen, Hänsel).

158 Wie heißt du denn?

Dieter-Peter Seisogut
Katharina Ohnemut
Manuela Lassdassein
Ina-Tina Dummundklein
Dorothea Immerwieder
Adelgunde Ohnelieder
Anneliese Lieberspäter
Udo-Hermann Freundverräter
Hans-Joachim Achselzucker
Heiner-Hugo Fernzielspucker
Maximilian Nachbarschreck
Margarete Laufnichtweg
Karoline Küssmichmal
Friederike Miregal
Ludovico Zeigmalher
Michaela Gehtnichtmehr
Karl-Matthias Immerich
Rosalinde Werliebtmich

Jürgen Spohn (*1934)

Textmerkmale

- Sprechende Familiennamen oder „Beinamen" mit Charakterisierung des Namensträgers.
- Kennzeichnung nach körperlichen und geistigen Eigenschaften („Dumm und klein"), nach Gewohnheiten („Achselzucker") und häufig verwendeten Äußerungen („Mir egal").

Anregungen

- Besprechen: Ursprünglich hatten Menschen nur einen Rufnamen, dann kam ein vererbbarer Beiname/Familienname zum „Vornamen" hinzu. Woher stammt der? (Peterson/Petersen/Peters, Müller, Bayer, Hamburger, Wolf, Langhals, Bierfreund).
- Beinamen im Text untersuchen.
- Text fortsetzen (Hans-Joachim Jetztkommich ...).

159 Ein Tisch ist ein Tisch

Ich will von einem alten Mann erzählen, von einem Mann, der kein Wort mehr sagt,
ein müdes Gesicht hat, zu müd zum Lächeln und zu müd, um böse zu sein.
Er wohnt in einer kleinen Stadt, am Ende der Straße oder nahe der Kreuzung.
Es lohnt sich fast nicht, ihn zu beschreiben, kaum etwas unterscheidet ihn von andern.
Er trägt einen grauen Hut, graue Hosen, einen grauen Rock

und im Winter den langen grauen Mantel,
und er hat einen dünnen Hals, dessen Haut trocken und runzelig ist,
die weißen Hemdkragen sind ihm viel zu weit.

Im obersten Stock des Hauses hat er sein Zimmer,
vielleicht war er verheiratet und hatte Kinder,
vielleicht wohnte er früher in einer andern Stadt.
Bestimmt war er einmal ein Kind,
aber das war zu einer Zeit, wo die Kinder wie Erwachsene angezogen waren.
Man sieht sie so im Fotoalbum der Großmutter.
In seinem Zimmer sind zwei Stühle, ein Tisch, ein Teppich, ein Bett und ein Schrank.
Auf einem kleinen Tisch steht ein Wecker,
daneben liegen alte Zeitungen und das Fotoalbum,
an der Wand hängen ein Spiegel und ein Bild.

Der alte Mann machte morgens einen Spaziergang und nachmittags einen Spaziergang,
sprach ein paar Worte mit seinem Nachbarn und abends saß er an seinem Tisch.

Das ändere sich nie, auch sonntags war das so.
Und wenn der Mann am Tisch saß, hörte er den Wecker ticken,
immer den Wecker ticken.

Dann gab es einmal einen besonderen Tag, einen Tag mit Sonne,
nicht zu heiß, nicht zu kalt, mit Vogelgezwitscher, mit freundlichen Leuten,
mit Kindern, die spielten –
und das Besondere war, dass das alles dem Mann plötzlich gefiel.

Er lächelte: „Jetzt wird sich alles ändern", dachte er.
Er öffnete den obersten Hemdknopf, nahm den Hut in die Hand,
beschleunigte seinen Gang, wippte sogar beim Gehen in den Knien und freute sich.
Er kam in seine Straße, nickte den Kindern zu, ging vor sein Haus, stieg die Treppe hoch,
nahm die Schlüssel aus der Tasche und schloss sein Zimmer auf.
Aber im Zimmer war alles gleich, ein Tisch, zwei Stühle, ein Bett.
Und wie er sich hinsetzte, hörte er wieder das Ticken, und alle Freude war vorbei,
denn nichts hatte sich geändert.

Und den Mann überkam eine große Wut.
Er sah im Spiegel sein Gesicht rot anlaufen, sah, wie er die Augen zukniff;
dann verkrampfte er seine Hände zu Fäusten,
hob sie und schlug mit ihnen auf die Tischplatte,
erst nur einen Schlag, dann noch einen, und dann begann er auf dem Tisch zu trommeln
und schrie immer wieder: „Es muss sich ändern, es muss sich ändern!"

Und er hörte den Wecker nicht mehr.
Dann begannen seine Hände zu schmerzen, seine Stimme versagte,
dann hörte er den Wecker wieder, und nichts änderte sich.

„Immer derselbe Tisch“, sagte der Mann, „dieselben Stühle, das Bett, das Bild.
Und dem Tisch sage ich Tisch, dem Bild sage ich Bild,
das Bett heißt Bett, und den Stuhl nennt man Stuhl.
Warum denn eigentlich?“
Die Franzosen sagen dem Bett „li“, dem Tisch „tabl“, nennen das Bild „tablo“
und den Stuhl „schäs“, und sie verstehen sich. Und die Chinesen verstehen sich auch.

„Weshalb heißt das Bett nicht Bild“, dachte der Mann und lächelte, dann lachte er, lachte,
bis die Nachbarn an die Wand klopften und „Ruhe“ riefen.
„Jetzt ändert es sich“, rief er, und er sagte von nun an dem Bett „Bild“.
„Ich bin müde, ich will ins Bild“, sagte er,
und morgens blieb er oft lange im Bild liegen und überlegte,
wie er nun dem Stuhl sagen wolle, und er nannte den Stuhl „Wecker“.

Er stand also auf, zog sich an, setzte sich auf den Wecker
und stützte die Arme auf den Tisch.
Aber der Tisch hieß jetzt nicht mehr Tisch, er hieß jetzt Teppich.
Am Morgen verließ also der Mann das Bild, zog sich an, setzte sich an den Teppich
auf den Wecker und überlegte, wem er wie sagen könnte.

Dem Bett sagte er Bild.
Dem Tisch sagte er Teppich.
Dem Stuhl sagte er Wecker.
Der Zeitung sagte er Bett.
Dem Spiegel sagte er Stuhl.
Dem Wecker sagte er Fotoalbum.
Dem Schrank sagte er Zeitung.
Dem Teppich sagte er Schrank.
Dem Bild sagte er Tisch.
Und dem Fotoalbum sagte er Spiegel.

Also: Am Morgen blieb der alte Mann lange im Bild liegen, um neun läutete das Fotoalbum,
der Mann stand auf und stellte sich auf den Schrank, damit er nicht an die Füße fror,
dann nahm er seine Kleider aus der Zeitung, zog sich an, schaute in den Stuhl an der Wand,
setzte sich dann auf den Wecker an den Teppich und blätterte den Spiegel durch,
bis er den Tisch seiner Mutter fand.

Der Mann fand das lustig, und er übte den ganzen Tag und prägte sich die neuen Wörter ein.
Jetzt wurde alles umbenannt: Er war jetzt kein Mann mehr, sondern ein Fuß,
und der Fuß war ein Morgen und der Morgen ein Mann.

Jetzt könnt ihr die Geschichte selbst weiterschreiben.
Und dann könnt ihr, so wie es der Mann machte, auch die anderen Wörter austauschen:

läuten heißt stellen,
frieren heißt schauen,
liegen heißt läuten,
stehen heißt frieren,
stellen heißt blättern.

So dass es dann heißt:
Am Mann blieb der alte Fuß lange im Bild läuten, um neun stellte das Fotoalbum, der Fuß fror auf und blätterte sich auf den Schrank, damit er nicht an die Morgen schaute.

Der alte Mann kaufte sich blaue Schulhefte und schrieb sie mit den neuen Wörtern voll, und er hatte viel zu tun damit, und man sah ihn nur noch selten auf der Straße.

Dann lernte er für alle Dinge die neuen Bezeichnungen
und vergaß dabei mehr und mehr die richtigen.
Er hatte jetzt eine neue Sprache, die ihm ganz allein gehörte.

Hie und das träumte er schon in der neuen Sprache,
und dann übersetzte er die Lieder aus seiner Schulzeit in seine Sprache,
und er sang sie leise vor sich hin.

Aber bald fiel im auch das Übersetzen schwer, er hatte seine alte Sprache fast vergessen,
und er musste die richtigen Wörter in seinen blauen Heften suchen.
Und es machte ihm Angst, mit den Leuten zu sprechen.
Er musste lange nachdenken, wie die Leute zu den Dingen sagen.

Seinem Bild sagen die Leute Bett.
Seinem Teppich sagen die Leute Tisch.
Seinem Wecker sagen die Leute Stuhl.
Seinem Bett sagen die Leute Zeitung.
Seinem Stuhl sagen die Leute Spiegel.

Seinem Fotoalbum sagen die Leute Wecker.
Seiner Zeitung sagen die Leute Schrank.
Seinem Schrank sagen die Leute Teppich.
Seinem Tisch sagen die Leute Bild.
Seinem Spiegel sagen die Leute Fotoalbum.

Und es kam so weit, dass der Mann lachen musste, wenn er die Leute reden hörte.
Er musste lachen, wenn er hörte, wie jemand sagte:
„Gehen Sie morgen auch zum Fußballspiel?"
Oder wenn jemand sagte: „Jetzt regnet es schon zwei Monate lang."
Oder wenn jemand sagte: „Ich habe einen Onkel in Amerika."
Er musste lachen, weil er all das nicht verstand.

Aber eine lustige Geschichte ist das nicht. Sie hat traurig angefangen und hört traurig auf.

Der alte Mann im grauen Mantel konnte die Leute nicht mehr verstehen.
Und deshalb sagte er nichts mehr.
Er schwieg,
sprach nur noch mit sich selbst,
grüßte nicht einmal mehr.

Peter Bichsel (*1935)

Textmerkmale

- Sprachzeichen, Wörter nicht als naturgegeben, sondern als von Menschen vereinbarte Beziehung zwischen einem Lautkörper/Schriftbild und einer Bedeutung.
- Experiment einer Veränderung dieser überlieferten Beziehung.
- Sprache als Verständigungsmittel zwischen mindestens zwei Personen.
- Vereinsamung durch Verlust der sprachlichen Verständigungsfähigkeit.

Anregungen

- Tafelanschrieb: „table, mensa, tavola, mesa" mit Reflexion über verschiedene Bezeichnungen für dieselbe Sache in verschiedenen Sprachen.
- Diskutieren: Woran scheitert der Mann in der Geschichte?
- Schüler vereinbaren und erproben „Geheimsprachen".

160 Der Löwe

Als die Mücke zum ersten Mal den Löwen brüllen hörte, sprach sie zu Henne:
„Der summt aber komisch."
„Summen ist gut", fand die Henne.
„Sondern?" fragte die Mücke.
„Er gackert", antwortete die Hennen. „Aber *das* tut er allerdings komisch."

Günther Anders (*1902)

Textmerkmale

- Fabel über die verschiedene Wahrnehmung und Interpretation der Wirklichkeit.
- Interpretation von Tierlauten mit Hilfe der in der Sprache gespeicherten Bezeichnungen („brüllen", „summen", „gackern").

Anregungen

- Geräusche raten und Tierlaute raten.
- Verschiedene Tierlautbezeichnungen sammeln und der Tierart zuordnen: Enten schnattern, Schafe blöken, Hunde bellen ...
- Text interpretieren: Wie kommen Mücke und Henne zu ihren Auffassungen?

161

Hauchte, wetterte, sprach, brüllte

„Gestern abend“,
sprach er.
„Es war schon dunkel“,
erzählte er.
„Wollte ich zu meinem Schwager“,
berichtete er.

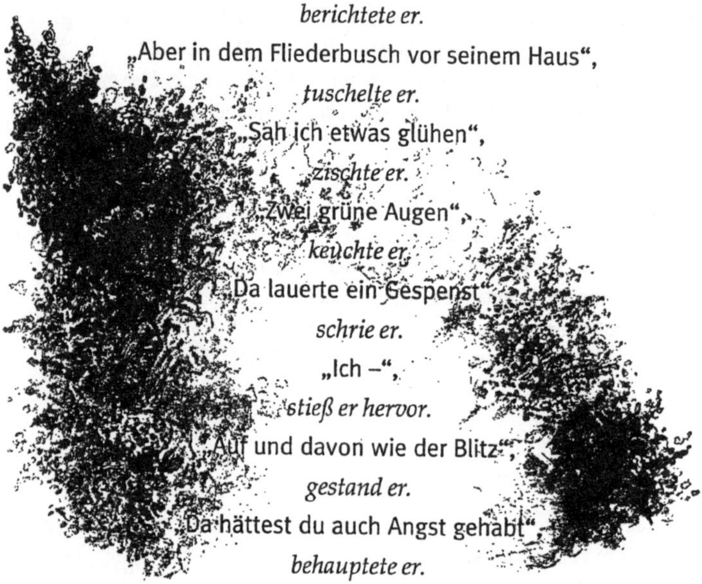

„Aber in dem Fliederbusch vor seinem Haus“,
tuschelte er.
„Sah ich etwas glühen“,
zischte er.
„Zwei grüne Augen“,
keuchte er.
„Da lauerte ein Gespenst“,
schrie er.
„Ich –“,
stieß er hervor.
„Auf und davon wie der Blitz“,
gestand er.
„Da hättest du auch Angst gehabt“,
behauptete er.
„Nun haben sie ohne mich Geburtstag gefeiert“,
jammerte er.
„Es war bestimmt sehr lustig“,
schluchzte er.

Josef Guggenmos (*1922)

Textmerkmale

- Wortfeld des „Sagens/Sprechens“ in einen Erzähltext eingebettet.
- Regelmäßiger Wechsel von wörtlicher Rede und Begleitsatz.

Anregungen

- Text mit verteilten Rollen lesen (Redeteile – Begleitsätze).
- Prüfen und erproben, wie der Redeteil ausgesprochen werden muss, damit das Verb im Begleitsatz dazu passt (Übertreibungen sind erlaubt).
- Weitere Verben des Sagens sammeln.
- Text mit solchen Verben erweitern oder einen eigenen Text gestalten.

162 Der Tausendfüßler

Der Tausendfüßler wollte mit seinen tausend Füßen nicht mehr barfuß gehen.
Er ging in einen Schuhladen und sagte: „Ich brauche Schuhe, tausend Stück.“
Das Fräulein sagte: „Wir haben fünfhundert Paar.“ „Wunderbar!“ rief der Tausendfüßler.
„Ich kaufe alle!“ „Aber es sind ganz verschiedene Sorten“, sagte das Fräulein.
„Auch recht!“ rief der Tausendfüßler. „Nur her damit!“
Da brachte ihm das Fräulein die Schuhe:
Stiefel,
Halbschuhe,
Skischuhe,
Gummistiefel,
Stöckelschuhe,
Ballettschuhe,
Turnschuhe,
Filzpantoffeln,
Sandalen,
Holzpantinen.
Bis der Tausendfüßler alle tausend Schuhe angezogen hatte,
das brauchte natürlich Seine Zeit. Das Fräulein half ihm.
Endlich hatte der Tausendfüßler alle tausend Schuhe an seinen tausend Füßen.
Er zahlte. Und dann trippelte,
trappelte,
klapperte,
stapfte,
schlappte,
stampfte,
schlurfte
der Tausendfüßler mit den tausend Schuhen an den tausend Füßen davon.
Wer ihn sah, der sagte: Einer allein wie eine ganze Prozession!

Josef Guggenmos (*1922)

Textmerkmale

- Wortfelder der Fußbekleidung und der Fortbewegung auf Füßen (nach dabei entstehenden Geräuschen).
- Beziehung zwischen Schuhwerk und Bewegungsverb: mit Holzpantinen klappern, mit Filzpantoffeln schlurfen ...

Anregungen

- Stiefel, Schuh und Pantoffel an die Tafel zeichnen und benennen: Sind das alles „Schuhe“? Wie steht es mit Sandalen und Latschen?
- Text lesen, besonders letzten Satz klären („Prozession“: in katholischer Kirche feierlicher Umzug der Gläubigen, einer hinter dem anderen schreitend).
- Bedeutungen der verschiedenen Fußbekleidungen unterscheiden: Wie sehen sie aus? Wann zieht man sie an?
- Schuhe und Fortbewegungsverben in Verbindung bringen: Wie geht man damit ...?
- Schuhwerk und Bewegungsweisen ergänzen: Damenschuhe, Lederstiefel, Schnürschuhe, Lackschuhe, Reitstiefel, Nagelschuhe, Langschäfter, Stöckelschuhe, Überschuhe, Fußballstiefel, Mokassins, Badelatschen, Tennisschuhe ... latschen, trotten, zuckeln, torkeln, stolpern, stelzen, staken, laufen, tanzen, huschen ...

163 Eine Geschichte ohne Ende

Ein Mann und eine Frau hatten, obwohl sie erwachsen waren, nichts lieber als Vanillepudding. Sie aßen ihn nach dem Abendimbiss so gut wie nach dem Mittagessen. Sie löffelten ihn täglich aus einem besonderen Vanillepuddingteller, sie schlürften ihn mit einem speziellen Vanillepuddinglöffel – bis er ihnen eines Tages über war. Von nun an kochten sie zur Abwechslung Mokkapudding. Uns als ihnen der Mokkapudding zuviel wurde, machten sie sich Schokoladenpudding. Auf den Schokoladenpudding folgte der Erdbeerpudding, der Erdbeerpudding wurde vom Karamelpudding abgelöst. Zu jeder Puddingsorte kauften sich der Mann und die Frau die passenden Teller und Löffel. In den Gestellen stapelten sich

Vanillepuddingteller
Mokkapuddingteller
Edbeerpuddingteller
Karamelpuddingteller
Schokoladenpuddingteller

und in den Schubladen türmten sich

Vanillepuddinglöffel
Mokkapuddinglöffel
Erdbeerpuddinglöffel

Karamelpuddinglöffel
Schokoladenpuddinglöffel.

Nun aßen aber der Mann und die Frau einen ihrer Puddings immer nur zum Nachtisch. Vorher hatten sie zum Beispiel schon Leberplätzchen und Eiernudeln oder Schweinefüßchen mit Bratensauce verschlungen. Und für diese Speisen besaßen sie ebenso besondere Essgeräte: Löffel, Gabeln, Messer, Teller, Schüsseln. Das Essgeschirr und –besteck häufte sich so an, dass es kaum mehr unterzubringen war. „Wir müssen die Sachen gut ordnen, damit wir sie besser finden", sprach der Mann. „Ich schlage vor, dass wir immer dasselbe Gerät für alle Speisen in je einem Kasten verwahren." „Wie meinst du das?" fragte die Frau.
„Ganz einfach", erklärte der Mann, „im ersten Schrank sind die

Leberplätzchenteller
Eiernudelnteller
Schweinefüßchenteller
Bratensaucenteller
Mokkapuddingteller
(dieser Pudding war gerade an der Reihe)

und im zweiten Schrank sind die

Leberplätzchengabeln
Eiernudelngabeln
Schweinefüßchengabeln
Braten ..."

„Schon gut", unterbrach ihn die Frau, „aber ich bin gar nicht einverstanden damit. Ich würde vorziehen, wenn wir für eine einzelne Speise die verschiedenen Geräte zusammenlegten. Also im ersten Schrank

Schweinefüßchenschüsseln
Schweinefüßchenteller
Schweinefüßchenmesser
Schweinfüßchengabeln
Schweinefüßchenlöffel

und im zweiten Schrank

Eiernudelnschüsseln
Eiernudelnteller
Eiernud ..."

„Um Gottes willen, hör auf", rief ärgerlich der Mann, „ich weiß schon, wie's weitergeht!" ...

Hans Manz (*1931)

Textmerkmale

- Sammlung und Ergänzung (durch Wortbildung) der Wörter im Sinnbereich des Essgeschirrs (Besteck und Geschirr).
- Variation von Puddingsorten durch wechselnde Bestimmungswörter (Geschmacksrichtungen).

Anregungen

- Wörter sammeln: Welche Gefäße und Geräte benutzt man beim Essen?
- Oberbegriffe und Unterbegriffe unterscheiden: Geschirr (Teller, Schüssel, Schale, Napf), Besteck (Messer, Gabel, Löffel), Trinkgefäß (Tasse, Glas, Becher, Kelch, Schale, Krug).
- Zu Grundwörtern Zusammensetzungen suchen: Esslöffel, Teelöffel, Kaffeelöffel, Mokkalöffel, Sahnelöffel, Suppenlöffel, Soßenlöffel, Schöpflöffel ... Bierglas, Weinglas, Wasserglas, Sektglas ...
- Text lesen und mündlich fortsetzen.

164 Die Heinzelmännchen

Wie war zu Köln es doch vordem
mit Heinzelmännchen so bequem!
Denn, war man faul, man legte sich
hin auf die Bank und pflegte sich.
Da kamen bei Nacht,
eh' man's gedacht,
die Männlein und schwärmten
und klappten und lärmten
und rupften und zupften
und hüpften und trabten
und putzten und schabten –
und eh' ein Faulpelz noch erwacht',
war all sein Tagewerk bereits gemacht.

Beim Bäckermeister war nicht Not,
die Heinzelmännchen backten Brot.
Die faulen Burschen legten sich,
die Heinzelmännchen regten sich
und ächzten daher
mit Säcken schwer
und kneteten tüchtig
und wogen es richtig
und hoben und schoben

und fegten und backten
und klopften und hackten.
Die Burschen schnarchten noch im Chor,
da rückte schon das Brot, das neue, vor.

Beim Fleischer ging es just so zu:
Gesell‘ und Bursche lag in Ruh‘.
Indessen kamen die Männlein her
und hackten das Schwein die Kreuz und Quer.
Das ging so geschwind
wie die Mühle im Wind.
Die klappten mit Beilen,
die schnitzten an Speilen,
die spülten und wühlten
und mengten und mischten
und stopften und wischten.
Tat der Gesell’die Augen auf,
wapp, hing die Wurst schon da zum Ausverkauf.

Einst hatt‘ ein Schneider große Pein:
Der Staatsrock sollte fertig sein.
Warf hin das Zeug und legte sich
hin auf das Ohr und pflegte sich.
Da hüpften sie frisch
an den Schneidertisch
und schnitten und rückten
und nähten und stickten
und fassten und passten
und strichen und guckten
und zupften und ruckten.
Und eh‘ mein Schneiderlein erwacht‘,
war Bürgermeisters Rock bereits gemacht.

Neugierig war des Schneiders Weib
und macht sich diesen Zeitvertreib:
Streut Erbsen hin die andre Nacht.
Die Heinzelmännchen kommen sacht.
Eins fährt nun aus,
schlägt hin im Haus.
Die gleiten von Stufen
und plumpsen in Kufen,
die fallen mit Schallen,
die lärmen und schreien
und vermaledeien.
Sie springt hinunter auf den Schall
mit Licht. Husch, husch, husch! – verschwinden all‘.

O weh, nun sind sie alle fort,
und keines ist mehr hier am Ort.
Mann kann nicht mehr wie sonsten ruhn;
man muss nun alles selber tun.
Ein jeder muss fein
selbst fleißig sein
und kratzen und schaben
und rennen und traben
und schniegeln und bügeln
und klopfen und hacken
und kochen und backen.
Ach, dass es noch wie damals wär'!
Doch kommt die schöne Zeit nicht wieder her.

August Kopisch (1799-1853)

Textmerkmale

- Zusammenstellung von Verben im Sinnbereich bestimmter Tätigkeitsfelder (Tätigkeiten des Bäckers, Fleischers, Schneiders, aber auch allgemeiner des Arbeitens, Fallens und Schreiens).
- Wirkung großer Bewegung, Geschäftigkeit und Geschwindigkeit durch Aufzählung langer Verbreihen.

Anregungen

- Strophe für Strophe mit verteilten Rollen lesen (mit Tempokontrast zwischen den Zeilen mit „faulen Burschen" und den Zeilen mit fleißigen Heinzelmännchen).
- Bedeutung wenig bekannter Wörter klären: schwärmen, Speile (dünne Holzstäbchen zum Verschließen der Wurstzipfel), passen (Stoff maßgerecht schneiden), ausfahren (ausrutschen), Kufen (Kübel), vermaledeien (verfluchen), schniegeln (Kleidung sorgfältig herrichten).
- Möglichst viele Verben zu einzelnen Tätigkeitsfeldern (Kochen, Backen, Hausputz, Basteln ...) sammeln und Bedeutungen unterscheiden (schneiden, kleben, nageln, schrauben, leimen, sägen, schnitzen, bemalen, feilen, bohren, hämmern ...).

165

Deutsch ist schwer

Deutsch ist schwer.
Das kann ich beweisen,
bitte sehr!
Herr Maus heißt zum Beispiel Mäuserich.
Herr Laus aber keineswegs Läuserich.
Herr Ziege heißt Bock,
aber Herr Fliege nicht Flock.
Frau Hahn heißt Henne,
aber Frau Schwan nicht Schwenne.
Frau Pferd heißt Stute,
Frau Truthahn Pute,
und vom Schwein die Frau
heißt Sau.
Und die Kleinen sind Ferkel.
Ob ich mir das merkel?
Und Herr Kuh ist gar ein doppeltes Tier,
heißt Ochs oder Stier,
und alle zusammen sind Rinder.
Aber die Kinder
sind Kälber!
Na, bitte sehr,
sagt doch selber:
Ist Deutsch nicht schwer?

Mira Lobe (*1913)

Textmerkmale

- Zusammenstellung von Bezeichnungen für männliche und weibliche Tiere, für Jungtiere, für nicht unterscheidende Gattungsbezeichnungen („Rind“).
- Überprüfung von Verbindungen durch Wortbildung (Maus – Mäuserich) oder Lautähnlichkeit (Fliege – Flock wie Ziege – Bock).
- Wortschöpfungen („Flock“, „Schwenne“) und reimbildende Variation der Wortflexion („ich merkel mir das“).

Anregungen

- Besprechen, was es Ausländern schwer machen könnte, die deutsche Sprache zu erlernen.
- Text erarbeiten und Wortschatzstruktur erkennen (bei manchen Tieren Unterscheidung nach Alter, Geschlecht u.a.).
- Tierbezeichnungen (bes. Haustiere) sammeln und ordnen:

  Pferd, Stute, Hengst, Fohlen;
  Schwein, Sau, Eber, Ferkel;
  Schaf, -, Widder, Lamm;
  Hund, Hündin, Rüde, Welpe;
  Huhn, Henne, Hahn, Küken ...
- Überlegen, warum es bei anderen Tieren (Fliege, Laus ...) solche unterscheidenden Bezeichnungen nicht gibt.

166 Manchmal

An manchen Tagen
geht nichts zusammen:
Da bellt die Maus.
Da kräht der Frosch.
Da muht das Schwein.
Da fiept der Hund.
Da quakt der Hahn.
Da quiekt das Huhn.
Da zirpt die Ziege.
Da meckert die Meise.
Da gackert die Katze.
Da zwitschert die Kuh.

Jürgen Spohn (*1934)

Textmerkmale

- Spielerische Auflösung der Beziehung zwischen Tierbezeichnung und Bezeichnung für dessen Lautäußerung (Hund – bellen).
- Komik bewirkende Vertauschung der Subjekt-Prädikat-Beziehungen in Sätzen.

Anregungen

- Text „verkehrter Welt" prüfen: Tierlaute imitieren und einem Tier zuordnen (Ratespiel).
- Text „korrigieren".
- Text fortsetzen (brüllen, heulen, jaulen, knurren, schnurren, fauchen, wiehern, blöken, grunzen, piepsen, schnattern, zischen, summen ...).

167

Was LEICHT ist, ist nicht SCHWER

Was leicht ist, ist nicht schwer.

Was voll ist, ist nicht leer.

Was warm ist, ist nicht kalt.

Was jung ist, ist nicht alt.

Was groß ist, ist nicht klein.

Was schmutzig ist, ist nicht rein.

Was kalt ist, ist nicht warm.

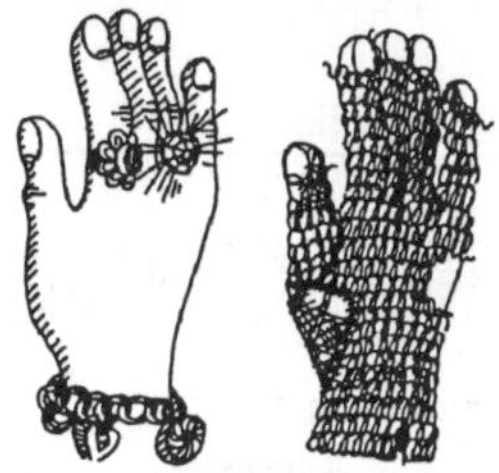

Wer reich ist, ist nicht arm.

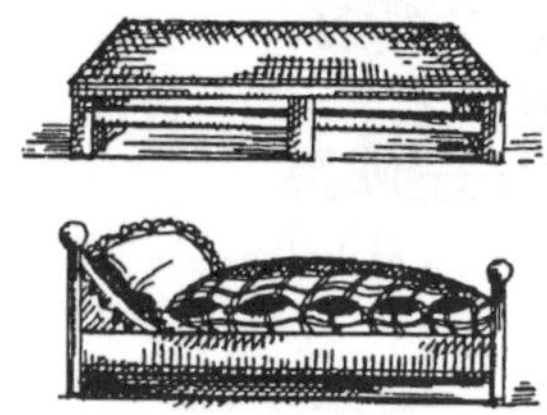

Was hart ist, ist nicht weich.

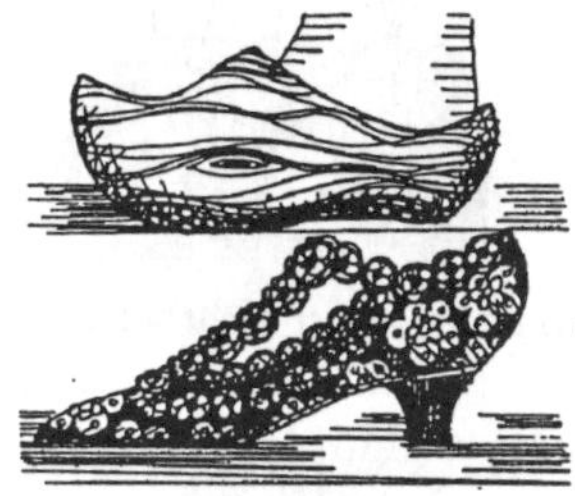

Wer arm ist, ist nicht reich.

Wer dumm ist, ist nicht klug.

Mein Kind, nun ist's genug.

Anna Robeck

Textmerkmale

- Gegenüberstellung von Gegenbegriffen (Antonymen) im Bereich der Adjektive.
- Wiederholung desselben Satzmusters mit Feststellung einer Eigenschaft, welche die gegensätzliche Eigenschaft ausschließt.
- Durch Reim verbundene Satzpaare mit Veranschaulichung durch Zeichnungen.

Anregungen

- Erstes Satzpaar als Muster vorgeben, die Folgesätze als Lückensätze (mit fehlendem ersten oder zweiten Adjektiv) vervollständigen lassen.
- Weitere Antonyme sammeln (hoch – niedrig, schnell –langsam, satt – hungrig, nass – trocken ...) und Text fortsetzen.

168 Kleine Frage

Glaubst du
du bist noch
zu klein
um große
Fragen zu stellen?

Dann kriegen
die Großen
dich klein
noch bevor du
groß genug bist

Erich Fried (*1921)

Textmerkmale

- „Antiautoritäre“ Ermunterung von Kindern, den Erwachsenen unangenehme Frage zu stellen.
- Verknüpfung der autonymen Paare „klein“ – „groß“ („die Kleinen“) – „die Großen“, „klein kriegen“ – („groß machen“).
- Mehrdeutigkeit: „klein“ an Wuchs – an Lebensalter – an Bedeutung („kleine Frage“).

Anregungen

- Interpretation erarbeiten: Was sind „große Fragen“ und „kleine Fragen“? Was heißt „jemand klein kriegen“?.
- Erörtern: Wann und wo kommen „Große“ und „Kleine“ gut miteinander aus, wann nicht?

169 Es ist eigentlich widersinnig,

wenn eine Taube einen Knall hört und erschrocken auffliegt,
wenn jemand leise zur Laute singt,
wenn ein Vater ein Muttermal hat,
wenn eine Schraube nagelneu ist,
wenn eine Tulpe rosenrot ist,
wenn eine Stehlampe auf dem Fußboden liegt,
wenn ein Glatzkopf etwas haarsträubend findet,
wenn ein Friseur kein gutes Haar an jemanden lässt,
wenn ein Hellseher für die Zukunft schwarz sieht,
wenn ein Flötenspieler überall die erste Geige spielen will,
wenn ein Katzenzüchter auf den Hund kommt,
wenn ein Eskimo seinen Freund auf die Palme bringt,
wenn ein Architekt das ganze Haus auf den Kopf stellt,
wenn ein Dicker sich bei Gefahr dünne macht,
wenn jemand sich im Handumdrehen ein Bein bricht.

Winfried Ulrich (*1941)

Textmerkmale

- Homonyme (gleich klingende/geschriebene) und polyseme (mehrdeutige) Ausdrücke.
- Mehrdeutigkeit von Wörtern und Redewendungen oft wegen metaphorischen Gebrauchs, der rückgängig gemacht wird („haarsträubend“).

Anregungen

- Zeile für Zeile prüfen, was eigentlich „widersinnig“ ist.
- Die konkurrierenden Bedeutungen/“Lesearten“ erarbeiten („Taube“ = 1. Vogel, 2. Gehörlose; „nagelneu“ = 1. neu wie ein noch nicht verwendeter Nagel, 2. ganz neu; „im Handumdrehen“ = 1. während man die Hand umdreht, 2. so schnell wie eine Handumdrehung dauert).

170 Liebesseufzer eines Walfischfräuleins

O du Wal meiner Wahl!

Wie ihn gibt's keinen im Meer mehr!
Wer, der wie er, zwölfeinhalb Tonnen schwer wär'?
Wenn ich nur wüsste,
ob er so fühlte wie ich,
als ich ihn unweit der Küste küsste ...

Hoffentlich!
Ich hoff' endlich,
dass er um meine Flosse anhält
und sich nicht immer so schüchtern stellt.
Denn ich möchte, statt immer allein sein,
sein sein.

Mira Lobe (*1913)

Textmerkmale

- Gegenüberstellung von Homophonen (gleich klingende, verschieden geschriebene Wörter): Wal – Wahl, Meer – mehr, wo wer wär', Küste – küsste, hoffentlich – hoff' endlich.
- Homographe (gleichklingend und gleich geschrieben): sein – sein.
- Metapher: um Hand / Flosse anhalten.

Anregungen

- Text laut lesen und auf Gleichklang achten.
- Versreim und Binnenreim (in einem Vers zwei Reimwörter) untersuchen.
- Nach weiteren Homonymen suchen (Lerche – Lärche ...).
- „Teekesselchen raten" spielen.

MANN, BIN ICH MÜDE
1
NA, DANN AB IN DIE FALLE
2

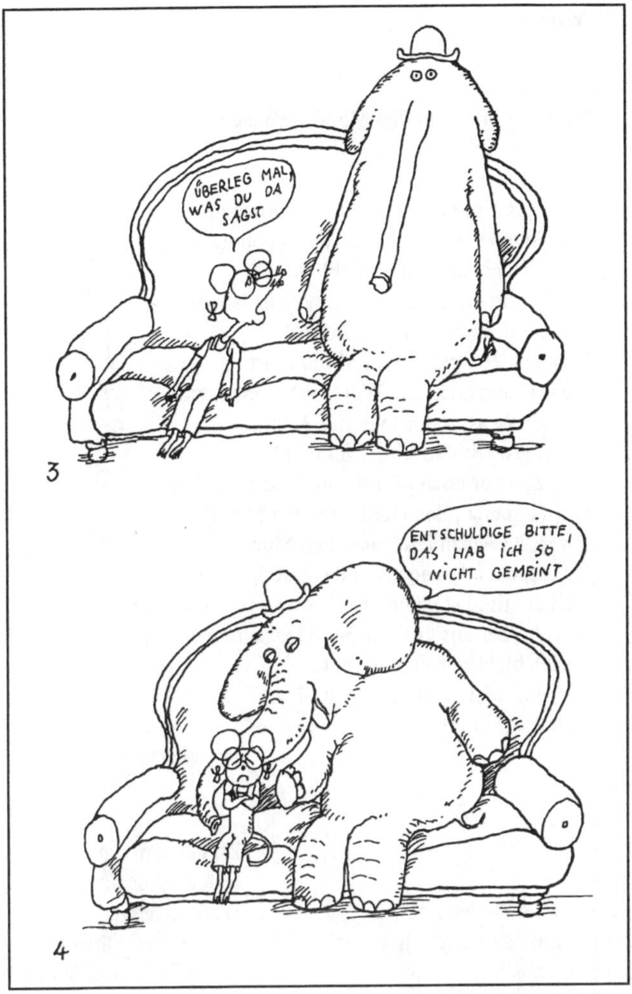

Unbekannter Zeichner

Textmerkmale

- Gegenüberstellung von metaphorischer und wörtlicher Bedeutung der Redewendung.
- Gedankenloser Sprachgebrauch ohne Rücksicht auf Perspektive des Partners.

Anregungen

- Synonyme Ausdrücke sammeln: Was sagt man zum „Schlafengehen"? (sich hinlegen, sich aufs Ohr legen, zur Ruhe gehen, ein Nickerchen machen ...)
- Maus und Elefanten-Comic interpretieren: Warum ist die Maus empört?
- Nachdenken: woher kommt es, dass man zum Bett auch „Falle" sagt?

172 Mund

Halt den Mund!
Ich lasse mir nicht den Mund verbieten!
Dir steht der Mund nie still!
Und du machst den Mund nicht auf!
Du wirst dir noch den Mund verbrennen!
Ich bin eben nicht auf den Mund gefallen!
Du nimmst den Mund reichlich voll!
Immer mit dem Mund vorneweg ist besser,
als mit offenem Mund dastehen!
Wer schöne Sprüche im Mund führt,
dreht einem auch das Wort im Munde herum.
Ich nehme kein Blatt vor den Mund.
Du redest Dir den Mund fusselig!
Ich kann nur noch Mund und Nase aufreißen.
Du schmierst allen Honig um den Mund!
Ich rede niemandem nach dem Munde!
Du machst allen den Mund wässerig!
Und du nimmst jedem das Wort aus dem Munde!
Das Wasser läuft mir im Mund zusammen.
Sprich nicht mit vollem Mund!
Fahr mir nicht über den Mund!
Halt den Mund!

Rosemarie Knzler-Behncke (*1926)

173 Gehen

Wie geht's?
Es geht.
Das Geschäft geht doch gut.
Danach kannst du nicht gehen.
Geht es abwärts?
Es geht über meine Kräfte
Lass dich doch nicht gehen.
Hier geht es ums Ganze.
Es geht um Kopf und Kragen.
Dann geh an die Arbeit!
Ich gehe auf Reisen.
Das geht zu weit!
Das geht dich nichts an.
Dann geh zum Kuckuck!
Das geht nicht.

Du gehst mir auf die Nerven.
Geh mir aus den Augen!
Wenn es geht.
Der Zug geht über Frankfurt.
Deine Stimme geht mir
durch und durch.
Musik geht über alles.
Arbeit geht vor.
Die Uhr geht vor.
Der Teig geht.
Die Tür geht.
Es geht ein Wind.
Ich muss jetzt auch gehen.
Ach, geh!
Lass mich gehen!
Na, geh!

Rosemarie Künzler-Behncke (*1926)

Textmerkmale (der Texte 172 und 173)

- Zusammenstellung von Redewendungen mit dem Bestandteil „Mund“ bzw. „gehen“.
- Mehrdeutigkeit des Nomens bzw. Verbs, „Mund“: Teil des Gesichts („offener Mund“), Organ der Nahrungsaufnahme („Mund wässerig machen“), Sprechwerkzeug („Mund halten“) – „gehen“: sich auf Füßen fortbewegen, sich in bestimmter Lage befinden, sich entwickeln, fortgehen, möglich sein, in Bewegung sein, eine Strecke zurücklegen.
- Reihenfolge der Redewendungen ergibt einen Text (Dialog mit Anfang und Ende).

Anregungen

- Über die Bedeutung der einzelnen Redewendungen sprechen (dabei klären, was sie eigentlich mit „Mund“ bzw. „gehen“ verbindet).
- Text als Dialog mit verteilten Rollen sprechen.
- Weitere Redewendungen sowie Wortbildungen sammeln und untersuchen: Mundwerk, mundtot machen, gut munden, mündlich ..., Gehbehinderung, ergehen, hintergehen...

174 Köpfe Köpfe

mit dem K o p f durch die Wand wollen

sich etwas in den K o p f setzen

den K o p f hängen lassen

jemandem den K o p f verdrehen

sich den K o p f zerbrechen

Hals über K o p f davonlaufen

sich etwas aus dem K o p f schlagen

jemandem den K o p f waschen

ein Brett vor dem K o p f haben

nicht auf den K o p f gefallen sei

Winfried Ulrich (*1941)

Textmerkmale

- Redewendungen mit dem Nomen „Kopf“ als Bestandteil.
- Mehrdeutigkeit von „Kopf“: Körperteil, Sitz des Verstandes, der Willenskraft.

Anregungen

- Redewendungen einzeln interpretieren: auf übertragene Bedeutungen achten.
- Weitere Redewendungen sammeln und untersuchen: jemanden vor den Kopf stoßen ...
- Über die Bedeutungen von „Kopf“ nachdenken.

175 Ob sie

Bernhard-Viktor von Bülow (*1923)

Textmerkmale

- Gegenüberstellung bildhafter Redewendungen und wörtlich nehmender Cartoons.

Anregungen

- Untersuchen: Was für ein gemeinsames Element weisen die ursprüngliche und die übertragene Bedeutung auf?

Nachdem sie die Reise beendet hatten und wieder heimkamen, fragte die Frau ihren Mann, wie's ihm gegangen sei. „Seltsam genug", sprach er, „aber wir sind doch wieder da." Er rief Eulenspiegel und sagte: „Kumpan, es soll niemand sagen, dass ich dich bei Schlafenszeit auf die Straße gesetzt habe, die Nacht bleib noch hier, iss du, trink dich satt und schlaf dich aus! Aber morgen räumst du mir das Haus! Ich will dich nicht länger behalten, denn du bist ein arger Schalk."
Till meinte: „Lieber Herr, ich mache alles, was man mich heißt, und kann doch niemals Dank ernten. Aber wenn Euch meine Dienste nicht mehr gefallen, so will ich morgen nach Euren Worten das Haus räumen und wandern." „Ja, das tue", sprach der Kaufmann.
Des andern Tags stand der Kaufherr auf und sagte zu Eulenspiegel: „Iss und trink dich satt, und dann hinaus! Ich will in die Kirche zur Frühmesse gehen. Lass dich nicht wiederfinden, wenn ich heimkomme!" Eulenspiegel schwieg. Sobald der Kaufmann das Haus verlassen hatte, fing Till an zu räumen. Stühle, Tische, Bänke und was er nur tragen und schleifen konnte, brachte er auf die Gasse. Er schleppte aus Küche und Keller Schüsseln und Teller, Krüge und Kannen, Töpfe und Pfannen. Die Nachbarn verwunderten sich, was daraus werden sollte, dass man alles Hausgerät auf die Straße setzte. Das kam dem Kaufherrn zu Ohren, und er eilte heim und rief Till an: „Was treibst du, Bursche? Finde ich dich noch immer hier?"
„Ja, Herr, ich wollte erst Euren Befehl ausführen, denn Ihr hießet mich das Haus räumen und danach wandern. Greift mit an, Herr, diese Tonne ist mir zu schwer, ich kann sie nicht allein bewältigen."
„Lass liegen, du Schalk, und trolle dich!" rief der Kaufmann in hellem Zorn.
Also schied Eulenspiegel von dannen und ließ den Kaufherrn wieder hineintragen, was er ausgeräumt hatte, worüber die Nachbarn noch lange lachten. Denn wer den Schaden hat, der hat auch den Spott.

Georg Paysen-Petersen

Textmerkmale

- Schelmengeschichte mit einem Streich, der von einer sprachlichen Äußerung ausgeht.
- Mehrdeutigkeit des Ausdrucks „das Haus räumen". (1. leer machen = verlassen, 2. leer machen = ausräumen).

Anregungen

- Lesen der ersten beiden Absätze (Worterklärungen: „Kumpan" = Partner, Reisegefährte; „Schalk" = jemand, der mit anderen seinen Spaß treibt).
- Fortgang antizipieren: Was wird Eulenspiegel nun wohl tun?
- Weiteren Textteil lesen und über den Ausdruck „das Haus räumen" sprechen.
- Gespräch führen: Konnte Eulenspiegel die Worte seines Herrn wirklich missverstehen? (Meinungen am Text belegen).

177 So sagt man manchmal

Vorsicht ist die Mutter der Porzellankiste.
Da wird der Hund in der Pfanne verrückt!
Du fragst mir ja Löcher in den Bauch.
Die Frau hat Haare auf den Zähnen.
Er wickelte ihn um den kleinen Finger.
Sie steht sich die Beine in den Bauch.
Sie tanzen ihm auf der Nase herum.
Gleich rutscht mir die Hand aus!
Ich verstehe immer nur Bahnhof.
Red' doch kein Blech!
Uns kann keiner!

Unbekannter Verfasser

Textmerkmale

- Metaphern mit starker bildlicher Aussagekraft.
- Rätselcharakter: Wann verwendet man diese Äußerungen? Was bedeuten sie?

Anregungen

- Situationen beschreiben, in denen eine der Aussagen gemacht werden könnte.
- Rätsel zu lösen versuchen: Porzellan zerbricht bei Unvorsichtigkeit; ratlose Verwunderung; durch vieles Fragen belästigen/beschädigen; Haare als Zeichen der Stärke sogar auf den Zähnen; er kann ihm keinen Widerstand leisten ... „Bahnhof" = immer dasselbe Wort, also nichts; „Blech" = Wertloses /Unsinniges ...

178 Sprichwörter

Viele Köche haben kurze Beine.
Lügen verderben den Brei.
Wer andern eine Grube gräbt, fällt nicht weit vom Stamm.
Der Apfel fällt selbst hinein.
Wer zuletzt lacht, hat Gold im Mund.
Morgenstund lacht am besten.
Der Klügere kommt selten allein.
Ein Unglück gibt nach.

Winfried Ulrich (*1941)

Textmerkmale

- Kreuzung bekannter Sprichwörter (erster Teil von A und zweiter Teil von B), in Paaren jeweils untereinander.
- Komik durch ungewöhnliche Mischung von Erfahrungsweisheiten.
- Metaphorik der Sprichwörter.

Anregungen

- Jeweils nur zwei zusammengehörende Zeilen vorgeben und untersuchen: Überkreuz-Anordnung als Lösung.
- Analoge Sprichwortkreuzungen vornehmen.

179 Menschen, die bellen, beißen auch

„Entsetzlich – sie sind nur einzeln zu ertragen!"

Bernhard-Viktor von Bülow (= Loriot) (*1923)

Textmerkmale

- Komik des Rollentauschs zwischen Herr und Hund.
- Abwandlung des Sprichworts „Hunde, die bellen, beißen nicht".

Anregungen

- Von den Verben „bellen" und „beißen" ausgehend den Handlungsträger „Hund" ausmachen (Wer bellt und beißt?).
- Abgewandeltes Sprichwort (Überschrift) vorgeben und untersuchen.
- Cartoon interpretieren (Rollentausch, Komik, Kontrast zwischen vernünftigen, sprechenden „Menschenhaltern" und den „hündischen", aber vornehm gekleideten Beißern).

180 Zauberei

Ich kenne einen Wunderdoktor mit Humor,
der setzt zuerst den Kranken einen Floh ins Ohr,
und später zieht er ihnen, im Gespräch, bei einem Glase
Rotwein lächelnd Würmer aus der Nase.

Winfried Ulrich (*1941)

Textmerkmale

- Integration von Redewendungen in einen Text.
- Redewendungen, deren wörtliche Bedeutungen (im Gegensatz zu den ins Geistig-Sprachliche übertragenen Bedeutungen „jemandem eine beunruhigende Mitteilung machen“ und „jemandem durch geschickte Fragen Geheimnisse entlocken“) an Heilbehandlungen des Arztes erinnern.
- Schillern der mehrdeutigen Redewendungen („bei einem Glas Rotwein“ und „im Gespräch“ zielen auf die übertragene, nicht die wörtliche Bedeutung).

Anregungen

- Gereimten Text lesen und Überschrift „Zauberei“ als Hinweis auf die wörtlich genommenen Redewendungen, „Gespräch“ als Hinweis auf die übliche übertragene Bedeutung verstehen.
- Überlegen, wie es zu diesen anschaulichen Redewendungen gekommen sein kann: Was hat man sich dabei gedacht? (Kopf als Sitz des Verstandes, der Gedanken, der Sprache – etwas Lebendiges hineingeben, was dort Bewegung auslöst – Worte langsam und einzeln herausholen).

181 Letzte Worte

Als letzte Worte
sprach der Spatz:
„Mein Leben war
nur für die Katz!“

Unbekannter Verfasser

Textmerkmale

- Redewendung „nur für die Katz sein“ in Text eingebettet.
- Redewendung einem Spatzen in den Mund gelegt, dadurch wörtlich zu nehmen (die Katze frisst ihn) an Stelle der üblichen übertragenen Bedeutung (wortlos, zwecklos, vergeblich sein).

Anregungen

- Vierzeiler als „letzte Worte“ eines von der Katze gefangenen Vogels interpretieren (Spatz mit Galgenhumor).
- Bedeutung von „Das ist für die Katz!“ oder „Alles für die Katz!“ klären und nach Begründungen für die Redensart suchen (Frisst die Katze so wenig?. Benötigt sie so wenig Futter, weil sie sich durch Mäusefangen selbst ernährt?).

182 Halt deinen Schnabel!

Gut, sagte die Ente,
ich halt ihn ins Wasser.

Gut, sagte der Teekrug,
ich halt ihn schön aufrecht.

Gut, sagte das Kind,
ich halt ihn munter in Schwung

Hans Manz (*1931)

Textmerkmale

- Anwendung einer Redewendung (Überschrift) in drei Situationen, in denen ihre Bedeutung jeweils umgebogen wird, bis hin zum genauen Gegenteil der tatsächlichen Bedeutung (schweigen – munter drauflosreden).
- Mehrdeutigkeit von „Schnabel" (Vogelschnabel – schnabelförmige Ausbuchtung am Krug zum Ausgießen – Mund) und von „halten" (an eine bestimmte Stelle bewegen – in einer bestimmten Stellung lassen – etwas beibehalten, nicht beenden).

Anregungen

- Nur Überschrift vorgeben und untersuchen: Wann sagt man das? Was bedeutet das?
- Die drei Strophen als Reaktionen auf die Aufforderung deuten (mit Umbiegung des Sinns zum Schluss).
- Andere häufig verwendete Aufforderungen zu schweigen sammeln und untersuchen: Sei still! Schweige! Halt den Mund! Halt das Maul! Pst! Reden ist Silber, Schweigen ist Gold.

183 Schwierige Unterhaltung

A sagt: „Die andern haben Recht: Du hast wirklich eine scharfe Zunge!"

B sagt: „Wieso denn das?"

A sagt: „Merkst du denn nicht, dass du mir dauernd das Wort abschneidest?"

Winfried Ulrich (*1941)

Textmerkmale

- Verknüpfung der Metapher „scharfe Zunge" und der Redewendung „jemandem das Wort abschneiden" im Dialog.
- Schwanken zwischen der übertragenen Bedeutung („verletzende Redeweise" – „beim Reden unterbrechen") und einem Wörtlichnehmen („scharf" und „abschneiden").

Anregungen

- Dialog interpretieren.
- Metaphorische und wörtliche Bedeutungen erarbeiten und vergleichen.

184 Verhört

„Sie müssen sich verhört haben. Ich habe nur doppeltkohlensaures Natron bestellt."

Jean Jaques Sempré (*1932)

Textmerkmale

- Groteske Situation.
- Missverstandene Bestellung.
- Klangähnlichkeit von „Natron“ und „Nashorn“,

Anregungen

- Bildinterpretation zunächst ohne Text (Restaurant, Gast, zubereitetes Nashorn wird als Festessen auf Bratenplatte serviert).
- Gespräch mit Oberkellner antizipieren (Was könnte der Gast zu ihm sagen?).
- Aussage des Gastes vorgeben, Klangähnlichkeit von „Natron“ und „Nashorn“ erarbeiten.
- Szene spielerisch darstellen.

185 Gespräch in der Apotheke

KUNDE: Guten Tag, Herr Apotheker.

APOTHEKER: Guten Tag, Sie wünschen?

KUNDE: Ja, das ist schwer zu sagen.

APOTHEKER. Ha, gewiß ein lateinisches Wort.

KUNDE: Nein, nein, seit gestern hab` ich's vergesssen.

APOTHEKER: Na ja, da kommen wir schon drauf.
Haben Sie kein Rezept?

KUNDE: Nein!

APOTHEKER: Ja, was fehlt Ihnen denn eigentlich?

KUNDE: Ja, das Rezept fehlt mir.

APOTHEKER: Nein, ich meine, sind Sie krank?

KUNDE: Naa, naa, wie kommen's denn da auf die Idee?
Schau ich so aus?

APOTHEKER: Ja mei, gehört die Medizin für Sie
oder für eine andere Person?

KUNDE: Nein, für mein Kind.

APOTHEKER: Na – das Kind ist krank. Was fehlt dem Kind?

KUNDE: Es muss sich erkältet ham.

APOTHEKER: Erkältet? Hustet das Kind?

KUNDE: Nein, es schreit nur.

APOTHEKER: Ja, dann hat es Schmerzen.

KUNDE: Möglich, aber es ist schwer; dös Kind sagt nicht, wo's weh tut. Die Stiefmutter und ich geben uns die größte Mühe. Heut' hab ich zu dem Kind g'sagt: Wenn du schön sagst, wo es dir weh tut, kriegst du später ein wunderschönes Motorrad.

APOTHEKER: Na, sagen Sie, wie alt ist denn das Kind?

KUNDE: Sechs Monate alt.

APOTHEKER: Na ja, also mit sechs Monaten kann doch ein Kind noch nicht sprechen.

KUNDE: Das nicht, aber deuten könnt' es doch, wo es die Schmerzen hat. Wenn's amal schreien kann, dann kann's auch genauso deuten, damit man weiß, wo der Krankheitsherd steckt.

APOTHEKER: Ah, sagen Sie amal, hat's vielleicht die Finger immer im Mund stekken?

KUNDE: Ja, stimmt.

APOTHEKER: Sehen Sie, da kriegt es schon die ersten Zähne.

KUNDE: Na, na – das Kind ist krank, und mei Frau hat g'sagt, geh' in die Apotheke und hol' eine – einen – einen –

APOTHEKER:	Eine – einen Kamillentee?
KUNDE:	Nein, zum Trinken gehört's nicht.
APOTHEKER:	Eh – vielleicht hat's Würmer, das Kind?
KUNDE:	Nein, nein, die tät man ja sehen.
APOTHEKER:	Na, ich mein ja – innen.
KUNDE:	Na ja. So, innen? Naa, da ham mir noch nicht neingeschaut
APOTHEKER:	Ja, mein lieber Herr, das ist eine schwierige Sache für einen Apotheker, wenn er überhaupt nicht erfährt, was der Kunde will.
KUNDE:	Ja, meine Frau hat g'sagt, wenn ich den Namen nicht mehr weiß von dem Rezept, dann soll ich einen schönen Gruß vom Kind – nein, von der Frau ausrichten, und das Kind kann nicht schlafen, weil's immer so unruhig ist.
APOTHEKER:	Unruhig? Na ja, dann müssen S'eben ein Beruhigungsmittel nehmen. Am besten vielleicht ein Isoprophilprophemilbarbitursauresphenildimethildimenthylaminophirazolon?
KUNDE:	Was sagen Sie?
APOTHEKER:	Ich meine ein Isoprophilprophemilbarbitursauresphenildimethildimenthylaminophirazolon.
KUNDE:	Wie heißt dös?
APOTHEKER:	Ach, du lieber Gott! Ein Isoprophilprophemilbarbitursauresphenildimethildimenthylaminophirazolon.
KUNDE:	Ja, ja, dös is's. So einfach! Und man kann sich's doch nicht merken.

Karl Valentin (1882-194

Textmerkmale

- Schwierigkeiten, sich ein kompliziertes Fremdwort zu merken.
- Schwierigkeiten bei Gesprächsführung: Missverständnisse („Was fehlt Ihnen?"), seltsame Gedankengänge (Motorrad als Geschenk für Säugling), unfreiwillige Selbstironie („So einfach!"),
- Dialektgefärbte Sprache („dös" – „gehört die Medizin für Sie").

Anregungen

- Text mit verteilten Rollen lesen, interpretieren,
- Sprachlich ungewöhnliche Ausdrücke besprechen.
- Sprach- und Situationskomik erarbeiten.
- Szene spielerisch darstellen.

Hermann Altenburger

Textmerkmale

- Cartoon mit (tierisch) verfremdetem Hinweis auf den Nutzen der Fremdsprachenbeherrschung.
- Rollenwechsel: Durch „Hundessprache“ wird die verfolgte Maus zum verfolgten „Hund“.

Anregungen

- Vierteilige Bilderfolge interpretieren: Weshalb läuft die Katze vor der Maus davon?
- Erörtern: Wird man ein „anderer Mensch“, wenn man eine Fremdsprache gelernt hat?

Tik tak

„Alles geht nach der Uhr“, sagte Frau Ureburegurli.
„Um ein Uhr haben die Kinder gegessen,
bis zwei Uhr arbeiten sie an den Schulaufgaben,
bis fünf Uhr dürfen sie spielen,
um halb sechs essen sie Abendbrot,
danach lernt die Großmutter noch mit den Kindern,
und von abends sieben bis morgens sieben schlafen sie.
Um acht Uhr gehen sie zur Schule,
und um zwölf Uhr dreißig sind sie wieder zu Haus.“

„Ich bin gespannt“, sagt Frau Lustibustigiero, die Nachbarin,
„wie lange es dauert, bis Ihre Kinder nur noch tik tak sagen.“

Irmela Wendt (*1916)

Textmerkmale

- Mehrdeutigkeit des Ausdrucks „tik tak“ (mechanisches Uhrgeräusch – Uhr imitierendes Geräuschwort).

Anregungen

- Über den Tagesablauf der Kinder sprechen („Verplanung“ durch Eltern).
- Text interpretieren: Was meint die Nachbarin mit ihren Worten?

Männlich
der Baukasten, der Hammer, der Fußball, der Rennwagen,
der Stier, der Ringkampf, der Schlag, der Krieg,
der Mut, der Zorn, der Ehrgeiz, der Bart,
der Pilot, der Direktor, der Räuber, der Papst,
der Herzanfall, der Verrat, der Vertrag, der Sieg,
der Gute-Nacht-Kuss, der Angsthase, der Bikini, der Kochtopf.

Weiblich
die Puppe, die Nadel, die Frisur, die Strumpfhose,
die Einkaufstasche, die Küche, die Waschmaschine, die Bettwäsche,
die Neugier, die Liebe, die Eifersucht, die Schönheit,
die Braut, die Sängerin, die Krankenschwester, die Mutter,
die Träne, die Kindererziehung, die Ordnung, die Geburtstagsfeier,
die Tabakpfeife, die Geschäftsfrau, die Kanone, die Polizei.

Sächlich
Das Obst, das Haus, das Geld, das Essen,
das Mühlespiel, das Rätsel, das Buch, das Fernsehen,
das Mitleid, das Glück, das Gefühl, das Versprechen,
das Vereinsmitglied, das Ehepaar, das Kind, das Personal,
das Krankenhaus, das Wetter, das Gespräch, das Zeugnis,
das Mädchen, das Männchen, das Herrchen, das Großmütterchen.

Winfried Ulrich (*1941)

Textmerkmale

- Gruppierung von Nomen nach ihrem grammatischen Geschlecht (Genus).
- Mischung von Bezeichnungen für Gegenstände, Menschen, Tiere, Handlungen, Vorgänge, Institutionen, Eigenschaften.
- Suggestion einer inneren Beziehung zwischen grammatischem Geschlecht und natürlichem Geschlecht bzw. einer großen Nähe (Mann – Rennwagen, Frau – Tabakpfeife).

Anregungen

- Zuerst Klischeevorstellungen durch Wortsammlungen abrufen (für alle drei „Geschlechter“: der Rennwagen, die Puppe, das Kind).
- Text lesen und Antworten auf die Titelfrage suchen.
- Klischeevorstellungen durch Beispiele im Text aufbrechen.

VIII Spiele mit Sprachlauten

189 Am Schneesee

Es war einmal ein See, der war immer voll Schnee,
darum nannten ihn alle Leute nur Schneesee.
Um diesen Schneesee wuchs Klee, der Schneeseeklee,
der wuchs rot und grün, und darin äste ein Reh, das Schneeseekleereh.
Und dieses Schneeseekleereh wurde von einer Fee geliebt,
die fast so schön war wie Scheherezade, der überaus anmutigen Schneeseekleerehfee.
Diese Fee hatte, wie alle Feen dieser Gegend, sechundsechzig Zehen,
fünfundsechzig zum Gehen und einen zum Drehen,
und dieser sechsundsechzigste Zeh war natürlich der Schneeseekleerehfeedrehzeh.
Zehendrehen macht schrecklich Spaß, doch einmal drehte die Fee im Übermut
ihren Zeh zu sehr, und da tat der Drehzeh schrecklich weh.
Zum Glück wohnte am Schneesee eine weise Frau.
Die weise Frau, eine Heckenhexe mit zwei schrecklichen Hackenhaxen,
hockte grade vor einer Hucke Kräutern, als die kleine Fee gehumpelt kam.
»Guten Tag, beste Heckenhexe mit den Hackenhaxen!«
»Guten Tag, nette Schneeseekleerehfee mit den sechsundsechzig Zehen!
Doch was seh ich: Du humpelst? Was hast du denn?«
Da antwortete die Schneeseekleerehfee: »Schneeseekleerehfeezehweh!«
»Gehzehweh oder Drehzehweh?«
»Drehzehweh!«
»Dann ist es nicht schlimm: Gehzehweh ist zäh und hält sich,
doch Drehzehweh kommt und vergeht jäh – und wodurch vergeht es?
Natürlich durch der Heckenhexe herrlichsten Tee,
den hellgelben Schneeseekleerehfeedrehzehwehtee!
Und einen solchen hellgelben Schneeseekleerehfeedrehzehwehtee werde ich dir jetzt brauen.«
Die Heckenhexe mit den Hackenhaxen nahm Blätter von sieben mal sieben Bäumen
und Blüten aus sieben mal sieben Träumen und brachte sie
mit Milch aus sieben Eutern und Wurzeln von sieben Kräutern zum Schäumen,
und als der Sud sich abgeklärt hatte, wallte im Kessel der hellgelbe Tee.
Na, wenn *der* nicht bitter schmeckte!
»Trink das aus, nette Schneeseekleerehfeh!«
»Auf einen Zug, beste Heckenhexe?«
»Auf einen Zug, nette Schneeseekleerehfee!«
Da trank die Schneeseekleerehfee auf einen Zug
den Schneeseekleerehfeedrehzehwehtteekessel aus,
und als der Schneeseekleerehfeedrehzehwehteekessel ausgetrunken war,
hatte der hellgelbe Schneeseekleerehfeedrehzehwehtee das Schneeseekleerehfeedrehzehweh
aus dem Schneeseekleerehfeedrehzeh der Schneeseekleerehfee weggehext,
und da stieß die glückliche Fee ein lautes Juchhe aus, das rings durch alle Wälder schallte.

»Ich danke dir, beste Heckenhexe!«
»Ist schon gut, du nette Schneeseekleerehfee.
Nun dreh aber nicht mehr so doll deinen kleinen Drehzeh!«
»Werd's bedenken, beste Heckenhexe.«
»Lerne, lerne, nette Rehfee!«
Und die Schneeseekleerehfee lief auf ihren fünfundsechzig Schneekleerehfeegehzehen
von der Heckenhexe mit den Hackenhaxen in der Hocke vor der Hucke in den Wald zurück
und freute sich ganz doll,
dass das brennende Schneeseekleerehfeedrehzehweh
durch den hellgelben Schneeseekleerehfeedrehzehwehtee
aus dem Schneeseekleerehfeedrehzeh weggehext war,
und sie lachte und klatschte in die Hände und freute sich
und streichelte sacht mit ihrem sechsundsechzigsten Zeh, dem Drehzeh,
das Schneeseekleereh im Schneeseeklee am See voll Schnee.

Franz Fühmann (1922 –1984)

Textmerkmale

- Konzentration von Wörtern mit dem Langvokal „e", aber auch mit Kurzvokal „e".
- Steigerung des vokalischen Klangspiels durch gewagte Wortzusammensetzungen.
- Vokalwechsel in Minimalpaaren (Hacke, Hecke, Hucke, Hocke).

Anregungen

- Ersten Absatz lesen und besprechen: Klangspiel durch Kombination von e-Wörtern.
- Text insgesamt erarbeiten (Anerkennung für gelungene Konzentration auf den Vokal bei Entwicklung einer Geschichte).
- Einzelpassagen (z. B. den letzten Absatz) ohne Versprecher und schnell, aber auch sinngestaltend vorlesen.

190 ottos mops

ottos mops trotzt
otto: fort mops fort
ottos mops hopst fort
otto: soso

otto holt koks
otto holt obst
otto horcht
otto: mops mops
otto hofft

ottos mops klopft
otto: komm mops komm
ottos mops kommt
ottos mops kotzt
otto: ogottogott

Ernst Jandl (1925-2000)

Textmerkmale

- Beschränkung auf einen einzigen Vokal im ganzen Text: „o“.
- Gliederung nach Strophen und Zeilen, Verzicht auf Satzzeichen und Großschreibung als Gliederungssignale (Ausnahme: Doppelpunkt).

Anregungen

- Klanggestaltendes Erlesen des Textes mit Satzgliederung und wörtlicher Rede.
- Geschehensablauf beschreiben.
- Analogen Text verfassen, z. B.: „hannas katz“, „lillis igel frisst“, „heinz‘ schwein weint“, „adams aal malt“ ...
  Vergleiche dazu: PAULS GAUL KLAUT
  PAUL: RAUS GAUL RAUS
  PAULS GAUL BRAUST RAUS
  PAUL: SCHAU SCHAU

(unbekannter Verfasser)

191 loch

loch
loch doch
so loch doch
so loch doch schon
so loch doch
loch doch
loch
üch loch müch kronk

Ernst Jandl (1925-2000)

Textmerkmale

- Angleichung des Vokals „a“ in der Befehlsform „lach“ an den Kontext mit „o“; dadurch im ersten Teil des Texts ausschließlich o-Wörter.
- Klangähnlichkeit von „lach“ und „loch“ (besonders in einigen Mundarten).
- Assoziation des Nomens „Loch“ mit Formähnlichkeit des kreisrunden Buchstabens „o“.
- Klangvariation der Vokale in Schlusszeile: „i“ → „ü“ und „a“ → „o“.
- Korrespondierende Sprachhandlung: Aufforderung zum Lachen wird mit Feststellung beantwortet: „Ich lach mich krank“.

Anregungen

- Text als Rätseltext lesen, genau hinhören und entschlüsseln: systematische Vokalveränderung.
- Dialogstruktur entdecken: Aufforderung – Folgeleistung.

192 Das T

Mit Trommelton und festem Tritte,
So kommt im Trab das T daher,
Es trippelt leicht im Taubenschritte.
Es trottet elefantenschwer.
Es trommelt, tutet, rattert, knattert.
Es trödelt, trällert, tänzelt, trabt.
Es tobt und tost und tollt und tattert.
Es tippt und tupft. Es tropft. Es tappt.
Das T ist zeitgemäß, ihr Lieben,
Ist manchmal leis, doch meistens laut.
Und hart wird's an den Schluss geschrieben:
Fest. Tot. Gemacht. Vollbracht. Gebaut.
Die Zeit ist laut: Das ist ein Jammer.
Doch für das T ist es sehr fein:
Bei Trambahn, Auto, Presslufthammer,
Da tritt das T geräuschvoll ein.
Wen wundert's, dass das T auf Erden
Lokomotiven gerne hat?
Da muss es ernst genommen werden
Mit tschuff und tüt und ratt und tatt.
Das T wird heut den Thron erklettern,
Es ruft sein Tut ins Telefon.
Das T will wettern und will schmettern:
Trompetenklang und Trommelton!

James Krüss (*1926)

Textmerkmale

- Anhäufung von Wörtern mit dem stimmlosen Dental (Zungenspitze hinter der oberen Zahnreihe) im Anlaut, im Auslaut und im Inlaut: scharfer Explosivlaut.
- Lautmalerei: viele Wörter weisen auch mit ihren Bedeutungen auf etwas „Geräuschvolles“ hin.

Anregungen

- Klanggestaltend lesen mit leichter Übertreibung des stoßförmigen Konsonanten.
- Weitere Wörter sammeln, die in die gleiche Richtung zeigen (Tatü-tata! Trecker ...), aber auch Gegenbeispiele (Tango, Torte, Teich, tauchen, tief ...) mit weichem Klang.

193 Die Brabbelberta

Berta Butz begann als Baby
Bald schon mit der Brabbelei.
Babbelnd, brabbelnd sagte Berta:
Babba, Mamma, Baby Brei!
Baby wollte Birnen haben,
Baby babbelt: Bittebitt,
Babba, Mamma, Baby Breilein,
Baby Birne, Baby Eilein!
Baby macht auch oft Geschreilein,
Und die Mutter macht was mit.

Bribbel, brobbel, brubbel, brabbel,
Brabbelberta, halt den Schnabel!
Brabbelberta, gib doch Ruh!
Mach den Brabbelschnabel zu!

Berta Butz hieß in der Schule
Brabbeline Brabbelmann.
Bei Beginn der Stunde fing die
Berta schon zu brabbeln an.
Berta muss den Bleistift spitzen,
Bertas braunen Buntstift spitzen,
Bertas brauner Buntstift bricht.
Bald befiehlt der Lehrer Britzen
Berta täglich, nachzusitzen.
Berta muss beim Rechnen schwitzen;
Aber schweigen lernt sie nicht.

Bribbel, brobbel, brubbel, brabbel,
Brabbelberta, halt den Schnabel!
Brabbelberta, gib doch Ruh!
Mach den Brabbelschnabel zu!

Berta Butz bekam als Mutter
Blonde Mädchen, sieben Stück.
Bald gab's sieben Brabbelbertas.
Brabbeln war ihr höchstes Glück.
Bei den sieben war am Ende
Beinah nichts mehr zu verstehn:
Bobby stöhnt und Bienchen weint und
Betty heult und Blanda greint und
Birgit brüllt und Bertel schreit und
Brabbelberta findet's schön!
Bribbel, brobbel, brubbel, brabbel,
Brabbelberta, halt den Schnabel!
Brabbelberta, gibt doch Ruh!
Mach den Brabbelschnabel zu!

James Krüss (*1926)

Textmerkmale

- Anhäufung von Wörtern mit dem stimmhaften, weichen Lippenlaut "b" im Anlaut und Silbenanlaut.
- Lautmalerei: viele Wörter weisen nach Klang und Bedeutung auf etwas "Weiches" hin.
- Zentrale Schlüsselwörter aber sind "brabbeln" (= Leitmotiv des ganzen Textes) und "Brabbelberta" (Hauptperson).

Anregungen

- Klanggestaltend lesen mit leichter Übertreibung des weichen Lippenlautes (vierzeiligen Refrain im Chor sprechen).
- B-Wörter sammeln und einige zusätzliche Zeilen verfassen.

194 FINGERSPIEL

Zehn kleine Zappelmänner
zappeln hin und her.
Zehn kleinen Zappelmännern
fällt das gar nicht schwer.
Zehn kleine Zappelmänner
zappeln auf und nieder.
Zehn kleine Zappelmänner
tun das immer wieder.
Zehn kleine Zappelmänner
zappeln rings herum.
Zehn kleinen Zappelmännern
scheint das gar nicht dumm.
Zehn kleine Zappelmänner
spielen mal Versteck.
Zehn kleine Zappelmänner
sind auf einmal weg.

Unbekannter Verfasser

Textmerkmale

- Auf Synchronisation von Fingerbewegung (sichtbar) und Sprachklang (hörbarer Endreim und Alliteration durch anlautendes "z") ausgerichetes Kinderspiel.
- Schlüsselwörter "zehn", "zappeln" und "Zappelmänner".

Anregungen

- Zehn Finger nacheinander als sich bewegende "Zappelmänner" vorstellen.
- Text vorspielen ("hin und her", "auf und nieder", "ringsherun", "weg").
- Text lesen und vorführen lassen (Gleichklang im Anlaut heraushören).

195 Herr Zünglibrech

Als mein Großvater noch ein Junge war, lebte in unserer Stadt ein Mann,
den jedermann als Herrn Zünglibrech kannte.
Herr Zünglibrech redete immerfort in Zungenbrechern,
und daher stammte wohl sein seltsamer Name.
Ein Zungenbrecher ist, das wisst ihr sicher,
ein Satz, bei dem man sich leicht versprechen kann.
Ein berühmter Zungenbrechersatz heißt: Die Katze tritt die Treppe krumm!
Herr Zünglibrech nun sprach nur in Zungenbrechern,
und er verstand seine Kunst bis ins hohe Alter hinein.
Er starb im gesegneten Alter von 95 Jahren an Altersschwäche
und nicht an gebrochener Zunge, wie böse Leute behaupteten.
Eines Tages besuchte Herr Zünglibrech meine Tante Trude,
und es entspann sich folgendes Gespräch:
"Guten Tag, geliebte Tante Trude!
Trugst du treues Täubchen im Tragkorb Kräuter nach Hause?"
Die Tante antwortete freundlich: "Guten Tag, Zünglibrech.
Ich habe auf dem Gemüsemarkt Salat und Sellerie eingekauft."
"Sahst du dort Krauses krause Knaben kleine Kirschkerne knacken?" fragte Zünglibrech.
"Nein", sagte die Tante. "Ich habe keines von Krauses Kindern gesehen!"
"Hat eine Kieler Krabbe geflecktes Knabenkraut geknabbert?"
fragte Herr Zünglibrech weiter.
"Ich glaube nicht, sagte die Tante.
"Ich bin gleich nach dem Einkauf auf kürzestem Wege nach Hause gegangen."
"Haben zwei Schwalben zwischen zwei Zwetschgenzweigen von Zwiebeln gezwitschert?"
"Nein, nein, nein!" sagte die Tante.
"Dann will ich weiterwandern!" meinte Herr Zünglibrech.
"Ich muss noch zweiundzwanzig Schock schwarze sächsische Schuhzwecken kaufen!"
Damit verabschiedete er sich von der Tante.

Bruno Horst Bull (*1933)

Textmerkmale

- Zitieren bekannter und Augenblicksbildung spontaner Zungenbrecher (Sichversprechen wegen gleich und ähnlich klingender Laute und Lautverbindungen in geringem Abstand voneinander).
- Vorliebe für Zungenbrecher auf Hauptfigur einer Geschichte projiziert.

Anregungen

- "Die Katze tritt die Treppe krumm" vorsprechen und schnell nachsprechen lassen.
- Geschichte interpretieren ("Schock" = 60 Stück).
- Selbst in Zungenbrechern zu sprechen versuchen.

196 Zungenbrecher

**Wenn Fliegen hinter Fliegen fliegen,
fliegen Fliegen Fliegen nach.**

Borstenbürsten bürsten besser,
besser bürsten Borstenbürsten.

**Esel essen Nesseln nicht,
Nesseln essen Esel nicht.**

Wenn wir wären wo wir wollen,
wie weit wären wir wohl weg!

Fischers Fritz fischt frische Fische,
frische Fische fischt Fischers Fritz.

Wenn mancher Mann wüsste, wer mancher Mann wär,
gäb mancher Mann manchem Mann manchmal mehr Ehr.
Da aber mancher Mann nicht weiß, wer mancher Mann ist,
mancher Mann manchen manchmal vergisst.

Zwischen zwei Zwetschenzweigen zwitschern zwei Schwalben.

Der Kottbuser Postkutscher putzt den Kottbuser Postkutschkasten.

**Blaukraut bleibt Blaukraut,
und Brautkleid bleibt Brautkleid.**

Kleine Nussknacker knacken knackig,
knackiger knacken große Nussknacker.

Kleine Kinder können keine kleinen Kirschkerne knacken.

Schneiders kleine Schere schneidet scharf,
schärfer schneidet Schneiders große Schere.

Schippen sieben Schneeschipper sieben Schippen Schnee?
Sieben Schneeschipper schippen sieben Schippen Schnee.

Sieben Schippen Schnee schippen sieben Schneeschipper.

Hör, du Bub, sag deinem Buben,
dass dein Bub meinen Buben keinen Buben mehr heißt,
denn mein Bub leidet's nicht von deinem Buben,
dass dein Bub meinen Buben einen Buben heißt.

Als ein Sommergast im Wirtshaus zu Ettal nach seinem Freund fragt,
sagt der Wirt:
"Ob er über Unter- oder aber über Oberammergau gangan is,
dös woaß i nit."

Musch nit an selle Schelle schelle, selle Schelle schellt nit.
Musch an selle Schelle schelle, selle Schelle schellt.

Fünf Füchse fingen fünf feiste Feldmäuse.

Esel essen Nesseln nicht,
Nesseln essen Esel nicht.

Hinter Hermanns Hinterhaus hängen hundert Hemden heraus;
hundert Hemden hängen heraus hinter Hermanns Hinterhaus.

Borstenbürsten bürsten besser,
besser bürsten Borstenbürsten

Zwischen zwei Zäunen zappeln zehn Zicklein,
zehn Zicklein zappeln zwischen zwei Zäunen.

Hinter Hansens Hirtenhaus
hab ich hundert Hasen husten hören.

In Ulm, um Ulm und um Ulm herum.

Der Metzger wetzt das Metzgermesser.

Breitspurbahnschienen sind breiter als Schmalspurbahnschienen.

Große Krebse krabbeln im Korbe.
Im Korbe krabbeln große Krebse.

Hänschen hetzte hundert Hunde
hinter hundert Hasen her.

Wir Wiener Waschweiber wollten weiße Wollwäsche waschen,
wenn wir wüssten, wo warmes Wasser wär.

Wenn ich weiß, was du weißt,
und du weißt, was ich weiß,
dann weiß ich, was du weißt,
und du weißt, was ich weiß.

Flussfahrer,
die als Floßfahrer
auf Flussflößen auf Floßflüssen fahren,
sind fischende Floßflussflussfloßfahrer.
Wenn die fischenden Floßflussflussfloßfahrer
aus den Floßflüssen Fische fischen,
sind's nicht Floßfische,
auch nicht bloß Fische,
es sind Floßflussfische,
es sind Flossenfische:
es sind Floßflussflossenfische.

Siebzehn Schnitzer, die auf siebzehn Schnitzsitzen sitzen
und mit spitzen Schnitzern Ritzen in ihr Schnitzholz schlitzen,
wobei sie schwitzen,
sind siebzehn schwitzende, schnitzende, auf dem Schnitzsitz sitzende,
spitze Schnitzer benützende
Schnitzholzritzenschlitzer.

Unbekannte Verfasser

Förster Franz und die Füchse

Förster Franz wollte fünf Fahrrad fahrende flinke, flotte Füchse fangen,
aber die fünf Fahrrad fahrenden flinken, flotten Füchse
fuhren im Forst flink und flott auf und davon. Und klingelten zum Hohn.

Kurzer Krawall

Krummbeinige Krebse kriegten Krach mit den Kröten
und kabbelten gekränkt in den Krieg,
sie wollten die Kröten am Kragen kriegen,
doch die Kröten kraxelten aus dem Graben und riefen: Sieg!

Wenn Riesen niesen

Sieben Riesen, die mit bloßen Füßen über nasse Wiesen liefen,
niesten mit ihren Riesennasen so laut,
dass von diesem Riesenniesen sieben Wieselkinder,
die in tiefen Zimmern schliefen, aufwachten und –
"Gesundheit" – riefen.

Josef Guggenmos (*1922)

Textmerkmale

- Zusammenstellung bekannter und weniger bekannter Zungenbrecher.
- Als Volksgut mündlich überlieferte Sätze oder Verse, die man schnell sprechen soll, ohne sich zu versprechen (Schwierigkeit: gleich oder ähnlich klingende Laute und Lautverbindungen folgen einander in geringem Abstand, zwingen den Sprecher zur Artikulations-Akrobatik).
- Besonders schwer zu sprechen: Wechsel zwischen einfachem Konsonanten und Konsonatenverbindung (f - fr, sch - schn) oder zwischen lautähnlichen Konsonantenverbindungen (gr - kr, bl - br).
- Beliebt: Wiederholung eines Satzes mit veränderter Reihenfolge der Wörter.

Anregungen

- Zunächst leichter, dann schwerer zu sprechende Zungenbrecher langsam erlesen, dann immer schneller sprechen.
- Um die Wette schnell und richtig sprechen.
- Zuletzt Guggenmos' Zungenbrecher-Geschichten lesen und nacherzählen.

197 KARLS KATZ' UND KURTS KUH

KARLs KATZ' kratzt am Schrank Farb' ab.

ELKEs ESEL fressen den Enten stets gelbe Erbsen weg.

SIEGFRIEDS ZIERFISCH Lilli schwimmt im Bier, sie trinkt gierig.

ROLFS OCHS' tobt vorm Holztor.

KURTS KUH sucht Ruh' und ruft Ruths Huhn zu: Muh, muh!

PAULS MAUS saust raus aus Klaus' Haus.

HEINZ treibt sein SCHWEIN heim.

Heut' heult Roys EUL': Freut euch!

HÄNSLS BÄR fährt Rädl.

JÖRN, töt' zwölf FLÖH'!

MÜTLS MÜCK' küsst fünf Füß'.

Winfried Ulrich (*1941)

Textmerkmale

- Sätze mit Personennamen und Tierbezeichnung (mit gleichem Vokal bzw. Diphthong).

Anregungen

- Nur die Überschrift betrachten und untersuchen (gleicher Vokal und Anlaut).
- Satz für Satz erlesen und Besonderheit beschreiben.
- Eigene Satzbildung versuchen.

198 Pampelmusensalat

Bei der Picknickpause in Pappelhusen
aß Papa mit Paul zwei Pampelmusen.
Doch bei dem Pampelmusengebabbel
purzelt plötzlich der Paul von der Pappel
mit dem Popo in Papas Picknickplatte,
wo Papa die Pampelmusen hatte.

"O Paul", schrie Papa, "du bist ein Trampel!
Plumpst mitten in meine Musepampel -
ich wollte sagen: in die Mampelpuse -
nein: Pumpelmase - nein: Pampelmuse!"

Das gab vielleicht ein Hallo!
Die Pappeln, der Papa, der Paul und sein Po,
das Picknick, die Platte (um die war es schad') -
das war ein Pampelmusensalat!

Hans Adolf Halbey (*1922)

Textmerkmale

- Anhäufung von Wörtern mit anlautendem "p" im Text (Klangwirkung).
- Versprecher beim viersilbigen Wort "Pampelmuse" (mit Lautvertauschungen beim ersten und zweiten Bestandteil des aus dem Indischen stammenden Wortes).
- "Zerdrücktes" Wort, das inhaltlich gut zum zerdrückten Salat passt.

Anregungen

- Überschrift untersuchen ("Pampelmuse" = große Zitrusfrucht).
- Gedicht lesen und vorlesen.
- Klangeffekte (durch Anlaut und Wortverdrehung) untersuchen.

199 Vierzig persische Pfirsiche

Zum Verrücktwerden:

1 Vierzig persische Pfirsiche
2 Pferzig versische Pirsiche
3 Pirzig pfersische Viersiche
4 Persig vierziche Pfirsische
5 Versisch pfiersige Pirziche
6 Pfersisch pirziche Viersige
7 Viersisch pfersiche Pirzige
8 Pirsisch viersiche Pfersige
9 Persich pferzige Virsische
10 Verzig pfirsiche Piersische
11 Pfirsich vierzige Persische
12 Viersisch perziche Pfirsige
13 Pierzig pfirsische Versiche
14 Versisch piersiche Pfirzige
15 Pirzich versige Pfiersische
16 Pirsig pfiersiche Verzische
17 Verzisch pfirsige Piersiche
18 Pfiersisch versiche Pirzige
19 Pirsich pfersische Vierzige
20 Pfirzisch piersiche Persige
21 Pierzich pfersige Virsische
22 Pferzig pirsische Viersiche
23 Piersich pfirzische Versige
24 Versig pfirsiche Pierzische
25 Pierzisch virsiche Pfersige
26 Verzich pirsische Pfiersige
27 Viersig pferzische Pirsiche
28 Pferzisch virsige Persiche
29 Persisch pfirsige Vierziche
30 Virsich perzige Pfiersische
31 Pfirzich viersische Perzige
32 Perzisch pfierzige Virsiche
33 Pfersich verzige Pfirsische
34 Pferzisch viersiche Pirsige
35 Virsisch persiche Pfierzige
36 Pfersich piersische Virzige
37 Virzisch piersige Pfersiche
38 Virsig pfiersische Perziche
39 Viersisch pirsiche Pfersige
40 Pferzisch virsiche Piersige

Wolfdietrich Schnurre (*1920)

Textmerkmale

- Variationen eines "Zungenbrecher"-Ausdrucks, bestehend aus drei Wörtern mit lautähnlichen Silben ("vier" - "per" - "pfir"; "zig" - "sisch" - "sich").

Anregungen

- Bedeutung der Überschrift bestimmen (40 Früchte aus Persien).
- Einige Variationen zur Übung "anlesen".
- Wettlesen veranstalten: Wer erreicht ohne Versprecher die größte Zahl an Variationen?
- Zur Abwechslung vom Ende her lesen.

Es war einmal ein Mann

Es war einmal ein Mann,
der hatte drei Söhne.
Der eine hieß Schack,
der andre hieß Schackschawwerack,
der dritte hieß Schackschawwerackschackommini.

Nun war da auch eine Frau,
die hatte drei Töchter.
Die erste hieß Sipp,
die andre hieß Sippsiwwelipp,
die dritte hieß Sippsiwwelippsippelimmini.

Und Schack nahm die Sipp,
und Schackschawwerack nahm Sippsiwwelipp,
und Schackschawwerackschackommini
nahm Sippsiwwelippsippelimmini zur Frau.

Unbekannter Verfasser

Textmerkmale

- Lautmalerische Phantasienamen mit wachsender Länge.
- Leseschwierigkeiten: zunehmende Wortlänge, schwer auszumachende Silbengrenzen, Unterscheidung klangähnlicher Lautketten (z. B. "ommini" - "immini").

Anregungen

- Mit Vorlesen des ersten Satzes Märchenerwartung wecken.
- Überraschenden Textaufbau langsam erlesen.
- Versuchen, die Namen ohne Versprecher vorzulesen.
- Erörtern: Wie könnten die Kinder der Ehepaare heißen?

201 Zungenkrank

"Mutti, Mutti!"
"Ja, was ist denn, mein Junge?"
"Ich hab einen Fehler an meiner Zunge."
"Wie war das bitte, was sagtest du?"
"Meine Zange ist krunk, sie macht a zu u."
"Das ist wirklich seltsam, das war noch nie da!"
"Es kommt noch viel schlimmer, aus u macht sie a."
"Du sagst deine Zange und meinst deine Zunge?"
"Ju, ju, liebe Mumu, mir ist schon gunz bunge."
Jetzt sagtest du bunge, meinst du denn bange?"
"Nutürlich, dus liegt un der krunken Zange!"
"Na, das ist ja komisch, sag noch einmal was!"
"Upfel, Bunune, Sulut and Nass."
"Bei nass merkt man aber die Krankheit kaum."
"Uch Mumu, ich meine die Nass auf dem Baum,
nicht nuss wie der Schwumm and die Budewunne.
Ich meine nicht nuss wie die Kuffeekunne."
"Ach, nass ist nuss und Nuss ist Nass?
Ja, jetzt verstehe ich den Spaß."

Wilhelm Topsch

Textmerkmale

Vertauschung der Vokale "a" und "u" mit allmählich anwachsender Häufigkeit im Text.

- Komik der verfremdeten Wortgestalten.

Anregungen

- Erarbeitung, dass "Spielregel" im Text erst allmählich entwickelt wird (sonst müsste es sofort "Matti" heißen).
- Text mit verteilten Rollen lesen.
- Dialog fortsetzen (Mutter macht Spiel mit).
- Dialog mit Vertauschung anderer Laute schreiben.

202

Echo im Schwarzwald

„Hu!" „Ha!"
„Huhu!" „Haha!"
„Buch!" „Bach!"
„Fluch!" „Flach!"
„Wurm du!" „Warm da!"
„Sulzhuhn!" „Salzhahn!"
„Ungezogener Lumpenschuft!" „Angezogener Lampenschaft!"
„Du kannst nicht husten!" „Da kannst nicht hasten!"
„Hund „Hand
rund Rand
wund Wand
Bund!" Band!"
„Uhuuu!" „Ahaaa!"

Hans Manz (*1931)

Textmerkmale

- Minimalpaare (Wortpaare, die sich nur in einem Laut unterscheiden) mit den in Opposition stehenden Vokale n "u" und "a".
- Symmetrischer Textaufbau nach der Idee eines Echos, das Rufe leicht verändert zurückwirft.

Anregungen

- Über Echos sprechen.
- Mit verteilen Rollen Rufe und "Antworten" lesen.
- Die Lautopposition herausarbeiten, die jeweils (veränderten) Sinn ergibt.
- Andere Minimalpaare sammeln (Hose - Hase, Rose - rosa, lieben - loben ...).

203 Auf dem Faschingsball

Ich will was erzählen, hört einmal zu:
Das A, das E und auch 1, 0 und U,
die wollten einmal auf den Faschingsball gehn.
Wie sie sich das dachten? Ihr werdet's gleich sehn.

Ha! lachte das A - ich weiß schon, wie:
ich mache mich dünn, und dann geh' ich als I.
Haha, hihi!

Es tat einen Satz, und schon war es vom Sitz.
Es traf einen Spatz, und der wurde zum Spitz.
Es traf einen Star, und der wurde zum Stier.
Es lief in die Bar, und die Bar wurde Bier.
Und als es voll Bier war, das ist ja zum Lachen,
da machte das A die verrücktesten Sachen:
die Tante zur Tinte, die Fabel zur Fibel,
die Wachtel zum Wichtel, die Gabel zum Giebel,
die Schlange zur Schlinge, das Gras zum Grieß,
den Hammel zum Himmel, den Spaß zum Spieß.
So hat es das A, das als I ging, gemacht,
auf dem Fischingsbill, auf dem Fischingsbill,
auf dem Fischingsbill - heute nacht!

He! meckert das E - jetzt gib endlich Ruh'!
Denn jetzt komme ich dran; ich gehe als U.
Hehe,huhu!

Hi! piepst da das 1 - nun renn doch nicht so!
Ich rolle mich rund und geh' mit - als ein 0!
Hihi, hoho!
So? grollt da das 0. Wenn ich so was schon seh'!
Du gehst für mich? Dann geh' ich für das E!
Hoho, hehe!

Und damit springen sie fort auf den Ball -
und wohin sie auch springen, kommt alles zu Fall.

Der Wirt wird zum Wort, und das Wort wird zum Wert.
Der Hirt wird zum Hort, und der Hort wird zum Herd.
Das Tier wird zum Tor, und das Tor wird zum Teer.
Der Mist wird zum Most, und das Moor wird zum Meer.

Der Berg wird zur Burg, und der Held wird zur Huld.
Die Ehe zum Uhu - wer ist da bloß schuld?
Der Blick wird zum Block, und die Post wird zur Pest -

verschweigen wir lieber den Rost und den Rest!
Hu! gähnt nun das U - ist denn niemand mehr da?
Was bleibt mir schon übrig? Ich geh' halt als A.
Huhu, haha!

Es pfeift seinem Hund, und der Hund wird zur Hand.
Und nun geht es noch einmal rund bis zum Rand.
Die Pute wird Pate, der Stuhl wird zum Stahl,
die Bluse zur Blase, der Pfuhl wird zum Pfahl,
der Hummer zum Hammer, der Kummer zur Kammer,
die Lumpen zu Lampen, die Pumpen zu Pampen,
die Kuppen zu Kappen, die Puppen zu Pappen,
das Huhn wird zum Hahn, und der Fuß wird zum Faß -
doch wir machen lieber jetzt endgültig - SCHLASS!

Rudolf Neumann (*1926)

Textmerkmale

- Spiel mit phonologischen Minimalpaaren (Wörter, die mit Ausnahme eines einzigen Lautes gleich klingen).
- Nicht immer auch minimaler Unterschied in der Schreibweise des Wortpaares ("Gras" - "Gries").
- Auch mehrfacher Vokalaustausch im Wort ("Ehe" - "Uhu") sowie Unsinnswörter ("Schlass", "Faschingsbill).

Anregungen

- Text mit Betonung der Minimalpaare vorlesen.
- Minimalpaare aus Text herausschreiben und ergänzen.

204 **Abzählreime**

Ene mene minke tinke
wade rade rollke tollke,
wiggel waggel weg.

Entje dentje ditje datje,
zibberte bibberte bontje knatje,
zibberte bibberte bu,
ab bist du!

Auf einem Gummi-Gummi-Berg,
da wohnt ein Gummi-Gummi-Zwerg,
der Gummi-Gummi-Zwerg hat eine Gummi-Gummi-Frau,
die Gummi-Gummi-Frau hat ein Gummi-Gummi-Kind,
das Gummi-Gummi-Kind hat ein Gummi-Gummi-Kleid,
das Gummi-Gummi-Kleid hat ein Gummi-Gummi-Loch,
und du bist es doch!

Eine kleine Dickmadam
fuhr einst mit der Eisenbahn.
Eisenbahn, die krachte,
Dickmadam, die lachte.
Eins - zwei - drei -
und du bist frei!

Geht ein Männlein über die Brück',
hat ein Säcklein auf dem Rück',
schlägt es an den Pfosten.
Pfosten kracht,
Männlein lacht:
tipp - tipp - tapp -
du bist ab!

Unbekannte Verfasser

Textmerkmale

- Zusammenstellung bekannter und weniger bekannter Abzählverse, die von spielenden Kindern zum Auswählen von Personen verwendet werden.
- Kennzeichen: Endreim, der in der Schlusszeile zum "Abschlagen" ("Freisprechen") führt.
- Häufig zusätzliche sprachliche Merkmale, die das Auswendigsprechen erleichtern: Wiederholungen ("Gummi-Gummi-Berg"), lustige Unsinnssätze.

Anregungen

- Nach bekannten Abzählversen fragen ("Ene mene muh, raus bis du ...").
- Texte erlesen, bewerten (Was gefällt besonders gut?), auswendig lernen und aufsagen.

205 Zauberspruch

Er hilft, wenn man etwas verloren hat.
Man muss nur nicht aufhören,
ihn immerzu aufzusagen.
Sage also den Zauberspruch immer wieder von vorne,
bis du die Sache gefunden hast!

O mise mause maas,
was ich zuvor besaß,
o malla mirra mooren,
das habe ich verloren.
O maxi murxi muchen,
da fing ich an zu suchen.
Omelle mulle mall,
ich suche überall.
O muckte mickte meckt -
ein Kobold hat's versteckt.
O mura maure mer.
Ich sprach:"Gib's wieder her"!
O monne minne menn,
er fragt: "Was willst du denn?"
O mohme mahme miem,
da sagte ich zu ihm:
"O mise mause maas.
Was ich zuvor besaß.
O malla mirra mooren,
das habe ich verloren - - -"

Michael Ende (*1929)

Textmerkmale

- "Kreisgedicht" ohne Ende.
- Geheimnisvoll wie eine Zauberformel klingende Dreiergruppe von Kunstwörtern, leicht variiert in jeder zweiten Zeile wiederholt.
- Drittes Kunstwort jeweils Reimwort.

Anregungen

- Über Zaubersprüche reden (Beschwörung eines gewünschten Ereignisses durch klangvolle sprachliche Formeln, Handlungen und Gebärden).
- Text als "Such- und Finde-Zauber" interpretieren.
- (Vergeblich!) versuchen, sich den Spruch zu merken und ihn auswendig aufzusagen.

Bibbele - babbele

O-bibbele-babbele-bobbele-buh
Dort auf der Wiese steht 'ne Kuh.

O-hibbele-habbele-hobbele-halb
Und bei der Kuh steht noch ein Kalb.

O-mibbele-mabbele-mobbele-mauer
Da auf der Straße kommt der Bauer.

O-bibbele-babbele-bobbele-baus
Der Bauer geht gewiss nach Haus.

O-hibbele-habbele-hobbele-hür
Das Haus hat eine große Tür.

O-mibbele-mabbele-mobbele-muhl
Im Zimmer stehen Tisch und Stuhl.

O-bibbele-babbele-bobbele-butter
Und auf dem Stuhl sitzt eine Mutter.

O-hibbele-habbele-hobbele-hot
Die Mutter streicht ein Butterbrot.

O-mibbele-mabbele-mobbele-monig
Und auf die Butter kommt noch Honig.

O-bibbele-babbele-bobbele-bade
Und auf den Honig Marmelade.

O-hibbele-habbele-hobbele-hurst
Und noch darüber kommt die Wurst.

O-mibbele-mabbele-mobbele-mäse
Und auf die Wurst kommt noch der Käse.

O-bibbele-babbele-bobbele-bisch
Da fiel das schöne Brot vom Tisch.

O-hibbele-habbele-hobbele-hatz
Das schöne Brot, das fraß die Katz.

O-mibbele-mabbele-mobbele-maus
Und da war die Geschichte aus.

Heinrich Hannover (*1925)

Textmerkmale

- Wiederholung einer Kunstwort-Verszeile mit leichter Variation der Lautgestalt.
- Letzter Bestandteil des Kunstwortes als Reimwort für zweizeilige Strophen.
- Minimaler Handlungsaufbau.

Anregungen

- Text als klanggestaltendes Unsinnsgedicht lesen.
- Zusätzliche Strophen formulieren.

207 Sieben kecke Schnirkelschnecken

Sieben kecke Schnirkelschnecken
saßen einst auf einem Stecken,
machten dort auf ihrem Sitze
kecke Schnirkelschneckenwitze.
Lachten alle so:
"Ho, ho, ho, ho, ho!"

Doch vor lauter Ho-ho-Lachen,
Schnirkelschneckenwitze-Machen,
fielen sie von ihrem Stecken:
alte sieben Schnirkelschnecken,
Liegen alle da.
Ha, ha, ha, ha, ha!

Josef Guggenmos (*1922)

Textmerkmale

- Klanggestaltendes Unsinnsgedicht.
- Klangspiel mit Vokalen (Wechsel "i" und "e") und Paarreimen (bei Integration der Vokale "o" und "a" in den Schlusszeilen der Strophen).

Anregungen

- Über "Schnirkelschnecken" und ihren klangvollen Namen sprechen ("Schirkel" = veraltete Nebenform zu "Schnörkel", also: Schnecke mit spiralig gewundener Schale).
- Gedicht lesen und rhythmisch klanggestaltend sprechen.
- Über das unterschiedliche Lachen Sprechen (Übermut - Schadenfreude).

208 Das Schluckauf-Gedicht

Haka haka hickhuckhuck,
Hab mal wieder Schlickschluckschluck;
Das kommt immer rickruckruck
Oder aber zickzuckzuck.
Wenn ich dabei nicknucknuck,
Haka haka hickhuckhuck,
Macht es immer ticktucktuck
Hinten im Genicknucknuck.
Und im Halse dickduckduck
Sitzt bei jedem Schlickschluckschluck
Ekelhaft ein Drickdruckdruck,
Der geht nicht zurickruckruck.
Haka haka hickhuckhuck,
Was ist das für'n Tricktrucktruck
Aus dem Magen mickmuckmuck?
Trübe wird mein Blickbluckbluck.
Ich hab halt kein Glickgluckgluck,
Haka haka hickhuckhuck.
Dieses blöde Schlickschluckschluck
Immer mit dem Zickzuckzuck
Hinten im Genicknucknuck
Macht mich noch verrickruckruck.
Wenn ich es verdrickdruckdruck,
Geht es doch nicht wegwuckwuck.
Das ist gar nicht schickschuckschuck.
Langsam hab ich's dickduckduck,
Haka haka hickhuckhuck.
Jetzt ist es genug.
Hick.

Eva Rechlin (*1928)

Textmerkmale

- Schluckauf-Geräusche (ruckartiges Glucksen) als rhythmische Grundlage eines Gedichts.
- Vokalischer Dreiklang "i - u - u" und Endreim "uck" in jeder Zeile (Ausnahme: Schluss).
- Integration von Wörtern in den Dreiklang durch leichte Veränderungen ("Glück - Glick").

Anregungen

- Text als einen bekannten Vorgang abbildendes Lautgedicht lesen und klanglich gestalten.
- Von eigenen Schluckauf-Erlebnissen erzählen (Was tut man alles, um ein Ende herbeizuführen?).

209 DIE NADEL SAGT ZUM LUFTBALLON:

"Du bist rund,
ich bin spitz.
Jetzt machen wir beide
einen Witz.

Ich weiß ein lustiges
Schnettereteng:
Ich mache piek,
und du machst peng!"

Josef Guggenmos (*1922)

Textmerkmale

- Aufeinandertreffen von "rund" und "spitz" in Gestalt von Luftballon und Nadel.
- Stechen und Platzen als lustige "Zusammenarbeit" ausgegeben (Ende des Ballons).
- Geräuschwörter ("Schnettereteng" - "peng").

Anregungen

- Text ohne Überschrift lesen, diese erraten lassen.
- Erörtern: Was könnte der Luftballon der Nadel antworten?

210 Rätsel

Es gibt einen Vogel,
dem es immer und überall
viel zu heiß ist.

Und es gibt einen anderen Vogel,
der immer friert und jammert,
dass es viel zu kalt sei.

Kennst du diese Vögel?

Der erste ist das Möwchen,
denn es hat an seinem Ende ein Öfchen
Der zweite ist der Zeisig,
denn dem ist hinten immer eisig.

Winfried Ulrich (*1941)

Textmerkmale

- Spiel mit der Gestaltähnlichkeit der Wortpaare "Möwchen" - "Öfchen", "Zeisig" - "eisig".

Anregungen

- Zuerst nur das Rätsel vorgeben (ohne letzte Strophe) und raten lassen, Lösung verraten.
- Unterschied der analogen Aussprache bei unterschiedlicher Schreibweise herausarbeiten.

211 Schüttelreime

In der ganzen Hunderunde
sah man nichts als runde Hunde.

Ich fuhr auf einem Leiterwagen,
wo Steine und so weiter lagen.

Menschen mögen Möwen leiden,
während sie die Löwen meiden.

Ins Teppichhaus die Käufer laufen,
sie alle wollen Läufer kaufen.

Es klapperten die Klapperschlangen,
bis ihre Klappern schlapper klangen.

"Was macht ihr mit der Fackel dort?"
"Wir treiben hier den Dackel fort."

Warum trinken Warzenschweine
immer nur vom schwarzen Weine?
Weil sie, wenn sie weißen hätten,
würden anders heißen, wetten?

Unbekannte Verfasser

212 Robben-Spiele

Auf den hohen Felsenklippen
Wohnen sieben Robbensippen,
Die sich in die Rippen stippen,
Bis sie von den Klippen kippen.

Hans Georg Lenzen (*1921)

Textmerkmale

- Schüttelreime als "geschüttelte" Reimwörter: Vertauschung der Anfangskonsonanten von sich reimenden Wörtern/Silben, wobei sich ein überraschender neuer Sinn ergibt.
- Komik durch mehr oder minder sinnvolle Bedeutungsbeziehungen, zumeist humorvoll.

Anregungen

- Lesen und den Widerspruch von streng gebundener sprachlicher Form und nichtssagendem Inhalt entdecken.

213 Das Zuselwusellied

Zusel wusel
lusel musel
schlutzenbusel
schludriani
timperani
kakerea
omenea
schludriwupp und
wuselzupp

Ringel rangel
zingel zangel
zutzelwangel
zomowomo
lomosomo
wiklafuri
miriuri
wudrischlupp und
zuselwupp

Käthe Recheis (*1928)

Textmerkmale

- Reines Klangspiel mit Sprachlauten.
- Vereinzelt Anklang an Wörter ("Schludrian" an "schludern" und "Schlendrian") und Ausdrücke der Kindersprache ("Ringel rangel", "wupp").
- Reimpaare.

Anregungen

- Text lesen und klangliche Gestaltungen erproben.
- Untersuchen, welche Ausdrücke an bekannte Wörter und Tätigkeiten erinnern.
- Dem "Lied" Melodien zuordnen und singen.

KARAWANE

jolifanto bambla ô falli bambla
grossiga m'pfa habla horem
égiga goramen
higo bloiko russula huju
hollaka hollala
anlogo bung
blago bung
blago bung
bosso fataka
ü üü ü
schampa wulla wussa ólobo
hej tatta gôrem
eschige zunbada
wulubu ssubudu uluw ssubudu
tumba ba- umf
kusagauma
ba - umf

Hugo Ball (1886 - 1927)

Textmerkmale

- Dadaistische Klanggestaltung eines Karawanenzugs mit sehr verschiedenen Lauten und Geräuschen sowie verschiedenen Schriftarten und Schriftformen.

Anregungen

- Unterschiedliche Vorschläge für klanggestaltendes Lesen erproben.
- Vermutungen äußern, welche Geräusche/Laute gemeint sein könnten.
- Textgestalt durch Wahl anderer Schrifttypen und Schriftgrößen variieren.

215

in der stadt

mopeds
knattattattattattattattattERN

autos
rollollollollollollollollEN

krankenwagen
heuleuleuleuleuleuleuleulEN

busse
poltoltoltoltoltoltoltoltERN

straßenbahnen
rumpumpumpumpumpumpumpumpELN

züge
rattattattattattattattattERN

flugzeuge
dröhnöhnöhnöhnöhnöhnöhnöhnEN

216

auf dem land

rinininininininDER
brüllüllüllüllüllüllüllüllEN

schweineineineineineineineinE
grununununununununZEN

hununununununununDE
bellellellellellellellellEN

katatatatatatatatZEN
miauiauiauiauiauiauiauiauEN

katatatatatatatatER
schnurrurrurrurrurrurrurrurrEN

gänänänänänänänänSE
schnattattattattattattattattERN

ziegiegiegiegiegiegiegiegEN
meckeckeckeckeckeckeckeckERN

bienienienienienienienienEN
summummummummummummummummEN

grillillillillillillillillEN
ziririririririrPEN

fröschöschöschöschöschöschöschöschE
quakakakakakakakakEN

hummummummummummummummummELN
brummummummummummummummummEN

vögögögögögögögögEL
zwitschitschitschitschitschitschitschitschERN

217

zu hause

fensterscheiben
klirrirrirrirrirrirrirrirrEN

nähmaschinen
surrurrurrurrurrurrurrurrEN

glocken
läutäutäutäutäutäutäutäutEN

telephone
klingingingingingingingingELN

uhren
tickickickickickickickickEN

türen
knarrarrarrarrarrarrarrarrEN

schritte
schlurururururururFEN

kochtöpfe
kleppeppeppeppeppeppeppeppERN

radios
plärrärrärrärrärrärrärrärrEN

schreibmaschinen
klappappappappappappappappERN

wecker
rassassassassassassassassELN

rasenmäher
bullullullullullullullullERN

Ernst Jandl (1925-2000)

Textmerkmale (der Texte 215 bis 217)

- Lautgedichte nach Art konkreter Poesie: Aussprache und Schreibweise der Wörter geben Hinweise auf ihre Bedeutung.
- Geräuschverben als Bezeichnungen für das, was man üblicherweise in der Stadt, auf dem Land, zu Hause hören kann.

Anregungen

- In Gruppenarbeit jeweils einen Text durch klanggestaltenden Vortrag erarbeiten.
- Gegenseitige Präsentation der Ergebnisse.
- Analogietext schreiben (Im Zoo, in der Werkstatt ...).

218 Regen

blop
plöp plöp
plöp plöp plöp
plip plip
blübb
plöp plöp plöp
plip plip
blübb
plopplopplopplopplopplopplop
plip plip plip plip
blübb
patsch
platsch
blubb!

Unbekannter Verfasser

Textmerkmale

- Geräuschgedicht zu fallenden Regentropfen (langsam, schneller, heller Ton, dunkler Ton, kleiner Tropfen, dicker Tropfen, harter oder weicher Grund ...).
- Textgestalt im Umriss eines aufprallenden und nach den Seiten wegspritzenden Regentropfens.

Anregungen

- Text akustisch erarbeiten: Begründung für verschiedene Geräusche.
- Text optisch erarbeiten: Warum dieses Layout?

219 Das Feuer

Hörst du, wie die Flammen flüstern,
Knicken, knacken, krachen, knistern,
Wie das Feuer rauscht und saust,
Brodelt, brutzelt, brennt und braust?

Siehst du, wie die Flammen lecken,
Züngeln und die Zunge blecken,
Wie das Feuer tanzt und zuckt,
Trockne Hölzer schlingt und schluckt?

Riechst du, wie die Flammen rauchen,
Brenzlig, brutzlig, brandig schmauchen,
Wie das Feuer rot und schwarz,
Duftet, schmeckt nach Pech und Harz?

Fühlst du, wie die Flammen schwärmen,
Glut aushauchen, wohlig wärmen,
Wie das Feuer, flackrig-wild,
Dich in warme Wellen hüllt?

Hörst du, wie es leiser knackt?
Siehst du, wie es matter flakt?
Riechst du, wie der Rauch verzieht?
Fühlst du, wie die Wärme flieht?

Kleiner wird der Feuersbraus:
Ein letztes Knistern, ein feines Flüstern,
Ein schwaches Züngeln, ein dünnes Ringeln -
Aus.

James Krüss (*1926)

Textmerkmale

- Lautmalerei des aufflammenden und schließlich erlöschenden Feuers.
- Verwendung aneinandergereihter lautmalerischer Verben.

Anregungen

- Strophe für Strophe erlesen und prüfen, in welchem Zustand sich das Feuer gerade befindet.
- Die geräuschimitierenden Lautgruppen heraushören.

220 Zweierlei Musik

Drei trappelnde Rappen
mit klappernden Hufen
polterten über die dröh-
nende bretterne Brücke
mit donnerndem Krach.

Dann hörte man wieder
den rieselnden, raunen-
den, glicksenden,
glucksenden, silberhell
plaudernden Bach.

Josef Guggenmos (*1922)

Textmerkmale

- Lautmalerei als Übertragung äußerer Geräusche auf das sprachliche Lautsystem.
- Bevorzugung "hart" klingender Wörter (p und k) und dunkler Vokale (a, u, o) im ersten Teil des Textes.
- "Weich" klingende Wörter (b, d, g sowie n, m, e, r) und helle Vokale (i, e) im zweiten Teil des Textes.

Anregungen

- Text zunächst ohne Überschrift klanggestaltend vorlesen lassen.
- Zweigliedrigkeit des Textes entdecken und beschreiben.
- Überzeugende Beispiele für Klangmalerei in der Alltagssprache suchen ("quaken", "zischen" ...).

IX Spiele mit Buchstaben

221 Verwandlung

Paul Maar (*1937)

Textmerkmale

- Umwandlung eines Q in ein O und eines l in ein t durch "Übergabe" eines kleinen "Striches".

Anregungen

- Nur Sprechblasen als Dialogtext vorgeben und raten, was gemeint ist (als Hilfen Q, O, t, l anzeichnen).
- Cartoon "lesen" und analysieren.
- Buchstabengeschichten schreiben: L und F tun sich zu E zusammen.

222 Darüber wundert sich das V

Obwohl ich immer als V vor dir steh',
bin ich manchmal ein "F" und manchmal ein "W".
Im Klavier und im Jagdrevier
wird ein "W" aus mir.
Du siehst mich als V, doch wie sagst du dann?
Willa, Wase und Pawian.
Nur aus dem Vollmond, das wäre zum Lachen,
dürftest du keinen Wollmond machen,
aus dem Veilchen kein Weilchen,
aus dem Vetter kein Wetter.
Ich bin manchmal ein "F" und manchmal ein "W",
obwohl ich immer als V vor dir steh'!

Vera Ferra-Mikura (*1923)

Textmerkmale

- Verwischung der Unterschiede zwischen Buchstabenbezeichnung (im Alphabet) und Lautwert eines Buchstabens (im geschriebenen Wort).
- Buchstabe V mit zwei Lautwerten, einmal mit demselben wie der Buchstabe F, ein andernmal mit dem des Buchstaben W.

Anregungen

- Tafelanschrieb lesen lassen: "Magst du ein Vivil?" Beraten, wie der Name der Pfefferminz-Pastille ausgesprochen wird: "Wifil", "Fivil", "Fifil", "Wiwil"?
- Text lesen und "Vogel-V" vom "Vasen-V" unterscheiden.
- Wortgruppen mit beiden Vs zusammenstellen.

223 Aber was?

Das **A** und das **U**
stießen heftig zusammen
(wahrscheinlich war es glitschig und nass),
Jedenfalls tat der Zusammenprall weh,
drum schrien sie.
Aber was? Aber was?

Hans Manz (*1931)

Textmerkmale

- Zusammenziehung der Buchstaben A und U zum AU, das für den Diphthong steht.
- Rätseltext: Diphthong als Schmerzensruf "Au!"

Anregungen

- Rätsel des Textes (Schlussfrage) lösen: "Au!"
- Weitere Expressivlaute sammeln und klären, wofür sie stehen: O (Erstaunen), A (Bewunderung), I (Abscheu).

224

traf
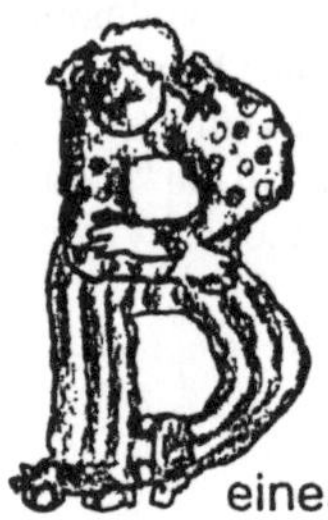
eines
schönen Morgens auf
der Landstraße.
„Laß uns uns",
schlug b vor,
„zusammentun!"
Das taten sie, und
zogen
ab.

*Rudolf Spengler (*1944)*

Textmerkmale

- Verbindung der Buchstaben A und B zur Partikel "ab".
- Einbau von "ab" als vorangestelltem Wortbaustein in das Verb "abziehen" und dann in einen kurzen erzählenden Text.

Anregungen

- Buchstaben und geschriebenen Wortbaustein unterscheiden.
- Analogen Text schreiben (... machten die Tür <u>zu</u> ... kamen vereint am Ziel <u>an</u> ...).

225 ***0 0 0***

0
***0* s**
***0* ns**
***0* sen**
***0* ter**
***0* gelb**
***0* nfach**
***0* dotter**
***0* nstecken**
***0* ngebildet**
***0* nreißen**
***0* skunstläufer**
***0* nkaufswagenrad**
***0* nladungskarte**
***0* npacken**
***0* fersüchtig**
***0* natmen**
***0* sbär**
***0* lzug**
***0* sglatt**
***0* frig**
***0* tel**
***0* che**
***0* mer**
***0* d**
0

Winfried Ulrich (*1941)

Textmerkmale

- Kursiv geschriebene „Null“ nicht wie üblich als Ziffer oder Buchstabe „o“, sondern nach der Formähnlichkeit mit einem Vogelei als Vertreter des Diphthongs "ei".
- Nomen (großgeschrieben), Verben und Adjektive (klein geschrieben) mit dem Diphthong/Ei-Symbol im Wortanlaut/am Wortanfang.
- Wörterreihe, nach Wortlänge geordnet.

Anregungen

- Text erlesen (versuchsweise wohl als "Oh oh oh"), dann irgendwann (nach Entdeckung) als "Eis", "eins" usw.
- Analoge Wörterreihen mit "ei" im Auslaut ("Schr 0"), im Inlaut ("kl 0 n") oder an beiden Stellen ("Schw 0 ner 0") aufstellen.

226 Die Maschinen

«Hier, Herr Direktor», sagte der Sekretär und reichte ihm die Bibel.
«Wo schiebt man das Buch hinein?» fragte der Direktor.
«Hier, Herr Kängoruh», sagte Professor Monogrohm
und zeigte auf den riesigen Trichter oben auf der Maschine.
«Hier?» fragte der Direktor entgeistert. «Wieso ist die Öffnung so riesig?
Für ein Buch hätte auch ein kleiner Schlitz gereicht.»
«Sie wollen ja bestimmt nicht nur Bücher hineinschieben»,
sagte Professor Monogrohm erstaunt.
«Was denn sonst noch?»
«Sicher meint er Zeitungen und Illustrierte», flüsterte der Sekretär.
«Ach so», sagte der Direktor, schaltete die Maschine ein,
stieg auf einen Stuhl und warf die Bibel oben in den Trichter.
Die Maschine summte, es klickte,
und dann fielen auf der Unterseite klappernd fünf große Buchstaben in eine Auffangwanne:
erst ein L, dann ein E, ein B, ein I und nach einer kleinen Pause noch einmal ein B.
Daraufhin leuchtete ein rotes Lichtchen auf,
der Professor schaltete die Maschine ab und sagte stolz: «Fertig! Es hat geklappt!»
«Was heißt hier fertig?»
«Überhaupt nichts hat geklappt, es hat nur geklappert», rief der Direktor empört.
«Ich habe kein Wort gehört. Nur Klappern! Was sollen überhaupt die Buchstaben da unten?»
«Ja ... aber ... aber die Maschine hat doch ganz richtig buchstabiert»,
rief der Professor fassungslos.
«Sie hat doch <Bibel> ganz ordentlich in fünf Buchstaben zerlegt: B, I, B, E, L!
Ich weiß gar nicht, was Sie wollen. Da, schauen Sie her!»
Er ergriff den Stuhl, auf dem der Direktor eben noch gestanden hatte,
ließ ihn oben in den Trichter gleiten und schaltete die Maschine ein.
Es summte und klickte, dann fielen ein L, ein H, ein U, ein T und ein S
unten in die Auffangwanne, das rote Lichtchen leuchtete auf,
und Professor Monogrohm sagte strahlend: «Na also! »

«Überhaupt kein <Na also>!» schrie der Direktor.
«Jetzt sind schon der Stuhl und das Buch verschwunden!»
«Dabei gehört das Buch der Leihbücherei und muss diese Woche zurückgebracht werden»,
fügte der Sekretär vorwurfsvoll hinzu.
«Was soll ich denn mit dieser albernen Maschine, die alles zu Buchstaben macht?»
fragte der Direktor.
«Das weiß ich doch nicht», sagte Professor Monogrohm beleidigt.
«Sie haben doch die Buchstabiermaschine bestellt!»
«Aber nicht so eine!» rief der Direktor. «Eine, die lesen soll!»
«Dann hätten Sie eine Lesemaschine bestellen müssen, keine Buchstabiermaschine»,
meinte Professor Monogrohm ungerührt.
«Was soll ich damit nur machen?
Die läßt ja nur Sachen verschwinden», stöhnte der Direktor.
«Die ist ja zu nichts nütze! Keinen Pfennig kann ich damit verdienen!»
«Verzeihung, Herr Direktor», meldete sich der Sekretär zu Wort.
«Ich habe eine Idee. Man muß nur Sachen finden, die man gern zum Verschwinden brächte.
Dann ist die Maschine doch nützlich.»
«Die gibt's nicht», sagte der Professor. «Und wenn es sie gibt, dann ist es verboten.»
«Und was ist mit dem Müll?» sagte der Sekretär eifrig.
«Keiner weiß, wohin mit dein Müll. Die Müllplätze wachsen immer mehr.
Schüttet man ihn aber in unsere Maschine ... »
«... dann kommt M, Ü, L, L heraus, und die paar Buchstaben kann man leicht stapeln»,
fuhr Professor Monogrohm begeistert fort.
«Hm. An der Idee ist was dran», sagte Direktor Kängoruh.
«Auf Wiedersehen, Herr Professor! »
Und zum Sekretär sagte er:
«Melden Sie bitte gleich ein Gespräch mit der Städtischen Müllabfuhr an.
Ich habe das Gefühl, dass wir mit der ins Geschäft kommen!»

Sechs Wochen nach dem denkwürdigen ersten Lauf der Buchstabiermaschine
klingelte es abends um acht stürmisch an der Haustür der Monogrohms.
Professor Monogrohm öffnete.
Draußen stand Herr Kängoruh. Er wirkte sehr aufgeregt.
«Sie sollten sich endlich mal ein Telefon anschaffen!» rief er,
während er in die Wohnung stürmte.
«Man kann Sie ja überhaupt nicht erreichen! So ein Unfug!»
«Sind Sie gekommen, um mir das zu sagen?» fragte Professor Monogrohm.
«Ein Telefon stört mich beim Nachdenken.»
«Es ist etwas Entsetzliches geschehen», rief Direktor Kängoruh. «Sehen Sie her!»
Er öffnete seine Schweinsleder-Aktentasche und holte einige Buchstaben heraus:
ein H, zwei E, ein F, ein L und ein G.
«Da war doch noch einer», murmelte er dann,
kramte in der Tasche und legte noch ein 1 dazu.
«Hier, sehen Sie selbst!» sagte er düster und zeigte auf die Buchstaben.
Professor Monogrohm legte sie auf die Tischdecke und versuchte,
ein sinnvolles Wort daraus zu bilden.
Erst legte er HEFELIG, schüttelte dann den Kopf und legte die Buchstaben um.
Jetzt stand FEILHEG da.
Er versuchte es noch mit FEGHEIL,

als ihm der Direktor ärgerlich die Buchstaben aus der Hand nahm
und GEHILFE auf den Tisch legte.
«Gehilfe!» sagte Professor Monogrohm erbleichend. «Wie ist denn das passiert?»
«Sie müssen wissen, ich bin groß ins Müllgeschäft eingestiegen»,
erzählte Direktor Kängoruh.
«Die Stadt zahlt mir, was sie früher für die Müllabfuhr ausgeben musste.
Und das ist nicht wenig, nebenbei bemerkt. Dafür beseitige ich den gesamten Müll.
Geruchlos und umweltfreundlich! Ich habe einen Gehilfen eingestellt,
der den ganzen Müll, der eingeliefert wird, einfach in die Buchstabiermaschine schüttet.
Die vier Buchstaben, die dabei herauskommen, lagern wir in unserem Hinterhof.
Heute hatte sich der Müll im Trichter etwas verklemmt. Es ging nicht weiter.
Deswegen hat der Gehilfe leichtsinnigerweise versucht,
den Müll in den Trichter hineinzustampfen. Das ist ihm gelungen.
Aber der Unglückliche ist dabei selbst in den Trichter gerutscht.
Sie sehen ja selbst, was von ihm übriggeblieben ist.»
«Schlimm, schlimm», sagte Professor Monogrohm. «Ich muß unbedingt etwas unternehmen.»
Er dachte einen Augenblick nach.
«Ja, das ist's!» meinte er dann. «Ich baue eine Entbuchstabiermaschine!»
«Eine was?» fragte Direktor Kängoruh hoffnungsvoll.
«Eine Entbuchstabiermaschine! Sie arbeitet genau umgekehrt:
Oben schüttet man die Buchstaben hinein, unten kommen die Gegenstände heraus.
Ich gehe sofort an die Arbeit.»
«Tun Sie das!» sagte der Direktor erleichtert. «Ich lasse Ihnen gleich den Gehilfen da.
Wie lange wird es wohl dauern, bis er entbuchstabiert ist?»
«Ich schätze, drei Wochen», antwortete Professor Monogrohm.
«Ich gehe gleich an die Arbeit. Gute Nacht!»
«Gute Nacht», sagte Direktor Kängoruh
und betrachtete nachdenklich die Buchstaben. «Ich frage mich nur ... »
«... ob er wieder zurückverwandelt wird?» beendete Professor Monogrohm
den angefangenen Satz. «Das glaube ich ganz bestimmt!» fügte er tröstend hinzu.
«Nein, das nicht. Ich frage mich, ob ich den Gehilfen auch während der drei Wochen bezahlen muss, die er bei Ihnen faul auf dem Tisch herumliegt!»

Paul Maar (*1937)

Textmerkmale

- Zerlegung eines Wortes in seine Buchstaben, durchgeführt von einer Maschine.
- Genauer: nicht ein Wort, sondern die mit dem Wort bezeichnete Erscheinung der Erfahrungswelt wird in die Buchstaben verwandelt.
- Fiktion einer weiteren Erfindung, die Buchstaben in die Erscheinung verwandelt.

Anregungen

- Ersten Teil des Textes lesen und erspielen: Was habe ich wohl in den Trichter gesteckt, wenn die Buchstaben S, C, H, R, E, E unten herausfallen? (Schere)
- Zweiten Teil lesen und erörtern, wie die Maschine die richtige Reihenfolge der Buchstaben herausfinden kann: G, A, R, S. Ergibt das "Gras" oder "Sarg"?
- Buchstabierspiele spielen (auch Kreuzworträtsel, Scrabble ...).

227

Der kleine Maler

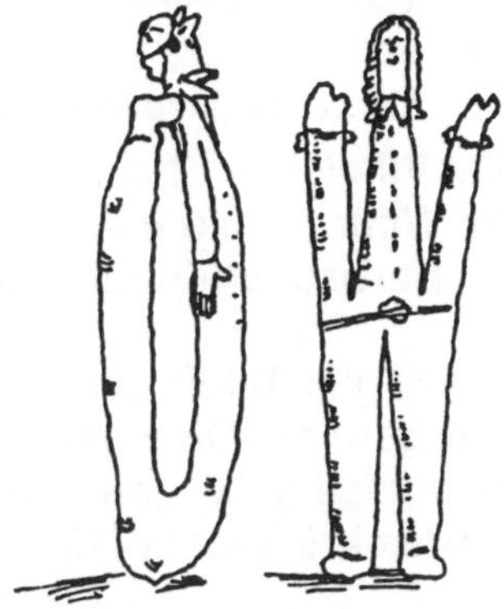

Gestern früh mit 1 beim T
hatte UW 'ne ID.
Als der Wind durch ST wehte,
lief 'ne Q quer durch die BT.
UW reckt sich auf die C,
ruft AH, OH, OW!
Malt behende auf 'nen ZL
ST, Q und andren Bettel,
m8 auch WG, rote RD,
und am ND noch 2 Pferde.

Unbekannter Verfasser

Textmerkmale

- "Lesen" von Buchstaben mit dem Lautwert ihrer Namen und von Zahlen mit Lautwert.
- Wortcharakter der Lautwerte durch Einbettung in einen Text.

Anregungen

- Ausdrücke erklären: "mit eins" = auf einmal; "Bettel" = Kram.
- Text erlesen und in Standardsprache übertragen.
- Analogen Text schreiben.

228 Was heißt denn das?

1 Dorn im C verurs8 W,
die Vlheit ist 1 Laster.
Im Winter trinkt man gRne T,
im Herbste blüht die AstR.

Die Q gibt Milch. Die Lstern gehen
gar gern auf Dieberei.
Wer leise geht, geht auf den 10,
1 Glas kr8 leicht ent2.

Bläst man auf der TromPT Bass,
so wackeln alle Wände,
zum Rnst wird oft 1 kleiner Spaß
und alles hat 1 ND.

Fritz Schmidt

Textmerkmale

- Zahlzeichen und Buchstaben auf ihren Lautwert reduziert und als Wörter oder Wortteile gelesen.
- "1" nicht als Zahl "eins", sondern als unbestimmter Artikel "ein" interpretiert.

Anregungen

- Erste Zeile des Gedichts anschreiben und "erlesen" (Hilfe: 1 gelegentlich für Zahlwort "ein/eine" verwendet, das dem Artikel ähnlich sieht, z. B. auf Einkaufszetteln: 6 Brötchen, 12 Eier, 1 Brot ...).
- Text ganz vorlesen.
- Eigene Schreibversuche vornehmen: "G weg!" - "R trinkt T."

Kleiner Streit

"Ich bin 2fellos größer als du",
sprach zum Einer der Zweier.

"3ster Kerl, prahle nicht so!"
knurrte der größere Dreier.

"Und ich!" rief der Einer, "bin zwar der Kl1te,

aber dafür bestimmt auch der F1te."

"Nein, mir gibt man sogar noch den Sch0er",
piepste der Nuller.

Hans Manz (*1931)

Textmerkmale

- Ziffern (Zahlzeichen) 0 bis 3 als Ersatz für die Buchstaben, die ihrem Lautwert entsprechen.
- Einbettung der Lautwerte/Buchstaben in Wörter.
- Erfindung sich streitender "Ziffernwesen": Nuller, Einer, Zweier, Dreier.

Anregungen

- Vorgespräch führen: Was meint man mit "größerer" und "kleinerer" Zahl?
- Text lesen und lautgestaltend vortragen: "knurren", "piepsen" ...
- Sätze mit anderen Ziffern bilden: "Er spielt Kla4."

IN DER JUGENDHERBERGE

8 ∞∞∞∞∞∞∞∞∞∞∞∞∞∞∞∞∞∞∞∞ 8
8 INDERJUGENDHERBERGE 8
8 M8EN8N8SCHWÄRMER 8
8 KR8OBTENUNDL8ENDIE 8
8 GANZEN8.FRAUSCH8,DIE 8
8 HERBERGSMUTTER,W8E 8
8 AUF,WECKTES8IHRENMANN 8
8 UNDSAGTE,8HEO,ESIST 8
8 MITTERN8.GIB8,UNSERE 8
8 GÄSTESPIELEN8ERBAHN, 8
8 DASSESKR8.DIEVER- 8
8 SCHEUCHENUNSEREN8I- 8
8 GALL.HERRSCH8DROHTE 8
8 N8ISCHENTZUGAN, 8
8 DAN8OBTENIEMANDMEHR. 8
8 ∞∞∞∞∞∞∞∞∞∞∞∞∞∞∞∞∞∞∞∞ 8

Antje Burger

Textmerkmale

- Text, in den die Ziffer 8 mit ihrem Lautwert mehrfach integriert ist.
- Zusätzliche Umrahmung mit einer Reihe von Ziffern.

Anregungen

- Leseversuche durchführen, mit besonderer Aufmerksamkeit an Stellen, wo die Wortgrenze innerhalb der Ziffer verläuft ("Krach, tobten").
- Schreibversuche anschließen, eventuell auch mit anderen Ziffern.

231 Die Onnengeschichte

Ein Onne ging des Wegs fürbass
und fühlte: Vorne fehlt mir was.
Was fehlt mir denn?
Ich glaub - ein N.
So wurde aus dem Onne
alsbaldigst eine Nonne.

Da ward dem Onne wie noch nie,
die Nonne warf sich auf die Knie
und betete den ganzen Tag.
Und weil ein Onne das nicht mag,
lief es zum See, fischt' sich ein T
und wurde eine Tonne.
Da ward dem Onne rund und wohl.
Doch weil die Tonne innen hohl,
benutzt man sie für Sauerkohl.
Der gärte ungeheuerlich,
schlug Blasen und roch säuerlich.
Drum sagte schnell das Onne
lebwohl zu seiner Tonne
und borgte sich ein W vom Wurm,
und borgte sich ein S vom Sturm,
und seither ist das Onne -
ganz Sonne und ganz Wonne.

Unbekannter Verfasser

Textmerkmale

- Austausch des Anlauts/des ersten Buchstabens in den Minimalpaaren Nonne, Tonne, Wonne, Sonne.
- Erfindung eines Rumpfwortes "Onne" als Bezeichnung für ein handelndes Wesen.

Anregungen

- Text lesen und Unklarheiten beseitigen ("fürbass" = vorwärts, voran).
- Minimalpaarwörter/Reimwörter sammeln (Latte, Ratte, Watte, Matte – Rose, Dose, Hose).
- Gedicht oder Geschichte schreiben: "Die Atte".

231 Von Wort zu Wort

Margret Rettich (*1926)

Textmerkmale

- Wortreihe mit jeweils hinzukommendem Buchstaben am Anfang oder Ende des Wortes.

Anregungen

- Wörter von oben nach unten und in umgekehrter Richtung lesen: Wortaufbau und Wortabbau mit je einem bedeutungtragendem Wort auf jeder Stufe.
- Erörtern, warum das Bild jeweils dem ersten Buchstaben eines Wortes folgt.
- Analoge Wortreihen zusammenstellen (AU – TAU – TAUB – TAUBE).

233 *Das Zweite e*

Es war einmal ein Leerer,
der schrieb sich mit zwei **e**.
Er schlich sich in die Schule
und stahl das ABC.

Er suchte sich dann schnell
das kleine **h** *heraus,*
und wechselte mit ihm
das zweite e *gleich aus.*

Das zweite **e** *sprach staunend.*
»Warum gerade ich?
Das erste **e** *darf bleiben,*
warum darf ich das nich'?«

Da sprach der Lehrer: »Schau,
an deiner Stelle, da
steht bei 'nem echten Lehrer
statt eines **e** *ein* **h**.*«*

Da war das **e** *sehr traurig,*
und es sprach nur: »Soso.«
Es stieg in eine Trambahn
und fuhr darin zum Zoo.

Es suchte dort so lange,
bis es ein Plätzchen fand.
Auf einem Schild steht »Ochse« jetzt,
wo bisher Ochs nur stand.

*Alfons Schweiggert (*1947)*

Textmerkmale

- Austausch des Buchstabens "e" durch "h" bzw. des zweigliedrigen Graphems "ee" durch "eh" im Wort, das damit orthographisch korrigiert wird bzw. zu einem Wort mit anderer Bedeutung wird.
- Ergänzung eines Wortes durch zusätzliches "e" am Ende ("Ochs" = landschaftlich gebräuchliche Dublette von "Ochse").

Anregungen

- Vorklären: Was ist ein "Leerer"? (Er leert Behälter wie Mülleimer, Briefkästen ...).
- Text lesen mit Gegenüberstellung "Lehrer" – "Leerer" und "lehren" – "leeren".
- Analoge Wortpaare suchen: Moor – Mohr, Meer – mehr, Seeufer – Sehkraft.

Halb so schlemm

Es war mal eine Kateze,
die hatte so ein Gefühl.
Da sagte Doktor Gripsgrari:
"Sie haben ein e zuviel!"

Er putzte seine Brille
und räusperte sich: "Ha hemm!
Ich muss sie operieren,
das ist nur halb so schlemm."

Der Doktor nahm die Schere
und schritt zur Operation.
Die Türe war offen geblieben,
da lief das e davon.

Es rannte über die Straße,
ei guck, in Hausnummer neun.
Gripsgrari mit der Schere
kam bald drauf hinterdreun.

Er ging hinein und fragte:
"Ist hier vielleicht ein e ...?"
Da saß eine Tanete,
die nähtetetete.

Margrete, die Tanete,
sie sah ihn strafend an
und sprach zu ihm: "Sie Schlimmer,
das geht Sie gar nichts an."

Sie stach ihn mit der Nadel.
Der Doktor rief: "Ha hemm!"
Und ging nach Haus und sagte:
"Ist alles halb so schlemm."

Josef Guggemos (*1922)

Textmerkmale

- Buchstabe "e" in einigen Wörtern als verfremdender Zusatz.
- Wortveränderungen unter Reimzwang ("schlemm", "hinterdrein").

Anregungen

- Text lesen und alle "veränderten" Wörter erklären.
- Vokale in Wörter einbauen (Onokel Karol kommt morogen.") oder ausbauen (All Vögl fliegn wg.").

235 "Krisch nicht, du schußligs Wib!"

Es gibt reizende Hexen. Leider gehört die Hexe Eene-Meene-Peene nicht dazu.
Sie war eine widerwärtige Person: boshaft, habgierig und eitel.
Stundenlang saß sie vorm Spiegel und sagte: eigentlich sei sie gar keine Hexe, sondern eine Fee. Eine bildschöne, süße, sanfte, reizende Fee!

Alle lachten sie aus -
und das machte die Hexe Eene-Meene-Peene noch böser,
als sie ohnehin schon war.
Schlupp - hexte sie sämtliche E in ihren Sack,
setzte sich auf ihren Besen und ritt davon.
Was macht eine Hexe mit so vielen E?
Sie baute sich ein E-Werk mit Fenstern und Erkern,
mit Kellern und Kerkern und rechteckigen Wendeltreppen.
Neben dem E-Werk ebnete sie zehnmal zehn Wege,
setzte Erdbeeren und Ebereschen, legte zehn Seen an mit Egeln und Segeln;
und weil sie immer noch eine Menge E im Sack hatte,
hexte sie eine Herde See-Elefanten und fütterte sie mit Seesternen und Schneesternen, bis er leer war, der Seck. Der Sack.

Jetzt gab es kein einziges E mehr auf der Welt. Ihr könnt uch nicht vorstlln,
wi ntstzlich das war! Kinr konnt kinn vrsthn. All Lut warn vrzwiflt.
Zum Beispiel: Braut und Bräutigam stehen in der Kirche und wollen heiraten.
(Di Braut ganz in Wiß mit Schlpp und Schlir.)
Aber ohne E kann man keine Ehe schließen, nur eine h.
Die Braut wint und hult. Der Bräutigam schrit und ztrt.
Der Mesner, der ein unaussprechlicher Msnr ist, sperrt die Kirche zu.
Oder: Tante Adelheid hat ihren Neffen Emil nachmittags zum Fernsehen eingeladen. "Libr Nff mil!" sagt sie. "Kaff odr T? Und in paar lckr Kks-dazu?"
Der Neffe Emil dreht am Fernseher. "Lib Tant Adlhid, din Frnshr ist ntzwi.
Soll ich nicht dn lktrikr bstlin?"
Die liebe Tante Adelheid schüttelt den Kopf:
"Sit gstrn ght lidr auch das Tlfon nicht mhr. Schrcklich!"

Nur in der Schule wollen es ein paar unermüdliche Lehrer noch immer nicht aufgeben. Der Rechenlehrer Immerfleiß zum Beispiel.
"Tho!" ruft er. "Wivil ist schs und nun und ins?"
Theo steht auf: "Ich wiß s nicht, Hrr Rchnlhrr "
"Schzhn!" ruft Herr Immerfleiß. "Du bist in sl. Tho! Stz dich."

In den anderen Gegenständen ist es nicht besser: in Dutsch und in rdkund, in Schribn und Lsn - von nglisch ganz zu schwign.
Alle sehen ein, daß es keinen Zwck hat, ohne E zu lernen.
Also wird auch die Schule geschlossen.

"Soll das wig so witrghn?" fragt der Bürgermeister.
"Ght uch diss Lbn nicht auf di Nrvn?"
Da beschließen alle, zum E-Werk zu ziehen und die E von der Hexe Eene-Meene-Peene zurückzuholen.

"Gib uns unsr ... widr!" rufen sie. "So in Schwinri! So in Gminhit!"
Die Hexe Eene-Meene-Peene sitzt an ihrem schönsten Erkerfenster und hält sich die Seiten vor Lachen.
"Ihr müßt dutlichr rdn!" schreit sie und kreischt vor Vergnügen.
"Krisch nicht, du schußlichs Wib!" rufen die Leute empört.
"Was bin ich?" kreischt die Hexe Eene-Meene-Peene und sprüht Funken vor Zorn.

Funken sind in einem E-Werk streng verboten, wie jeder weiß.
Rrrums! gibt es einen Kurzschluss, und das ganze Haus mit Fenstern und Erkern, mit Kellern und Kerkern fliegt in die Luft. Es wirbelt nur so von E.
Tho fängt sich eins und ist wieder Theo.

Das Brautpaar sinkt sich seeeeelig in die Arme,
der Mesner sperrt die Kirche wieder auf, der Pfarrer segnet die junge Ehe.
Alle Kinder, die heute getauft werden, heißen Helene oder Engelbert.
Die Hexe Eene-Meene-Peene verschwindet auf Nimmerwiedersehen,
das Leben ist wieder in Ordnung.

Bis eines Tages der Kobold OoneMoone-Poone auftaucht und alle O stiehlt.
Er trägt sie frt zu einem fernen rt -
und was das für Flgen hat, denkt euch gefälligst selbst aus.

Mira Lobe (*1913)

Textmerkmale

- Verfremdung von Texten durch fortschreitende Entfernung des Buchstabens "e" aus allen Wörtern.
- Anhäufung des Buchstabens in ausgewählten Wörtern, besonders im Namen der Hexe "Eene-Meene-Peene".

Anregungen

- An Titel der Geschichte herumrätseln: Was soll das heißen?
- Geschichte lesen und dabei fehlende Buchstaben ergänzen.
- Koboldgeschichte erfinden.

236 Die Purzelgeschichte

Ein Wichtel namens Purzel
fiel über eine Wurzel,
verlor dabei sein U
und seinen linken Schuh.
Den Schuh fand er wieder,
setzte sich nieder
und band ihn zu.
Aber das U
fand er nicht,
Przel, der Wicht.
Er suchte
und fluchte.
"Was ist los?" fragte das Moos.
"Hab dich nicht so! Ich schenk dir ein O."
Porzel?
"Fatal!" sagte der Aal.
"Ich schenk dir ein A, denn mir ist's egal."
Parzel?
"Oder willst du ein E?" fragte der See.
Przel verneinte,
schluchzte und weinte:
"Uuuuu ..."
Nanu?
Er weinte lauter U ins Gras,
die waren alte tränen-nass.
Przel suchte sich das trockenste aus,
war wieder ein Purzel und lief nach Haus.

Mira Lobe (*1913)

Textmerkmale

- Austausch von Vokal-Buchstaben in Wörtern.
- Abgabe aus Wörtern mit Buchstabenverdoppelung.
- Übernahme des Buchstabens "u" aus Schluchzlauten.

Anregungen

- Text lesen und die silbenbildende-tontragende Funktion der Vokale entdecken.
- Wörter mit "verlorenen" Vokalen schreiben und raten lassen (Die Snne scheint. - Gten Tg!).

237 Die Tintenfliege

In einem offenen Tintenfass
ging eine Fliege baden.
Sie dachte: Nur mal so zum Spaß!
und wollte keinem schaden.

Der kleine Hubert hatte grad
U-Wörter auf, gut hundert,
Am nächsten Schultag, na,
da tat der Lehrer sehr verwundert.

Denn da stand Schüle, ünd, gesünd -
der Lehrer musste lachen. Er sprach:
"Nün, Hübert, sag den Gründ,
was tüst dü nür für Sachen?"

Da sagt der Hubert: "Nein, nicht ich
hab' jedes U versabbelt -
die tintennasse Fliege ist
mir übers Blatt gekrabbelt."

"Die", sprach der Lehrer mit Bedacht,
"wird von mir eingeladen.
Sie hat uns allen Spaß gemacht
und darf noch einmal baden. "

Hans Baumann (*1914)

Textmerkmale

- Austausch aller Buchstaben "u" durch "ü".
- Idee: Umlautzeichen als Fliegenspuren.
- Verfremdung des Wortklangs durch Umlaute.

Anregungen

- Überlegen: Was ist eine "Tintenfliege"?
- Text lesen und besprechen.
- Verhältnis von Vokal und Umlaut untersuchen: a - ä, o - ö, au - äu.
- Wörter und Sätze "verwandeln": Ich mäg Bönböns mit Schököläde.

238 O unberachenbere Schreibmischane

O unberachenbere Schreibmischane,
was bist du für ein winderluches Tier?
Du tauschst die Bachstuben günz nach Vergnagen
und schröbst so scheinen Unsinn aufs Papier!

Du tappst die falschen Tisten, luber Bieb!
O sige mar, was kann da ich dafür?

Josef Guggenmos (*1922)

Textmerkmale

- Austausch von Vokalbuchstaben in Wörtern.
- Wechselseitiger Austausch bei zwei aufeinander folgenden veränderten Wörtern oder Silben.
- Fiktiver Verursacher: Schreibmaschine mit defekter Technik oder mit Absicht.

Anregungen

- Überschrift identifizieren.
- Text antizipieren: Die Maschine wird wohl Buchstaben verwechseln.
- Text lesen und korrigieren.
- Text fortsetzen.

239 Der verdrehte Schmetterling

Ein Metterschling
mit flauen Blügeln
log durch die Fluft.
Er war einem Computer entnommen,
dem war was durcheinandergekommen,
irgendein Drähtchen
irgendein Rädchen.
Und als man es merkte,
da war's schon zu spätchen,
da war der Metterschling schon feit wort,
wanz geit.
Mir lut er teid.

Mira Lobe (*1913)

Textmerkmale

- Wortverdrehungen durch Positionswechsel von Konsonantenbuchstaben.
- Verfremdungen des Wort- oder Silbenanlauts.
- Verantwortlich: technischer Fehler eines Computers.

Anregungen

- Die ersten drei Zeilen des Textes untersuchen.
- Text insgesamt lesen und "Verdrehungen" erklären lassen.
- Analoge Sätze bilden: "Vie wiele Flilchmaschen stehen im Schrühlkrank?"

240 ABC – GESCHICHTE

Acht **b**rummige **C**ellisten
dösen **e**igensinnig
flunkern **g**erissen
heulen **i**rrsinnig
jaulen **k**läglich
lecken **M**ilch
nuckeln **O**rangen
piepsen **q**uieckend
rasseln **s**chaurig
toben **u**nmäßig
verblüffen **w**ackere **x**-beinige **Y**bbser **Z**willinge

Hilde Leiter (*1925)

Textmerkmale

- Satzkonstruktion mit Wörtern in alphabetischer Reihenfolge (mit Ausnahme von ß und den Umlauten).

Anregungen

- Text lesen und Bauprinzip ABC entdecken lassen (Hervorhebung der Buchstaben durch Fettdruck).
- Text interpretieren (Ybbs = österreichische Stadt an der Donau).
- Eigenversuche der Satzbildung mit Anfangsbuchstaben des Alphabets, z. B.: Alle billigen CDs dürfen einen festen Geldwert haben.

241

Alligatoren

A Alligatoren allüberall

B Bringen bunte Ballone zum Bersten

C Chauffieren Chevrolets nach China

D Dressieren drollige Diener

E Empfangen Elefantendamen

F Foppen friedliche Freunde

G Gehorchen gewöhnlich gar nicht gern

H Haben Husten und heisere Hälse

I Imitieren Indianer

J Jonglieren je länger je besser

K Kriegen Kopfweh

L Lieben lange Löwenmähnen

M Machen manchmal Makkaroni

N Nehmen nachmittags Näschereien

O Oder orgeln ohrenbetäubend

P Probieren Perücken

Q Quasseln quietschen quäken Quatsch

R Reiten auf dem
Rentierrücken

S Sind sehr stolz

T Treiben es täglich
toller

U Und sind
umgekehrt unterwegs

V Verspeisen verzuckerten
Vanillepudding

W Waschen mit warmem
Wasser ab

X X-en x-mal
x an die Wand

Y Yvan zankt mit
Yves und Yolanda

Z Zufrieden am Zooball:
Alligatoren allüberall

Maurice Sendak (*1928)

Textmerkmale

- ABC-Bildergeschichte.
- Zu jedem Buchstaben ein Satz (Teilsatz), der nur Wörter mit dem betreffenden Anfangsbuchstaben enthält (Ausnahmen: Partikel wie Präpositionen, Konjunktionen, Negationspartikel).

Anregungen

- "Alligatoren" als Krokodile identifizieren.
- Bildergeschichte lesen und über die Kette recht ungewöhnlicher und kaum zusammenhängender Handlungen sprechen.
- Das Alphabet als Gliederungsprinzip entdecken.
- Leitfigur ausdenken, Buchstaben des ABCs verteilen und gemeinsam eine ABC-Geschichte schreiben.

Buchstabier-Verse

Wer sitzt denn da im Schnee?
Die **Ka A Te Zet E.**

Was schleckt der kleine Igel da?
Die süße **eM I eL Ce Ha.**

Wer sieht denn da aus dem Vau Weh?
Ist das nicht ein **Ha U eN De ?**

Philipp Günther

Textmerkmale

- Wörterbuchstabieren in einen Text integriert: Buchstabenbezeichnungen werden lautiert, nicht die Phoneme artikuliert.

Anregungen

- Lesen nach der Buchstabiermethode erproben, Text erlesen und entsprechend reimen.

243 **Es reimt sich!**

Bei seinem Haus im Wald ganz nah
ein Jäger einen Rehbock sah:
Er zielte schlecht und schoss beinah
den Rehbock.
Reimt sich das? Oh ja!
Er zielte schlecht und schoss beinah
den eR E Ha Be O Ce Ka.

Winfried Ulrich (*1941)

Textmerkmale

- Buchstabieren eines Wortes in einen Text integriert.
- Zweisilbigkeit der Konsonantenbuchstaben-Bezeichnungen
- Buchstabenbezeichnung für K reimt sich auf "beinah".

Anregungen

- Die ersten vier Zeilen lesen, dreifachen Endreim entdecken, von dem die vierte Zeile offenbar abweicht.
- Text vollständig erarbeiten: Leseversuche der letzten Zeile (mit Reim und Rhythmus).

244 VIER WÖRTER

Es waren einmal vier Wörter, die niemand verstand und die sich selbst nicht verstanden, und das war am allerschlimmsten. Sie hießen: TORNEGROM, GATREMMOS, ENNOSLIRPA, UNISJORE. Kein Wunder, dass sie sich fehl am Platz fühlten, mit der Zeit melancholisch wurden und zu guter Letzt verzweifelt waren. Sie irrten zwischen den anderen Wörtern umher, die alle mit sich selbst zufrieden waren, sogar so armselige wie HINTENHERUM und UNTENDURCH; denn es ist immerhin besser, ein unscheinbares Wort zu sein als eines, von dem man beim besten Willen nicht sagen kann, wofür es zu gebrauchen ist. Nachdem die vier Wörter jedes andere Wort um Beistand gebeten hatten, ohne auch nur einen einzigen vernünftigen Rat (von Hilfe ganz zu schweigen) erhalten zu haben, beschlossen sie, gemeinsam auszuwandern, irgendwohin, wo vielleicht doch jemand zu finden war, der etwas mit ihnen anfangen konnte. Auf ihrer Wanderschaft kamen sie an einem Spiegel vorbei, und zufällig warfen sie einen Blick hinein. Da fingen das TORNEGROM, das GATREMMOS und das ENNOSLIRPA wie verrückt an zu tanzen, so dass sie beinahe ein paar Buchstaben verloren - aber nur beinahe. Und im Spiegel konnte man sehen, warum die drei Wörter so froh waren. Dort tanzten und hüpften nämlich nicht das TORNEGROM, das GATREMMOS und das ENNOSLIRPA, sondern so schöne Wörter wie MORGENROT und SOMMERTAG und APRILSONNE. Sie waren also gar keine sinnlosen Wörter gewesen, sondern irgendein Nichtsnutz hatte sie von hinten aufgeschrieben, statt von vorn, wie es sich gehört. Nur das UNISJORE tanzte und hüpfte nicht. Wie ein Häuflein Elend saß es vor dem Spiegel, und es mochte so oft, wie es wollte, hineinschauen - es hatte dennoch keinen Grund zum Lachen: Es war keine UNISJORE mehr zu sehen, sondern dafür ein EROJSINU - aber war das am Ende nicht noch sinnloser? Das **MORGENROT,** der **SOMMERTAG** und die **APRILSONNE,** die sich in aller Eile von hinten nach vorn umgetauscht hatten, trösteten das UNISJORE, so gut es ging. Sie sagten, es klänge wunderbar, von vorn wie von hinten. Das MORGENROT behauptete sogar, es sei etwas ganz Besonderes, *nichts* zu bedeuten und barer Unsinn zu sein. Das UNISJORE wollte sich jedoch nicht trösten lassen. Es jammerte, nun sei es nicht nur sinnlos, sondern auch einsam und verlassen, raufte sich verzweifelt seine Buchstaben und löste sich schließlich in seine Bestandteile auf. Hilfsbereit machten sich das MORGENROT, der SOMMERTAG und die APRILSONNE daran, ihren zerfallenen Freund wieder zusammenzufügen. Sie konnten sich aber nicht mehr an die richtige Reihenfolge erinnern und legten die Buchstaben falsch zusammen - glaubten sie. Nun aber tanzte und hüpfte auch das UNISJORE: Es war zur **JUNIROSE** geworden. Was machte es noch aus, verkannt gewesen zu sein, wenn man in Wirklichkeit ein so schönes Wort wie JUNIROSE in sich trägt! Ans Auswandern dachte keines der vier Wörter mehr.

Käthe Recheis (*1928)

Textmerkmale

- Vertauschung der Buchstabenreihenfolge im Wort.
- Umkehrung der Reihenfolge gegenüber völliger Veränderung.

Anregungen

- Ersten Absatz lesen und die vier "Wörter" klangvoll aussprechen.
- Raten, was die Wörter bedeuten könnten.
- Geschichte lesen und besprechen.
- Buchstaben "schütteln" und Wörter raten lassen.

245 bub im zoo

ein bub im zoo
beschaut sich hier
einfach so
von zwei bis vier
jedes tier

kamel bär löwe kakadu
blutegel kröte dromedar
zitteraal lurch krokodil

langweilig wie im kindergarten
kräht unser bub voll zorn
kamele kröten kakadus
krokodile känguruhs
immer nur von vorn
ihr zebras affen elefinten
zeigt euch von hinten

lemak räb ewöl udakak
legetulb etörk rademord
laarettiz chrul lidokork

uhuj juhu
uhuj juhu
jauchzt er froh
oozmibub
der bub im zoo

doch bub bleibt bub
von hinten und vorn
vorwärts und ruck
hols doch der uhu samt kuckuck.

Emil Schaffner (*1929)

Textmerkmale

- Wörter von vorn und von hinten gelesen gleich ("bub", "uhu", "kuckuck") oder verschieden (keinen Sinn ergebend).

Anregungen

- Text interpretieren.
- Ergebnisse des Rückwärtssprechens, -schreibens, -lesens untersuchen: "bub", aber "lemak".
- Zeigen, dass diese Verwandlungen nur bei Verzicht auf Großschreibung der Nomen möglich ist.
- Rückwärtsschreiben als Geheimsprache entwickeln.

246 Vorwärts und rückwärts gleich

UHU

OTTO

ANNA

NEFFEN

RENTNER

REITTIER

MARKTKRAM

SAGT GAS

SEI FEIN, NIE FIES

EIN ESEL LESE NIE

ALLE NECKEN ELLA

RENATE BITTET TIBETANER

TUNK NIE EIN KNIE EIN, KNUT

ELLA RÜFFELTE DETLEF FÜR ALLE

REIT NIE TOT EIN TIER

BEI LIESE SEI LIEB

ELLY BISS SIBYLLE

RETTENDER RETTER, RED' NETTER

REGAL MIT SIRUP PUR IST IM LAGER

LEG IN EINE SO HELLE HOSE NIE'N IGEL

IN NAGOLD LEGEN HÄHNE GELD, LOG ANNI

EIN NEGER MIT GAZELLE ZAGT IM REGEN NIE

Unbekannte Verfasser

Textmerkmale

- Wörter und Wortgruppen, die vorwärts und rückwärts gelesen gleich sind (Palindrome).

Anregungen

- Leichtere Beispiele auswählen und in beiden Richtungen lesen lassen.
- Zu Sätzen übergehen und prüfen, wie sinnvoll sie sind.
- Eigene Formulierungsversuche unternehmen, auch wenn sie erfolglos bleiben, aber die Bewunderung der gelungenen Vorgaben steigern.

247 Überraschung

Als der Bauer Peter Voss
die Gemüsebeete goss,

sah er plötzlich in dem Grün
eine schöne Blume blühn:

KOHL	R	ABI
WEISSK	O	HL
ERB	S	EN
TOMAT	E	N

Hans Georg Lenzen (*1921)

Textmerkmale

- Akrostichon: vier in anderen Wörtern enthaltene Buchstaben bilden von oben nach unten gelesen ein Wort.
- Kunst, in Texten geheime Botschaften zu verstecken und doch entdecken zu lassen (oft in Gedichten).

Anregungen

- Text lesen und nach der Blume suchen (ROSE).
- Selber Blumen im Gemüsegarten verstecken, z. B.: BOHNEN, KARTOFFELN, SELLERIE, GRÜNKOHL; PETERSILIE, ROTKOHL, GURKEN, KAROTTEN, PAPRIKA, UNKRAUT, SPINAT.

248

Acht – e – auf – Ge – fahren!

eeeeeeee
<u>G G G G G</u>

br
br br
br bär br
br br
br

e
ee
eee
eeee
putzen

K
mann

wwc

Wc

Unbekannter Verfasser

Textmerkmale

- Bilderrätsel (Rebus) in Zusammenstellung und Gruppierung von Buchstaben, die einen besonderen Sinn ergeben:

acht e auf G fahren	=	Achte auf Gefahren!
br um bär	=	Brummbär
zehn e putzen	=	Zähneputzen
K auf mann	=	Kaufmann
großes W am kleinen c	=	großes Wehweh am kleinenZeh
kleines ww am großen C	=	kleines Wehweh am großen Zeh.

Anregungen

- Leichtes Rätsel (z. B. Kaufmann) mit Lösung als Beispiel vorgeben.
- Die anderen Rätsel lösen lassen (mit Nachhilfen).
- Ein eigenes Rebus herstellen.

249

Möchten Sie lieber

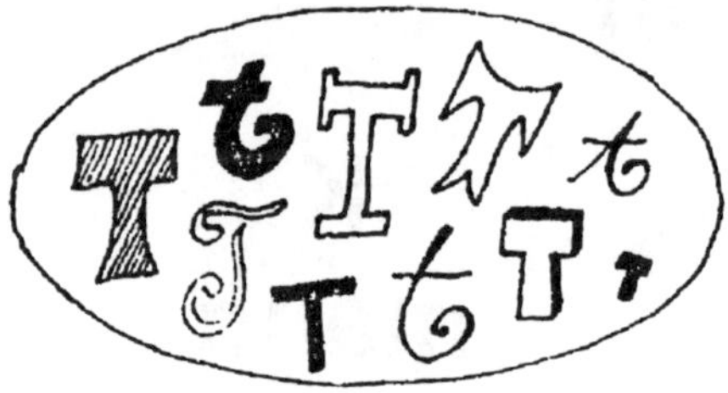

oder

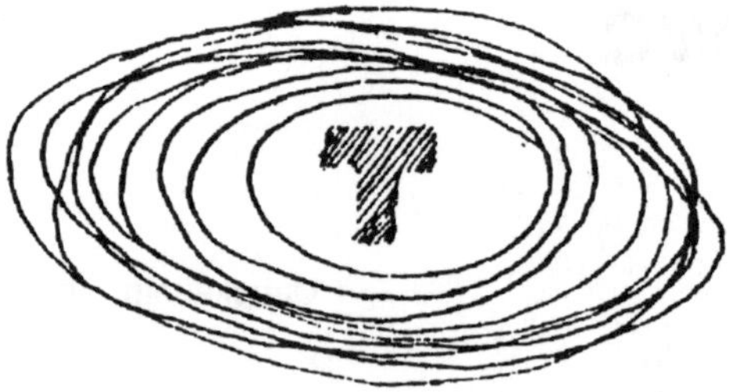

Hildegard Krahe

Textmerkmale

- Bilderrätsel (Rebus) aus Zusammenstellung von Buchstaben, die durch ovale Linien umkreist sind; Einbettung in einen Fragesatz (ohne Satzschlusszeichen).
- Wichtige Merkmale:
  Unterscheidung von Einzahl und Mehrzahl (bei Buchstaben und Linien); Lautwert des Buchstabens T. Unwichtige Merkmale: Formunterschiede zwischen den Buchstaben; ovale Form der Umkreisung.
- Lösung:
  Möchten Sie lieber
  viel Tee mit wenig Rum (rum)
  oder wenig(er) Tee mit viel Rum?

Anregungen

- Buchstabengruppe und Einzelbuchstaben (in den beiden Ovalen) als T (gesprochen „te“) identifizieren.
- Lautwert des Buchstabens mit Lautgestalt des Wortes „Tee“ zur Deckung bringen.
- Nach Verwendungssituation einer Äußerung „Möchten Sie XY oder YZ ?“ suchen (Angebotshandlung, besonders bei Tisch Frage an den Gast).
- Verbindung zwischen Teetrinken und höflicher Frage herstellen: „Möchten Sie Tee oder Tee?“
- Den Mengenunterschied versprachlichen: „Möchten Sie viel(e) Tee(s) oder wenig Tee?“
- Die ovalen Kreise als „herumgezogen“ (“rum“) und „rum“ wegen des Klanges als „Rum“ interpretieren: „Möchten Sie Tee mit Rum?“
- Die eine ovale Linie den vielen gegenüberstellen: „wenig rum“ - „viel rum“: „Möchten Sie viel Tee mit wenig Rum oder wenig Tee mit viel Rum?“

X Spiele mit Regeln der Rechtschreibung

250 Seltsame Strophe

Eswa Reinma Leinklein Eskind,
Beimler Nennicht Vielwert.
Esschrieb Diewor Tesehrg Eschwind,
Dochmeis Tenssehr Verkehrt.
Undwie Esschrieb, Daskönn Tihrhier
Indie Senzei Lenle Sen.
Bestimmts Agtihr, Dassdie Seskind
Nichtsu Perklug Gewe Sen.

Bruno Horst Bull (*1933)

Textmerkmale

- Aufhebung des Grundsatzes der Zusammenschreibung aller Buchstaben eines Wortes und der Lücke als Markierung von Wortgrenzen.
- Leseerschwerung durch Großschreibung der Anfangsbuchstaben aller Wörter und zusammen geschriebenen Buchstabenreihen.

Anregungen

- Über bloßes Lautieren Text langsam erlesen.
- Text in Standardschrift übertragen.
- Analogtext verfassen (mit entsprechenden Verfremdungen).

251 Dassch nit zel

E inmen schders iche insch nitz elb riet
bem erk ted assi hmd asmiss riet
jed ochda eressel bstgeb raten
tu terals wär'e sihmger aten
un dums ich nichtzus tra fen lü gen
isster's mitherz lich emvergnü gen

Eugen Roth (1895-1976)

Textmerkmale

- Aufhebung des Grundsatzes der Zusammenschreibung aller Buchstaben eines Wortes und des Abstandes zwischen verschiedenen Wörtern als Grenzsignal.
- Durchgehende Kleinschreibung (Ausnahmen: erster Buchstabens im Text, Überschrift).
- Verzicht auf Satzzeichen (als Gliederungssignale).

Anregungen

- Überschrift als Rätsel zu lösen versuchen (Dialekt?).
- Text hinzunehmen, lautieren, laut vorlesen, bis durch Zusammenziehen der Lautverbindungen Wörter als Textsegmente erkannt werden.
- Text in Standardschrift übertragen.

Trennungen

Lachs
türme

Antrags
teller

Mitwirk
ende

Nacht
eile

Bausch
lamm

Ban
knoten

Kontra
streich

Tran
spar
ente

Studiosen
dung

Freischwimm
erzeugnis

Winfried Ulrich (*1941)

Textmerkmale

- Zeilensprünge (und dadurch Worttrennung) nicht zwischen den bedeutungtragenden Wortbausteinen der Wörter, sondern an Stellen, die eine andere Wortstruktur vortäuschen.

Anregungen

- Wörter einzeln lesen und untersuchen: Zwei verschiedene Wörter mit unterschiedlicher Bedeutung und Bauweise entdecken.

- Jede "Lesart" in einen Satz einbetten ("Der Clown riss das Publikum zu Lachstürmen hin". – "Die Fischer schichteten ihren Fang zu Lachstürmen auf").

253 VERSTECKTE AUFFORDERUNGEN

Laufjunge
Stichflamme
Gießkanne
Baumeister
Stilvolle Geldtaschen
Hautkranke Affen
Mausgraue Pelze

Wasserrinne
Goetheplatz
Garnrolle
Rasenbleiche
Oberdeck
Schillerdenkmal
Tiroler Weine

Geheimpolizist
Eisenbahngeleise
Sprühdose
Gemüsebeete
Komfort
Kompost
Reispapier

Unbekannter Verfasser

Textmerkmale

- Umbiegung von Wörtern, die etwas bezeichnen, in Aufforderungen mit Befehlsform (Imperativ): der Laufjunge → Lauf, Junge!
- Auflösung zusammengeschriebener Wörter in getrennt geschriebene Wörter.
- Missachtung orthographischer Unterschiede zwischen beiden Lesarten (Groß- und Kleinschreibung, Morphemschreibung: "Geleise" – "geh leise", "Beete" – "bete", "Reis" – "reiß").

Anregungen

- Jeweils nur eine Wörterspalte lesen und umwandeln.
- Beide "Lesarten" jeweils nebeneinander schreiben.
- Selbst nach weiteren Beispielen suchen: Schreibmaschine, Trinkbecher, Singvogel, Kneifzange ...

254 Groß oder klein geschrieben?

EIN ANGLER SITZT SEIT STUNDEN AM UFER
UND HAT NICHTS GEFANGEN.
EIN SPAZIERGÄNGER KOMMT VORBEI UND FRAGT:
"NA, BEISSEN SIE?"
ÄRGERLICH ANTWORTET DER ANGLER:
"NUR WENN ICH WÜTEND BIN."

EINE KLEINE ETWAS RUNDLICHE FRAU KOMMT IN DIE KONDITOREI:
"GUTEN TAG! ICH MÖCHTE RUMKUGELN."
DIE VERKÄUFERIN SIEHT DIE FRAU ERSTAUNT AN.
DANN SAGT SIE HÖFLICH:
"BITTE SEHR, WENN ES IHNEN SPASS MACHT.
DER FUSSBODEN IST GERADE GEWISCHT."

Unbekannter Verfasser

Textmerkmale

- Witze ausschließlich in Großbuchstaben gedruckt: Aufhebung des Unterschieds von Großschreibung und Kleinschreibung der Wörter.
- Doppeldeutigkeit ("sie" – "Sie"; "Rumkugeln" – "rumkugeln") führt zu (vorgetäuschtem?) Missverständnis.

Anregungen

- Ersten Witz nur erzählen und Pointe untersuchen.
- Beide Witze lesen und als mündlich weitergebene Witze erfassen (Doppeldeutigkeit des gesprochenen Ausdrucks).
- Witze in Standardschrift (Gemischtantiqua oder Handschrift) übertragen und erkennen, dass man sich dann für eine Lesart entscheiden muss.

255 PFEIFER

PFEIFER SASS AUF DEM DACH UND PFIFF.

PFEIFER HAT NICHT GEPFIFFEN.

UND DOCH SASS PFEIFER AUF DEM DACH UND PFIFF.

WIE IST DAS MÖGLICH?

Winfried Ulrich (*1941)

Textmerkmale

- Rätsel, dessen Lösung mit der Groß- und Kleinschreibung zusammenhängt: Nicht nur "Pfeifer" ist der Name einer Person, sondern auch "PFIFF". "GEPFIFFEN" sowie der nach seiner Wortbildung noch "durchsichtige" Name "PFEIFER" suggerieren dagegen, dass PFIFF als Verbform zu verstehen ist.

Anregungen

- Rätseltext mehrfach lesen und überlegen: Wie kann das möglich sein? Wie beseitigt man den Widerspruch im Text?
- Lösungshilfen geben: lange Pause vor "und" machen; hinter PFIFF noch das Wort AUCH einfügen; über manchmal seltsame Personennamen sprechen ...
- Notfalls Lösung nennen.
- Schüler auffordern, den Text auswendig zu lernen und Erwachsene damit zu "testen".

256 Zornig

OOOOOOOOOOOOOOOOOOOOOOOh!
O
du
bist
aber
wirklich
o
ein ganz mieser
Typ
OOOOOOOOOOOOOOOOOOOOOOOh!
O
du
bist
ein echtes
o
ein Mistvieh ein Stinkvieh ein beqnackter
Tunkerstunk
das
bist
du
o
eine stingende Kausgekurt das bistu ein
verkarkter ein verhissener Zwiftgerg ein
echter Margmagel
das pistu
ehrlich
OOOOOOOOOOOOOOOOOOOOOOOh!
O
O dir
piept
es hohl im Gestirnkasten
du Tinkstier mit Meisenmack du gargräu-
gender kekelkatzter Keißscherl o du unbe-
zogener Grind o du unverbogenes Krind
o du Säuschal o du Scheusaaaaaaaaaaaaaaal!
Sag
mal
hast du sie nicht alle?

Annemarie Wietig (*1918)

Textmerkmale

- Beschimpfung mit Wortverfremdungen, die auch Verstöße gegen die Rechtschreibung enthalten ("stingend"", "Margmagel", "pistu", "unbezogenes Grind" ...).
- Lautmalerische Wortschöpfungen ("gargrängend" ...).

Anregungen

- Text laut schimpfend vortragen.
- Ungewöhnliche Wörter (Verfremdungen und Neubildungen) untersuchen.
- Gründe für diese Sprache erörtern.

257 Komma

Kommt Komma Kinder Komma
dort im Wald
schreit einer Komma
kommt Komma bald
seh'n wir den Komma
der dort gar nicht weit
kuckuck Komma kuckuck Komma
kuckuck schreit
Ausrufezeichen

(Ein Glück, dass wir die Satzzeichen
nicht aussprechen müssen!)

Josef Guggenmos (*1922)

Textmerkmale

- Komma nicht als Satzzeichen gesetzt, sondern jeweils als Wort in den laufenden Text hineingeschrieben (ebenso ein Ausrufezeichen).
- Mischung von gesprochener Sprache (mit Pausen als Gliederungssignalen) und geschriebener Sprache (mit Satzzeichen als Gliederungssignalen).

Anregungen

- Text laut vorlesen lassen.
- Klammersatz befolgen und ohne Komma vorlesen.
- Das Wort "Komma" jeweils durch das Zeichen ersetzen und Text in Standardschrift übertragen.

Die Satzzeichen

Unter der letzten Zelle
Hielten vor einer Welle
Die Zeichen der Interpunktion
Lebhafte Diskussion.

Das *Ausrufezeichen*
Sprach ohnegleichen.
Schweigen will es keinesfalls,
Immer schreit's aus vollem Hals:
"Hurra!
Nieder!
Zu Hilfe!
Schiebung!"

Das *Fragezeichen* reckt beschwerlich
Seine krumme Nas.
Fragen tut es unaufhörlich.
"Wer?
Wohin?
Warum denn?
Was?"

Auch die Kommas kamen,
Ondulierte Damen.
Sie wohnen im Diktat,
Wo es Pausen hat.

Die eitlen Kommas taten groß:
"Ohne uns ist gar nichts los.
Im Diktat und in Geschichten
Geht es ohne uns mitnichten!"

"Ohne Punkt seid ihr doch tonlos;
Leere Zeichen ohne Wert!"
Sprach darauf das *Semikolon,*
Zu den Kommas hingekehrt.

Der *Doppelpunkt* rief eigensinnig:
"Ach, was plappert ihr denn da?
Wichtiger als alle bin ich:
Ich, der Doppelpunkt, ja. ja:

Ein simpler Punkt hat nur ein Auge -
Als Doppelpunkt ich doppelt tauge:
In den Zellen halt ich Wacht,
Geb auf Zucht und Ordnung acht!"

Die *Pünktchen* lispeln leicht verletzt:
"Es scheint, wir werden mehr geschätzt,
Hochgeschätzt, wenn's euch beliebt ...
Wo es nichts zu sagen gibt,
Werden doch zu guter Letzt
Pünktchen-Pünktchen hingesetzt ... "

"Was, was?"
Das Fragezeichen war blass,
Das Ausrufezeichen empört:
"Unerhört!"

Lasst vom Streit euch wenden",
Sprach der *Punkt,* "und enden.
Wer wichtig ist?
Beherzigt das da:
Am End' herrsch immer ich.
Punkt. Basta."

Samuil Marschak

Textmerkmale

- Gedicht über Satzzeichen und ihre Funktionen.
- Fiktiver Streit, welche Zeichen am wichtigsten seien.
- Humorvolle Illustration der zu Figuren stilisierten Zeichen.

Anregungen

- Gespräch über Satzzeichen führen: Welche Zeichen sind überhaupt bekannt? Welche sind häufig, welche selten? Wann werden sie gesetzt?
- Die leseerleichternde Funktion der Zeichen überprüfen, indem ein Text einmal mit und einmal ohne Zeichen gelesen wird.
- Text erweitern durch Satzzeichen wie Anführungsstriche, Klammern, Gedankenstrich, Auslassungszeichen, Trennungsstrich.

259 VERRÜCKTE KOMMAS

Es schrieb ein Mann an eine Wand
Zehn Finger hab ich an jeder Hand
Fünf und zwanzig an Händen und Füßen
Wer's lesen will, wird Zeichen setzen müssen.

Auf der Party stand der Minister auf dem Kopf,
einen Zylinder an den Füßen, schwarze Lackschuhe auf der Nase,
eine riesige Hornbrille ins eifrige Gespräch vertieft.

Wer wünscht frische Eier,
von meinen eigenen Hühnern täglich ins Haus gebracht?

Der Pavian sagt, der Lehrer ist ein Affe.

Unbekannter Verfasser

Textmerkmale

- Verrutschte bzw. fehlende Kommasetzung und ungewöhnlicher Zeilenfall (mit Pause am Zeilenende).
- Textgliederung mit Trennung zusammengehöriger Teile und Verknüpfung nicht zusammengehöriger.

Anregungen

- Texte lesen und staunen: fünfundzwanzig Finger? Lackschuhe auf der Nase?
- Sinnentsprechende Gliederung vornehmen.
- Zeichensetzung korrigieren.

AUGENDREHER

Wörterhabeneinenanfangundeinende.

ManCHE wörteR SCHreibT maN AM anFanGG roß.

Zw ische nd enwör ter ng ib te sabst än de.

„Auch!“ Satzz-eichen: hel...(fen) – beim? Lesen,

Gibn ich tauf!

Üb ungm acht denmei ster.

Esi stnochk ein meis terv omhim melgef all en.

Oh Nefl eißk Ei nenp Reis!

dUH HA StS Gesch Aff I?!!

Winfried Ulrich (*1941)

Textmerkmale

- Gegenstück zum "Zungenbrecher" der gesprochenen Sprache: "Augendreher", gespickt mit Abweichungen vom normalen Schriftbild, die das Lesen deutlich verlangsamen und erschweren: Verzicht auf Wortgrenzen und Setzen falscher Wortgrenzen, Großschreibung im Wortinnern und am Wortende, irritierende Satzzeichen, vermischte Schriftarten.

Anregungen

- Die Einzelzeichen und den ganzen Text gemeinsam als Rätseltext entschlüsseln.
- Die Normabweichungen im Einzelnen besprechen.
- "Augendreher" als Gegenstück zum "Zungenbrecher" vorstellen.
- Eigene Gestaltungsversuche vornehmen.

XI Spiele mit Mundarten

261 Ein Lahmer

Zwei Jungen stehen im Berliner Zoo vor einem Gehege.
Auf dem Schild steht geschrieben: Lama.
Fragt der eine Junge den andern: "Du Paule, wat is een Lama?"
Da antwortet der andere: "Een Lama, dat weste nich?
Dat is doch eener, der dat eene Bein nachzieht."

Unbekannter Verfasser

Textmerkmale

- Verwechslung von "Lama" und "Lahmer" durch den Berliner Dialekt begünstigt: Aussprache von "er" am Wortende wie "a".

Anregungen

- Text vorlesen lassen mit Versuch, die Aussprache des Dialekts zu treffen.
- Schüler den Dialog in ihrer Mundart sprechen lassen: Bleibt die Pointe erhalten?

262 Ick sitz‘ am Tisch

Ick sitz' am Tisch und esse Klops.
Uff eenmal klopp's.
Ick kieke - staune - wundre mir,
mit eenmal jeht se uff, de Tür;
"Nanu?" denk' ick, ick denk': "Nanu!
Jetz' isse uff, erst war se zu?"
Ick jehe raus und kieke,
und wer steht draußen? -
Icke!

Unbekannter Verfasser

Textmerkmale

- Monolog eines Berliners in Mundart.
- Komischer Kontrast von sprichwörtlich frecher Schnauze des Berliners und seiner gedankenträgen Klärung der Situation (mit Pointe am Schluss).

Anregungen

- Text lesen und interpretieren ("Klops" = Kloß aus Hackfleisch).
- Text in eigene Mundart und/oder Standarddeutsch übertragen.
- Fassungen vergleichen und die Besonderheiten des Originals besprechen.

Matten Has

Lütt Matten de Has,
De mak sik en Spaß,
He weer bi't Studeern,
Dar Danzen to lehrn,
Und danz ganz alleen
Op de achtersten Been.

Keem Reinke de Voss
Un dach: Das en Kost!
Un seggt: "Lüttje Matten,
So flink oppe Padden?
Un danzt hier alleen
Op'e achtersten Been?

Kumm, lat uns tosam!
Ik kann as de Dam!
De Krei, de spelt Fitel,
Denn geit dat canditel,
Denn geit dat mal schön
Op de achtersten Been!"

Lütt Matten gev Pot.
De Voss beet em dot
Un sett sik in Schatten,
Verspis' de lütt Matten:
De Krei, de kreeg en
Vun de achtersten Been.

Klaus Groth (1819 - 1899)

Textmerkmale

- Niederdeutsches/plattdeutsches Gedicht.
- Erhebliche sprachliche Abweichungen vom Hochdeutschen in der Lautung ("weer" = war), im Wortschatz ("lütt" = engl. little = klein), in der Flexion der Wörter ("mak" = machte).
- Verstehenshilfen: Matten Has: Martin Hase - lütt: klein - de mak sik: der machte sich - he weer bi't Studeern: er war eifrig damit beschäftigt - lehrn: lernen - danz: tanzte - op de achtersten Been: auf den Hinterbeinen - dach: dachte - oppe Padden: auf den Pfoten, auf den Beinen - tosam: zusammen - as de Dam: als die Dame - Krei: Krähe - de spelt Fitel: die spielt die Fiedel - denn geit dat canditel: dann geht es lustig, vergnügt zu.

Anregungen

- Text lesend und "übersetzend" erarbeiten.
- Lehre der "Fabel" besprechen.
- Besonders auffällige Besonderheiten des Plattdeutschen herausstellen.

264 umulmrum

nach	**mencha**	**nei**
nach	**seflenga**	**naus**
nach	**schturgert**	**nontr**
ens	**allgai**	**nauf**
	diller	**nauf**
nach	**neiulm**	**nom**
ens	**boirische**	**niber**
nach	**elchenga**	**na**
	dona	**na**

Konrad Balder Schäuffelen (*1929)

Textmerkmale

- Gedicht in schwäbischer Mundart.
- Beschränkung auf wenige Richtungsangaben mit Städten (München, Stuttgart, Neuulm, Elchingen), Landschaften (Allgäu, das Bayerische) und Flüssen (Iller, Donau) als Kern, umrahmt von sehr gebräuchlichen mundartlichen Präpositionen.

Anregungen

- Bekannten Zungenbrecher als Einstieg verwenden: In Ulm und um Ulm und um Ulm herum (Überschrift!).
- Text lesen und zu "übersetzen" versuchen: nach München hinein ... ins Allgäu hinauf, die Iller aufwärts, nach Neuulm hinüber ...
- Die Klangfarbe des Dialekts aufnehmen (besonders Vokalfärbung).

265 Ohrwärmer

Ein Norddeutscher betritt an einem kalten Wintertag ein Warenhaus in Leipzig und bittet den sächsischen Verkäufer um Ohrwärmer. Der Verkäufer überlegt einen Augenblick und sagt dann: "Abteilung Vogelfutter."

Unbekannter Verfasser

Textmerkmale

- Witz in sächsischer Mundart.
- Missverständnis wegen Klangähnlichkeit von hochdeutsch "Wärmer" und sächsisch ausgesprochenem "Würmer".

Anregungen

- Text lesen und die vermutliche Frage des norddeutschen Kunden formulieren: "Ich hätte gern Ohrwärmer."
- Den Schülern diesen Satz sächselnd vorsprechen und Pointe erfassen lassen.

LIESL KARLSTADT:	Ah, da schau nüber, da is schon ein Riesenelefant.
KARL VALENTIN:	Wo?
LIESL KARLSTADT:	Da drüben.
KARL VALENTIN:	Des is doch kein Elefant, des is doch ein Nilpferd.
LIESL KARLSTADT:	Ja ja, ich weiß schon, ich hab mich nur versprochen.
KARL VALENTIN:	Da schau her, Kunigunde, der wunderbare Tintenfisch da oben!
LIESL KARLSTADT:	Wo oben?
KARL VALENTIN:	Da oben.
LIESL KARLSTADT:	Des is doch kein Tintenfisch, des is ja a Steinadler.
KARL VALENTIN:	Ja ja, Steinadler wollt ich sagen, ich hab mich auch nur versprochen.
LIESL KARLSTADT:	Ah, da schau her, sibirische Wölfe, und wie die unheimlich heulen.
KARL VALENTIN:	Ja ja, des sind auch unheimliche Raubtiere, die müssen auch unheimlich heulen, das würde sich dumm anhören, wenn die Wölfe zwitschern würden.
LIESL KARLSTADT:	Naja, genauso blöd wäre es, wenn a Schwalbe heulen würde. - Käfig Nr. 5, Das Nashorn. Warum heißt das Nas horn?
KARL VALENTIN:	Weil's auf der Nase ein Horn hat.
LIESL KARLSTADT:	Ja, wia is denn des dann beim Elefant?
KARL VALENTIN:	Na ja, der hat eine Ele am Fant.
LIESL KARLSTADT:	Nein, der hat einen Rüssel am Kopf, der müsste eigentlich Rüsselkopf heißen!
KARL VALENTIN:	Sag's ihm!
LIESL KARLSTADT:	Wem, dem Elefant?
KARL VALENTIN:	Nein, dem zoologischen Besitzer. - Du, da schau her, die netten kleinen Affen, da sagen die Leut immer, wir gleichen den Affen - *SCHREIEN* - des find i net, mir san doch viel größer!
LIESL KARLSTADT:	Da schau her, das ist eine Gemeinheit, da zahlt man eine Mark Eintritt - *ZWITSCHERN* - und da sieht man einen gewöhnlichen Spatz!
KARL VALENTIN:	Stimmt, das ist ein Spatz, vielleicht is der in'n zoologischen Garten hereingeflogen. Wenn er nicht im Katalog steht, gehört er nicht herein. - Schau, Nr. 22, Pelikane.
LIESL KARLSTADT:	Und was sind das für kleine weiße Dreckhäufchen, die auf dem Beton liegen?
KARL VALENTIN:	Das ist der Abfall von de Pelikane, das Pelikanol, das wird in Tuben gefüllt und kostet dann 30 Pfennige.
LIESL KARLSTADT:	Hier ist ein Orang-Utan, ein Menschenaffe.
KARL VALENTIN:	Der schaut aber wirklich blöd. Alte, stell dich net so nah an das Gitter hin, sonst weiß der Aff net, bist du im Käfig oder er.

GEBRÜLL.

LIESL KARLSTADT:	**Horch, was is denn das für ein Gebrüll?**
LIESL KARLSTADT:	**Das sind wahrscheinlich die Brillenschlangen. - Käfig Nr. 24, Der Fuchs. Moanst, Alte, dass des der Fuchs is?**
LIESL KARLSTADT:	**Was für a Fuchs?**
LIESL KARLSTADT:	**No ja, der wo damals die Gans gstohln hat.**
LIESL KARLSTADT:	**Du fads Mannsbild, mit deine blöden Witz! - Ja, was is denn des, des is ja a Storch! Du, Alter, moanst, des is der Storch ?**
LIESL KARLSTADT:	**Was denn für a Storch?**
LIESL KARLSTADT:	**No ja, der wo die kleinen Kinder bringt.**
LIESL KARLSTADT:	**Du fads Frauenzimmer du, mit deine blöden Witz!** ***RAUBTIERGEBRÜLL.***
LIESL KARLSTADT:	**Du, jetzt müaß ma ins Raubtierhaus - um vier Uhr is Fütterung sämtlicher Raubtiere! - Komm!**
LIESL KARLSTADT:	**Nein, das mag ich nicht sehn.**
LIESL KARLSTADT:	**Warum nicht?**
LIESL KARLSTADT:	**Ich kann's auch nicht leiden, wenn mir wer beim Essen zuschaut.**

Karl Valentin (1882-1948)

Textmerkmale

- Dialog mit Karl Valentin, der als Münchener Original ein sehr gemäßigtes Bairisch spricht (eher hochdeutsche Umgangssprache mit bairischen Elementen).
- Mundart gemischt mit viel Blödelei.

Anregungen

- Text mit verteilten Rollen lesen.
- Mundartliche Abweichungen vom Standarddeutsch nennen.
- Sonstige (nicht mundartliche) Abweichungen von einem "vernünftigen" Dialog herausstellen ("Versprecher" am Anfang, "Ele am Fant", "Pelikanol").

XII Spiele mit der Sprachgestaltung

267 ANDERS GESCHRIEBEN

Paul Maar (*1937)

Ooo
Lokomotive

O
LUFTBALL N

TREPPAUF
TREPPAB

UMNEHERD

GRUBE

LOch

AB BRECHEN

GIRAFFE

UNORDNUNG

KROKODIL

Unbekannter Verfasser

Textmerkmale (der Texte 267 und 268)

- Wortbilder nach dem Prinzip konkreter visueller Dichtung gestaltet: Nutzung einer vorhandenen und Herstellung einer nicht schon gegebenen Ähnlichkeitsbeziehung zwischen Wortbild und gemeintem Tier, Gegenstand, Vorgang oder Sachverhalt.
- Ähnlichkeit der äußeren Form (z. B. V und Vogelflügel), aber auch der Anordnung der Buchstaben (z. B. Unordnung).

Anregungen

- Wortbilder lesen und die jeweilige Verfremdungstechnik begründen (markante Merkmale wie Haus und Fühler der Schnecke an die Buchstaben S und K angehängt).
- Sich zu eigenen Gestaltungsversuchen anregen lassen:

```
  R Ü C K
B         E
```

269 Das Haus des Schreibers

```
         Rau
            c        A
             h      HAU
             H     SHAUS
             H  USHAUSH
             HAUS    SHA
             HAUS    SHAU
            SHAUSHAUSHAUS
          USHAUSHAUSHAUSH
        AUS    SHAUS    SHA
       HAUS    SHAUS    SHAU
       HAUSHAUSHAUSHAUSHAU
       HAUSHAUSHAUSHAUSHAU
       H    HAUS    SHAU   U
       H    HAUS    SHAU   U
       HAUSHAUSHAUSHAUSHAU
       HAUSHAUSHAUSHAUSHAU
       H    HAUS    SHAU   U
       H    HAUS    SHAU   U
       HAUSHAUSHAUSHAUSHAU
       HAUSHAUSHAUSHAUSHAU
       H   SHAUSHAUSHAUS   U
       H   SHAUS    SHAUS  U
       HAUSHAUS    SHAUSHAU
       HAUSHAUS    SHAUSHAU
                 W
                  E
                   G
                    W E G W E G
```

Karlhans Frank (*1937)

Textmerkmale

- Kombiniertes Wortbild aus HAUS, RAUCH und WEG.
- Buchstabenverteilung auf der Fläche: Umriss eines Wohngebäudes mit Weg vor dem Eingang und gleitendem Übergang zwischen Schornstein (H) und Rauch (h).

Anregungen

- Gebilde untersuchen und zu bezeichnen versuchen: Ist es ein Haus, ein Gedicht, eine Verbindung von Wörtern?
- Erweiterungen vornehmen: Straße, Garten ...

270 Raupe

```
                  raupe
                r  aupe
                ra  upe
                rau  pe
                raup  e
                raupe
              r  aupe
              ra  upe
              rau  pe
              raup  e
              raupe
            r  aupe
            ra  upe
            rau  pe
            raup  e
            raupe
          r  aupe
          ra  upe
          rau  pe
          raup  e
          raupe
        r  aupe
        ra  upe
        rau  pe
        raup  e
        raupe
      r  aupe
      ra  upe
      rau  pe
      raup  e
      raupe
    r  aupe
    ra  upe
    rau  pe
    raup  e
    raupe
  r  aupe
  ra  upe
  rau  pe
  raup  e
  raupe
```

Ernst Jandl (1925-2000)

Textmerkmale

- Bildgedicht = konkrete Poesie des Typs visuelle Poesie: konkretes Material der Sprache (Wörter, Silben, Buchstaben, Laute) wird figural dargestellt, so über die Fläche verteilt, dass sich eine (Ähnlichkeits-)Beziehung zwischen Schriftbild und Bedeutung/Gemeintem einstellt.
- Tautologische Wiederholung des Wortinhalts (Raupe) durch typographische Gestaltung: Wortreihe mit der äußeren Form einer sich kriechend auf mehreren Beinpaaren fortbewegenden Larve.

Anregungen

- Bildgedicht beschreiben und interpretieren: Eine Raupe oder mehrere Raupen? Warum klein geschrieben? Warum in Wortblöcken und mit Lücken?
- Beobachtung von Raupen beschreiben.
- Gestaltähnlichkeit von Bildgedicht und Tier entdecken.

271 Wald

```
      W                A               L               D
     WWW              AAA             LLL             DDD
    WWWWW            AAAAA           LLLLL           DDDDD
   WWWWWWW          AAAAAAA         LLLLLLL         DDDDDDD
    WWWWW            AAAAA           LLLLL           DDDDD
   WWWWWWW          AAAAAAA         LLLLLLL         DDDDDDD
  WWWWWWWWW        AAAAAAAAA       LLLLLLLLL       DDDDDDDDD
   WWWWWWW          AAAAAAA         LLLLLLL         DDDDDDD
  WWWWWWWWW        AAAAAAAAA       LLLLLLLLL       DDDDDDDDD
 WWWWWWWWWWW      AAAAAAAAAAA     LLLLLLLLLLL     DDDDDDDDDDD
WWWWWWWWWWWWW    AAAAAAAAAAAAA   LLLLLLLLLLLLL   DDDDDDDDDDDDD
     WWW              AAA             LLL             DDD
     WWW              AAA             LLL             DDD
     WWW              AAA             LLL             DDD
```

Gerri Zotte, Mira Lobe, Renate Welsh

272 Stadt

```
                                     DDDDDDDDDDD
                                     DDDDDDDDDDD
                                     DDDDDDDDDDD
              TTTT                   DDDDDDDDDDD
              TTTT                 A DDDDDDDDDDD
     S        TTTT               AAA DDDDDDDDDDD    TTTTTTTT
   SSSSSSSSSSSTTT                AAA DDDDDDDDDDD    TTTTTTTT
SSSSSSSSSSSSSSTTT                AAA DDDDDDDDDDD    TTTTTTTT
SSSSSSSSSSSSSSTTT                AAA DDDDDDDDDDD    TTTTTTTT
SSSSSSSSSSSSSSTTT                AAA DDDDDDDDDDD    TTTTTTTT
SSSSSSSSSSSSSSTTT    AAAAAAAAAAAAAAA DDDDDDDDDDD    TTTTTTTT
SSSSSSSSSSSSSSTTT  AAAAAAAAAAAAAAAAA DDDDDDDDDDDTTTTTTTTTTTTTTTTT
SSSSSSSSSSSSSSTTT AAAAAAAAAAAAAAAAAA DDDDDDDDDDDTTTTTTTTTTTTTTTTT
SSSSSSSSSSSSSSTTT AAAAAAAAAAAAAAAAAA DDDDDDDDDDDTTTTTTTTTTTTTTTTT
SSSSSSSSSSSSSSTTT AAAAAAAAAAAAAAAAAA DDDDDDDDDDDTTTTTTTTTTTTTTTTT
```

Buckhard Garbe (*1941)

Textmerkmale (der Texte 271 und 272)

- Umriss eines Baumes bzw. eines Gebäudes durch jeweils einen Buchstaben gefüllt.
- Buchstaben hintereinander gelesen: die Wörter "Wald" bzw. "Stadt" als Kollektivbezeichnungen für eine Ansammlung von Bäumen bzw. Gebäuden.

Anregungen

- Wortbilder lesen.
- Wortbilder nachgestalten (z. B. OBST)

273 Känguruh

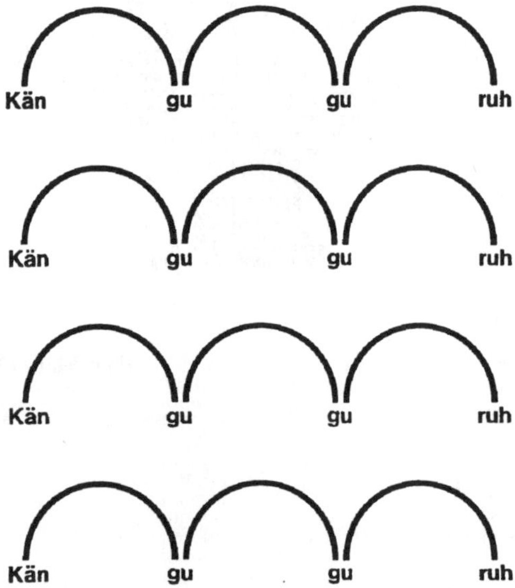

Hans Manz (*1931)

Textmerkmale

- Wortbild, das nicht an die äußere Form des bezeichneten Tieres anknüpft, sondern in silbenverbindenden Bögen dessen Sprungbewegungen sichtbar macht.
- Verstärkung des Sprunghaften durch Wiederholung der Mittelsilbe.

Anregungen

- Sich selbst erklärendes Bildgedicht vorgeben und interpretieren.
- Bögen als Sprünge erfassen.
- Variationen durch leichte Veränderungen vornehmen, z. B. unterschiedlich weite und hohe Sprünge.

Wortverästelungen

AST AST AST AST
AST AST AST AST AST
AST AST AST AST AST AST
TASTE ASTI LAST LAST ASTI TASTE
LASTER ASTOR ELAST ELAST ASTOR LASTER
BASTARD ASTHMA DAMAST DAMAST ASTHMA BASTARD
PASTORIN ASTARTE BALLAST BALLAST ASTARTE PASTORIN
PASTETE ASTRID MORAST MORAST ASTRID PASTETE
KASTEN ASTER KNAST KNAST ASTER KASTEN
PASTE ASTA MAST MAST ASTA PASTE
AST AST AST AST AST AST
AST AST AST AST AST
AST AST AST AST
STAMMSTAMM
STAMMSTAMM
STAMMSTAMM
STAMMSTAMM
STAMMSTAMM
STAMMSTAMM
STAMMTSTAMMT
STAEMMIGSTAEMMIG
STAMMBAUMBAUMSTAMM

Hans Manz (*1931)

Textmerkmale

- Visuelles Gedicht, das den Umriss eines Baumes von der Wurzel bis zur Krone sprachlich füllt.
- Verwendung baumspezifischer Wörter: Baum, Stamm, Ast.
- Ergänzung durch Wortbildungen (Baumstamm, stämmig, stammt) und die Umkehrung der Zusammensetzung (Baumstamm - Stammbaum).
- Integration anderer, inhaltlich nicht zugehöriger Wörter in die Baumkrone, die rein formal die Buchstabenfolge AST aufweisen (Hinweis auf diese formale Klammer im Titel "Wortverästelungen").

Anregungen

- Bildgedicht untersuchen, dabei Aufmerksamkeit zunächst nur auf die Wörter AST, STAMM, BAUM lenken.
- Die übrigen Wörter betrachten und ihre Zugehörigkeit erklären.
- Die Überschrift in die Interpretation einbeziehen.
- Vorlage (am Computer?) verändern (z. B. WURZEL und ZWEIG einfügen, NEST verstecken usw.).

Aus der Wolke
fällt
der
Regen
AUF DAS DACH. DAS MACHT KRACH.
IM HAUS / HÄLT MAN'S AUS.
IM ZIMMER IST'S IMMER
TROCKEN. / DA BLEIBT MAN
HOCKEN. IST DER REGEN AUS,
DANN GEHT MAN RAUS!

Paul Manz (*1937)

Textmerkmale

- Visuelles Gedicht, das sich nicht nur auf einzelne Wörter stützt, sondern auf einen aus mehreren Sätzen bestehenden, gereimten Text.
- Verteilung des Sprachmaterials in der Fläche zeichnet ein Geschehen nach, das vom fallenden Regen (senkrechte Bewegung) über das Hausdach (diagonale Leserichtung) bis zum Spaziergang nach dem Regen (Text verlässt das Haus) reicht.

Anregungen

- Text inhaltlich aufnehmen.
- Wechsel der Leserichtung beachten und begründen (auch die gewölbte Wolke).
- Ausgestaltungen und Entsprechungen produzieren, z. B.:

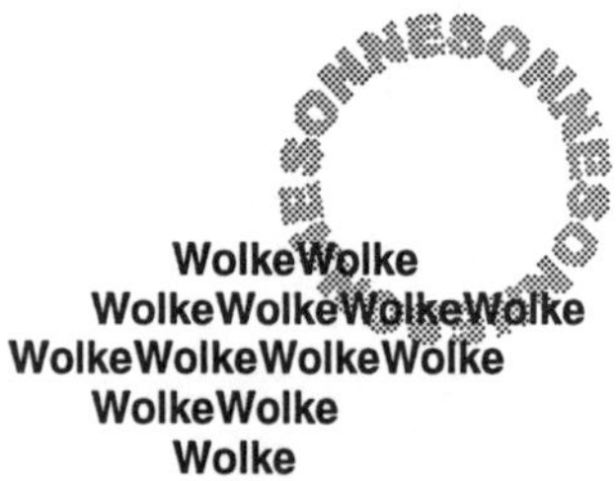

276

WAS MÜSSEN DA FÜR BÄUME STEHN
IM LANDE WO
DIE GROSSEN
ELEFANTEN DARUNTER GEHN
OHNE ANZUSTOSSEN
OBEN

Friedrich Rückert (1788-1866)

Textmerkmale

- Umgestaltung eines Rückert-Verses in visuelle Poesie.
- Text skizziert als Umrisslinie (durch ein Punkt = Auge ergänzt) Bäume und einen Elefanten (ohne Satzzeichen).

Anregungen

- Nach Anfang und Ende des Textes suchen.
- Baumstämme, Äste und Elefant identifizieren.
- Bildgedicht mit Hilfe der verbreiteten Textvariante umgestalten:
  Was müssen das für Bäume sein, wo die großen
  Elefanten spazieren gehn, ohne sich zu stoßen!

277 Der Ball

Ist der Ball guter Laune,
dann springt er
und springt
und springt
und springt
und springt
und springt
und springt
und springt
und springt
und springt
und springt
und springt
und springt
und springt
und springt
und springt
und springt,

und nichts kann ihn halten.

Ludwig Jerzy Kern

Textmerkmale

- Visuelles Gedicht, das mit seinem Textverlauf die Springbewegungen eines Balles (auf und ab) nachgestaltet.
- Gleichförmigkeit der Bewegungen in Aufzählungsreihe ("und springt") eingefangen.

Anregungen

- Text lesen und seine Anordnung interpretieren.
- Erörtern: Warum springt der Ball bei "guter Laune"? (Analogie zum Springen von Tieren und Menschen).
- Text fortsetzen, variieren (z. B.: "und fällt in einen Graben.")

Geh doch nicht immer im gleichen
Trott
Trott
Trott
Trott
Trott
Trott
Trott
Trott
Trott
Trott
Trott
Trottel.

Hans Mans (*1931)

Textmerkmale

- Bildgedicht mit Visualisierung des ewig gleichförmigen Schrittes durch den Turm aus völlig identischen Wörtern.
- Unterstreichung der Gleichförmigkeit (ohne irgendeine Abwechslung) durch Bedeutung des Wortes "Trott".
- Distanzierung von dem beschriebenen Verhalten durch Wortspiel in der etymologisch verwandten Anrede "Trottel" = Mensch mit ungeschicktem, schwerfälligen Gang; unbeholfener, einfältiger Mensch.

Anregungen

- Wortbedeutung "Trott" klären (vgl. Verb "trotten").
- Text als "Ratschlag" interpretieren.
- Diskutieren: Ist jemand, der trottet, ein Trottel?
- Text variieren, durch Einbau der Wörter "trotten" und "trottelig" (z. B. vorweg: "Du trottest, trottest, trottest ..." und zum Schluss: "du trotteliger Trottel").

279

Das Gedicht von den unsteten Dingen

es geht herab
es geht bergab
es geht bergauf
es geht hinauf
es geht zick zack
geht kreuz und quer
mal geht es hin
reh se theg lam
jetzt geht es grad
jetzt geht es krumm
jetzt geht es immer rundherum jetzt geht es immer rundherum jetzt geht es immer rundherum jetzt geht es immer rundherum jetzt geht es immer rundherum jetzt geht es immer rund herum jetzt geht es

Brigitte Peter (*1936)

Textmerkmale

- Komplexes visuelles Gedicht mit vielfältigem Wechsel der Leserichtung.
- Figuration der "Unstetigkeit", der Wechselhaftigkeit von Fortbewegung und "Lebenslauf" (vgl. "Wie geht es?").
- Verzicht auf Textgliederungssignale wie Großschreibung und Satzzeichen.

Anregungen

- Anfang und Ende des Textes suchen (verschiedene Einstiegsmöglichkeiten denkbar).
- Untersuchen, wie die Bedeutung einer Aussage jeweils durch das Schriftbild "sichtbar" gemacht wird.
- Bedeutung der Adjektive "stetig" und "unstet" aus dem Text ableiten (vgl. auch das Adverb "stets" = immer).
- Gegensatzpaare heraussuchen und bestimmen: Hin – her, bergab – bergauf, herab – hinauf, grad – krumm.
- Auf Mehrdeutigkeit von "gehen" (Wie geht es dir?) und der Textaussagen (das Auf und Ab des Lebenslaufs) hinweisen.

Fallschirme

lauter
Löwenzahnfall
schirmspringer
ließen sich
langsam durch
die Luft
gleiten und
landeten leise
und leicht

Georg Bydlinski / Winfried Opgenoorth

281 Löwenzahn

l ö w e nz a hnsam e n

s c h w e b e n ü b e r

Gerri Zotter (*1939) und Mira Lobe (*1913) und Renate Welsh (*1937)

Textmerkmale (der Texte 280 und 281)

- Zwei themengleiche visuelle Gedichte mit unterschiedlicher Visualisierungstechnik.
- Ansatz in einem Fall die Gestaltähnlichkeit des Buchstaben "l" mit Fallschirm-Samen, im anderen Fall Ähnlichkeit der luftig lockeren Verteilung von Buchstaben mit dem Schweben von Samen in der Luft (im Kontrast zur flachen "Wiese").

Anregungen

- Beide Texte zunächst für sich lesen und interpretieren.
- Texte vergleichen (Gemeinsamkeit: luftig lockere Verteilung des Sprachmaterials suggeriert ein "Schweben").
- Texte bewerten: Was gefällt besser? Warum?
- Über eine dritte Gestaltungsweise nachdenken.

Die Sanduhr

Die Zeit verrinnt
Die Zeit verrinnt
Die Zeit verrinnt
Die Zeit verrinnt
Die Zeit verrinnt
Die Zeit verrinnt
Die Zeit verrinnt
Die Zeit verrinnt
Die Zeit verrin
Die Zeit verr
Die Zeit ve
Die Zeit
Die Zei
Die Z
Die
D
i
e
Z
e
i
t
v
e
r
r
t e
ir ve
tZin e
ry enD iZe
ri rt
te nr t reity
nv vn e Zn eni
izei et i nt enr
eZr t rtiZeyD e
tri nntDer nni Z
t i vei ri et
D ei rrinh Z ni
n t eZ n e tr t
ei vni n ir ie n
Z ei Dh ty i
tDern ntZe i ern

Gerri Zotter (*1939),
Mira Lobe (*11913),
Renate Welsh (*1937)

Textmerkmale

- Bildgedicht in Gestalt einer Sanduhr mit "rinnendem" Sand.
- Geordnete, überschaubare Schrift/Zeit im oberen Teil der Uhr (= noch vorhandene Zeit) gegenüber ungeordnetem Buchstabendurcheinander im unteren Teil (= bereits verbrauchte, vergangene Zeit).

Anregungen

- Überschrift zunächst weglassen und über Textgestalt rätseln.
- Lösungswort "Sanduhr" erraten oder verraten.
- Sanduhren und ihr Funktionieren beschreiben.
- Unordnung in unteren Teil der Uhr deuten.

283 Oben!

```
                         O b e n ! Endlich oben! Ganz o
                         n                            o
                     e n g t a                        o
                     r                                o
                 p u h s t                            o
                 n                                    o
             t e i g e                                o
             s                                        o
         e p p e n                                    o
         r                                            o
     n g u t T                                        o
     u                                                o
Da rauf? Ach je! N                                    oh!! Wer hat mich da gestoßen??
```

Winfried Ulrich (*1941)

(nach Hans Manz)

Textmerkmale

- Bildgedicht mit Vertextung und Visualisierung eines (Treppen-)Aufstiegs und eines abrupten Falls.
- Drei Phasen der Bewegung auf einer Ebene (vor dem Aufstieg: unten – nach dem Aufstieg: oben – nach dem Fall: unten).

Anregungen

- Text interpretieren (Angst vor Anstrengung – Jubel nach Aufstieg – Enttäuschung und Empörung nach Sturz).
- Die Richtungswechsel des Textverlaufs erklären.
- Eine Geschichte zum Handlungsverlauf des Gedichts erzählen oder schreiben.

284 Miezekatzen

Roy Mckie/Siné

Textmerkmale

- Drei Wortbilder um die "Miezekatze" herum.
- Wortspiele mit Lautähnlichkeit von "Katze" (Akazie, Plakatsäule) und "Mieze" (Tee mit Zitrone).
- Komik durch recht abwegige Wortspiele, aber noch mehr durch die absurden Katzenverfremdungen.

Anregungen

- Die drei Zeichnungen zunächst nur mit den Wortteilen "katz" und "miez" darunter vorgeben: Rätselraten.
- Wortspiele ergänzen und untersuchen.

285

Claus Bremer (*1924)

Textmerkmale

- Verbindung vieler einzelner "ich" zu einem gemeinsamen "wir".
- Alle "ich" zwar in Zeilen und Spalten klar geordnet, aber Wörter wie Buchstaben in unverbundener Druckschrift, z. T. unvollständig oder beschädigt am Rande.
- Das "wir" dagegen in verbundener Schreibschrift (symbolisiert Geschlossenheit).

Anregungen

- Das Verhältnis der beiden Personalpronomen zueinander untersuchen.
- Die unterschiedlichen Schriftarten interpretieren.
- Andere Darstellung erproben (z. B. "ichich" in verbundener Handschrift).

286

Wolfgang Schmidt (*1922)

Textmerkmale

- Visuelles Rundgedicht, dessen Ende unmittelbar wieder in den Anfang übergeht.
- Kreisförmige Buchstabenanordnung ohne Zwischenräume zwischen den Wörtern: Suche nach dem "Lesestart", kein Ausbrechen aus unveränderlichem Rundlauf möglich.
- Drei mögliche Lesarten: "und so weiter" – "weiter, und so" – "so weiter! und".

Anregungen

- Nach Leseanfang suchen, Bedeutungen der drei "Lesarten" durch Klangproben erarbeiten.

Widerstand

```
jajajajajajajajajajajajajaja
jajajajajajajajajajajajajaja
jajajajajajajajajajajajajaja
jajajajajajajajajajajajajaja
jajajajajajajajajajajajajaja
jajajajajajajajajajajajajaja
jajajajajajajajajajajajajaja
jajajajajajaneinjajajajajaja
jajajajajajajajajajajajajaja
jajajajajajajajajajajajajaja
jajajajajajajajajajajajajaja
jajajajajajajajajajajajajaja
jajajajajajajajajajajajajaja
jajajajajajajajajajajajajaja
jajajajajajajajajajajajajaja
jajajajajajajajajajajajajaja
```

Gerri Zotter (*1931)
Mira Lobe (*1913)
Renate Welsh (*1937)

Textmerkmale

- Ein einziges "nein" mitten in geordnet aufgestellter Schar von "ja"(-Sagern).
- Das "nein" als Symbol für Widerstand ("aus der Reihe tanzen", "aus dem Rahmen fallen").
- Unauffälligkeit als kluges "Sichverstecken"?

Anregungen

- Text zunächst ohne Überschrift betrachten und kommentieren lassen (Wird "nein" überhaupt entdeckt?).
- Überschrift mit heranziehen und Interpretation erweitern.

288 Verlustanzeige

irgendwoo
habe
ich
etwas
verl ren

Hardy Scharf

Textmerkmale

- Veranschaulichung eines Verlusts durch "Verrutschen" des Buchstabens "o".
- Analogie zwischen Wortbedeutung "verloren" und dem fehlenden Buchstaben.

Anregungen

- Text interpretieren: Was ist verloren gegangen? Wer findet es wieder?
- Andere Wörter suchen, die inhaltlich einen Verlust ausdrücken und die man äußerlich "beschädigen" kann ("abhanden gekommen", "beraubt", "weggenommen", "gestohlen").

289 Sprichwort

in d krze
liegt d Wrze!

Winfried Ulrich (*1941)

Textmerkmale

- Visualisierung von "Kürze" durch weglassen von Buchstaben, die beim Erlesen aber leicht ergänzt werden können.
- Bekanntheit des Sprichworts erleichtert die Vervollständigung des Satzes beim Lesen.

Anregungen

- Text als Rätsel sukzessive vorgeben:
  nur das Kernwort "Krze",
  dann auch das Reimwort "Wrze" darunter,
  dann den ganzen Text,
  schließlich auch die Überschrift.
- Übertragene Bedeutung des Sprichworts besprechen.

290

Kirschkerne spucken

Ki-Ki-Kirschkerne spucken,
pft!
pfft!
gegen den Wind,
das kann jedes Kind.

Ki-Ki-Kirschkerne spucken,
pfft!
pfffft!
gegen den Föhn,
ist leicht und schön.

Ki-Ki-Kirschkerne spucken,
pfffft!
pffffffffft!
gegen den Sturm
ist schon enurm.

Ki-Ki-Kirschkerne spucken,
pffffffffft!
pffffffffffffffffft!
gegen den Orkan,
phhh!
kann keiner an.

Gerald Jatzek

Textmerkmale

- Visuelles Gedicht: wachsende Windstärke durch zunehmenden Fettdruck wiedergegeben.
- Ergänzung einer dritten Ebene der allmählichen Steigerung: Kraft und Anstrengung des Spuckens (visualisiert durch anschwellendes Geräuschwort "pffft").

Anregungen

- Text geräuschnachahmend lesen und die drei Steigerungen herausarbeiten.
- Text umgestalten durch zusätzliche "Verwehungen" der Buchstabenreihen.

291

Von der Frau, die eine große Flasche kaufen wollte

Eine Frau ging zum Kaufmann und wollte eine Flasche kaufen.
Der Kaufmann brachte eine Flasche, die war
soo groß.

"Die ist viel zu klein", sagte die Frau.
Da holte der Kaufmann eine Flasche, die war
sooooo groß,

"Die ist viel zu klein", sagte die Frau.
Da holte der Kaufmann eine Flasche, die war
sooooooooo groß.

"Die ist viel zu klein", sagte die Frau.
Da holte der Kaufmann eine Flasche, die war
sooooooooooooooooooo groß.

"Die ist richtig", sagte die Frau. "Was kostet sie denn?"
"Die kostet hundert Mark", sagte der Kaufmann.
"Oooh, das ist ja viel zu teuer", sagte die Frau. "Geben Sie mir
eine kleinere Flasche!"
Da holte der Kaufmann eine Flasche, die war
sooooooooo groß.

"Was kostet die denn?" fragte die Frau.
"Die kostet fünfzig Mark", sagte der Kaufmann.
"Oooh, die ist ja viel zu teuer", sagte die Frau. "Geben Sie mir
eine kleinere Flasche!"
Da holte der Kaufmann eine Flasche, die war
sooooo groß.

"Was kostet die denn?" fragte die Frau.
"Die kostet zwanzig Mark", sagte der Kaufmann.
"Oooh, die ist ja viel zu teuer", sagte die Frau. "Geben Sie mir
eine kleinere Flasche!"
Da holte der Kaufmann eine Flasche, die war
soo groß.

"Was kostet die denn?" fragte die Frau.
"Die kostet fünf Mark", sagte der Kaufmann.
"Oooh, die ist ja viel zu teuer", sagte die Frau."Geben Sie mir
eine kleinere Flasche!"
Da holte der Kaufmann eine Flasche, die war
soooooooo klein.

"Was kostet die denn?" fragte die Frau.
"Die kostet fünfzig Pfennige", sagte der Kaufmann.
"Die nehm ich", sagte die Frau, zahlte und ging.

Heinrich Hannover (*1925)

Textmerkmale

- Variation der Schriftgröße und der Wortlänge (durch Vervielfachung des Buchstabens "o") je nach Flaschengröße im Text.
- Zwei gegenläufige Bewegungen bei ansonsten sich stark ähnelnden Strophen: Anschwellen und Abschwellen.

Anregungen

- Die ersten vier Strophen mit immer gedehnterem "o" vorlesen.
- Umschwung in der zentralen fünften Strophe herausarbeiten.
- Abwärtsbewegung der Folgestophen lautmalerisch gestalten (mit leiser werdender Stimme bei "sooo klein").

Leber für Schmatzi

Herr Seenix kam vom Einkaufen.

Er hatte eine Überraschung für seinen Kater in der Einkaufstasche.

„Schmatzimatzimatzi, kommkommkommkommkommkomm!

Leeeeeeeeeeeeeeber!"

Aber er rief umsonst.

Kein Schmatzi erschien.

Herr Seenix lief in den Garten:

„Schmatzibutzibatzibitzimitzimatzi!"

Ganz hinten war er jetzt angekommen.

Man konnte ihn kaum noch erkennen, wie er so hinter den Büschen am Zaun entlangkroch.

Aber Schmatzi war hier auch nicht zu sehen.

Herr Seenix kam zurück:

„Schmatzmatzmatzmatz! Leeeeber!"

Nichts.

Langsam wurde Herr Seenix nervös.

Er bückte sich und spähte

unter das Sofa:

Nichts.

Unbekannter Verfasser

Textmerkmale

- Textinterpretation durch graphische Gestaltung: Variation von Schriftart, Schriftgröße (selbst innerhalb eines Wortes kontinuierlich zunehmend oder abnehmend), Zeilenabstand, Zeilenlänge, Zeilenanfang
- „Verwackeln" von Wörtern und Buchstaben.
- Wiederholungen gleicher Silben und Buchstaben.

Anregungen

- Geschichte lautgestaltend erlesen; dabei jede Variation der Schriftgestalt mit der Stimme wiedergeben.

293 Bumdidi

Bumdidi
Bumdidi
Bumdidi
bum

So geht der Elefant herum.

Bumdidi
Bumdidi
Bumdidi
bum.

Ein Glöcklein an drei Beinen,
kein Glöcklein an dem einen.

Bumdidi
Bumdidi
Bumdidi
bum.

Josef Guggenmos (*1922)

Textmerkmale

- Konkretes Gedicht des Typs akustische Lyrik (Lautgedicht): Konkretes Material der Sprache (Buchstaben/Laute, Lautgruppen, Silben) wird so eingesetzt, dass sich eine Beziehung zwischen diesem Material und dem Klang des Gemeinten einstellt.
- Dreimaliges "bumdidi" steht für dreimaliges Setzen eines Fußes ("bum") mit Klingen des angehängten Glöckleins ("didi") – folgendes "bum" für Setzen des vierten Fußes ohne Glöcklein.

Anregungen

- Text erlesen und erspielen (zwei Schüler spielen den Elefanten, gehen entsprechend herum und rufen beim Auftreten "bumdidi ...").

294 Entwischt

Aus der Tasche sprang mir heut
ein Apfel. Ich rief: "He!"
Er hörte nicht. Er lief hinab
die Trep -
pe - pe -
pe - pe -
pe - pe -
pe - pe
pe - pe.

Josef Guggenmos (*1922)

Textmerkmale

- Konkretes Gedicht mit visueller und akustischer "Konkretisierung" (Apfelbewegung ist sichtbar in der Stufenfolge der Silben "pe - pe", hörbar in der Lautierung dieser Silben).

Anregungen

- Text klanggestaltend lesen
- Textvortrag durch Körperbewegungen (Armbewegung oder Sprünge) ergänzen.

295 Die Vase, der Vase

k
l
i
r
r
r
r
!

Das Va - se!

Unbekannter Verfasser

Textmerkmale

- Konkrete Dichtung mit visueller und akustischer Veranschaulichung des inhaltlichen Vorgangs einer fallenden und in Scherben zerspringenden Vase: Leserichtung steht für den Fall, das lautmalerische "klirr" für das Geräusch und das Zerbrechen in Einzelteile.
- Spiel mit der Klangähnlichkeit von "Vase" und "war se" (= Das war sie einmal; sie ist nicht mehr).

Anregungen

- Erste Zeile und letzte Zeile mit Abstand an der Tafel vorgeben, dann erst das Geräuschwort schräg dazwischen schreiben.
- Text klanggestaltend vorlesen.
- Auf die Mehrdeutigkeit der Schlusszeile hinweisen.

C Anhang

I Autorenverzeichnis

II Quellenverzeichnis

1. Ulrich, Winfried (1975): Der Witz im Deutschunterricht. Braunschweig: Westermann.
2. Quelle nicht feststellbar.
3. Ulrich, Winfried: Originalbeitrag.
4. ILLUSTRIERTE WOCHENZEITUNG (iwz) 26.07.1980
5. Spohn, Jürgen (1980): Drunter und Drüber. München: Bertelsmann.
6. Bülow, Bernhard-Viktor von (1968): Loriot´s großer Ratgeber. Zürich: Diogenes.
7. Manzoni, Carlo (1971): 100 x Signor Veneranda. München: dtv.
8. Buck, Siegfried (Hg.) (1984): Bausteine Deutsch 3. Frankfurt: Diesterweg.
9. Bülow, Bernhard-Viktor von (o. J.): Wahre Geschichten. Zürich: Diogenes.
10. Ulrich, Winfried: Originalbeitrag.
11. Nastvogel, Kurt-Uwe (1973): Cartoons. Nürnberg.
12. Topsch, W. u. a. (Hg.) (1981): Kinder lesen. Hannover: Schroedel.
13. Bülow, Bernhard-Viktor von (1968): Loriot´s großer Ratgeber. Zürich: Diogenes.
14. Ulrich, Winfried: Originalbeitrag.
15. Ulrich, Winfried: Originalbeitrag.
16. Press, Hans Jürgen (1973): Der kleine Herr Jakob. Ravensburg: Otto Maier.
17. Sempé, Jean Jaques (1971): Wie sag ich´s meinen Kindern? Zürich: Diogenes.
18. DIE ZEIT 04.03.1966
19. Baumann, Hans (Hg.) (1973): Eins zu null für uns Kinder. Oldenburg: Stalling.
20. BRIGITTE 23/1975
21. HÖRZU 24/1970
22. Ulrich, Winfried: Originalbeitrag.
23. Plauen, E. O. (1962): Vater und Sohn. Konstanz: Südverlag.
24. Krüss, James (o. J.): Abc und Phantasie. Ravensburg: Otto Maier.
25. Kirsten, Rudolf (1960): Hundertfünf Fabeln. Zürich: Logos.
26. SPIELEN UND LERNEN 9/1975
27. Duwe, E. u. a. (Hg.) (1985): Leserunde 5. Freiburg: Herder.
28. Schniebel, Jan P. (1984): 15 Jahre Fuchs-Jux. Reinbek: Rowohlt.
29. Ulrich, Winfried: Originalbeitrag.
30. HÖRZU 28/1976
31. Gelberg, H.-J. (Hg.) (1978): Das achte Weltwunder. Weinheim, Basel: Beltz.
32. Ulrich, Winfried: Originalbeitrag.
33. BUNTE ILLUSTRIERTE 8/1973
34. Schnurre, Wolfdietrich (1971): Der Spatz in der Hand. München: Langen-Müller.
35. Baumann, Hans (Hg.) (1966): Wer Flügel hat, kann fliegen. Reutlingen: Ensslin und Laiblin.
36. STUTTGARTER ZEITUNG 15.11.1969
37. Jandl, Ernst & Spohn, Jürgen (1983): falamaleikum. Darmstadt und Neuwied: Luchterhand.
38. Lindner, K. (Hg.) (1995): Lesefuchs III. Leipzig, Stuttgart, Düsseldorf: Klett.
39. Laage, K. E. & Lohmeier, D. (Hg.) (1987-88): Theodor Storm. Sämtliche Werke. Frankfurt.
40. Boris (1974): Mollah. Stuttgart: Unipart. In: Duwe, E. u. a. (Hg.) (1985): Leserunde 5. Freiburg: Herder.

41. Fuchs, Günter Bruno (1965): Pennergesang. Gedichte und Chansons. München: Hauser.
42. Valentin, Karl (1969): Sturzflüge im Zuschauerraum. München: Piper.
43. Lindner, K. (Hg.) (1995): Lesefuchs II, 3. Stuttgart: Klett.
44. Birkel, Alfred (1954): Der Sommergarten. Berlin, Stuttgart: Thienemann.
45. Enzensberger, Hans Magnus (Hg.) (1961): Allerleirauh. Frankfurt: Suhrkamp.
46. Apeltauer, E. u. a. (Hg.) (1986): Lesestunden 4. Bochum: Kamp.
47. Lewalter, I. (1911): Deutsches Kinderlied und Kinderspiel. Kassel: Vietor.
48. Boldt, R. & Krahl, G. (Hg.) (1983): Das Rowohlt rotfuchs Lesebuch. Reinbek: Rowohlt.
49. Neie, Rosemarie (1971): Viel Gerumpel um Frau Pumpel. Hamburg: Oetinger.
50. Neie, Rosemarie (1971): Viel Gerumpel um Frau Pumpel. Hamburg: Oetinger.
51. Borchers, E. (Hg.) (1971): Das große Lalula. München: Ellermann.
52. Owlglass (= Hans Erich Blaich) & Gulbransson, Olaf (1941): Idyllen und Katastrophen. München: Piper.
53. Boldt, R. & Wandrey, U. (Hg.) (1974): Da kommt ein Mann mit großen Füßen. Tag- und Nachtgeschichten. Reinbek: Rowohlt.
54. ILLUSTRIERTE WOCHENZEITUNG (iwz) 52/1974
55. Schweiggert, Alfons (1986): Das ist der Knüller. Freiburg: Herder.
56. Manz, Hans (1991): Die Welt der Wörter. Weinheim, Basel: Beltz.
57. AREFF 8/1985, Seelze: Velber.
58. Peukert, Kurt Werner (1974): Kinderlesebuch. Stuttgart.
59. Alverdes, P. (Hg.) (o. J.): Johann Peter Hebel. Werke. München: Hanser.
60. Schnurre, Wolfdietrich (1971): Der Spatz in der Hand. München: Langen-Müller.
61. Gerth, K. (Hg.) (1972): Bildergeschichten. Hannover: Schroedel.
62. Gelberg, H.-J. (Hg.) (1975): Menschengeschichten. Weinheim, Basel: Beltz.
63. Gelberg, H.-J. (Hg.) (1973): Am Montag fängt die Woche an. Weinheim, Basel: Beltz.
64. Beutzien, Karl (1975): Ene mene Tintenfaß, rate, rate, was ist das? Freiburg: Herder.
65. Bödeker, Hans u. a. (Hg.) (1986): Texte für die Primarstufe 2. Hannover: Schroedel.
66. Jandl, Ernst (1970): Der künstliche Baum. Neuwied, Berlin: Luchterhand.
67. Schulte, M. (Hg.) (1985): Karl Valentin. Gesammelte Werke in einem Band. München: Piper.
68. Arp, Hans (1953): Gesammelte Gedichte I. Wiesbaden: Limes.
69. Manz, Hans (1991): Die Welt der Wörter. Weinheim, Basel: Beltz.
70. Bülow, Bernhard-Viktor von (1968): Loriot´s großer Ratgeber. Zürich: Diogenes.
71. Gelberg, H.-J. (Hg.) (1986): Überall und neben dir. Weinheim, Basel: Beltz.
72. Busta, Christina (1959): Die Sternenmühle. Salzburg: O. Müller.
73. Hacks, Peter (1956): Das Windloch. Gütersloh: Bertelsmann.
74. Krüss, James (Hg.) (1972): Seifenblasen zu verkaufen. Gütersloh: Bertelsmann.
75. Gelberg, H.-J. (Hg.) (1960): Die Stadt der Kinder. Recklinghausen: Bitter.
76. Kopfermann, Th. u. a. (Hg.) (1981): Lesebuch Deutsch 5. Braunschweig: Westermann.
77. Manz, Hans (1974): Worte kann man drehen. Weinheim, Basel: Beltz.
78. Krüss, James (1970): Mein Urgroßvater und ich. Hamburg: Oetinger.
79. Schäuffelen, Konrad Balder (1979): Raus mit der Sprache. Frankfurt: Suhrkamp.
80. Ulrich, Winfried: Originalbeitrag.
81. Gelberg, H.-J. (Hg.) (1983): Das achte Weltwunder. Weinheim: Beltz.
82. Ulrich, Winfried: Originalbeitrag.
83. HÖRZU 1/1977
84. Ende, Michael (1969): Das Schnurpsenbuch. Stuttgart: Thienemann.

85. Paysen-Petersen, Georg (1965): Till Eulenspiegel. Für die Jugend bearbeitet. Bayreuth: Loewes.
86. QUICK 50/1970
87. NEUE RUNDSCHAU 82/1971
88. Ulrich, Winfried: Originalbeitrag.
89. Ulrich, Winfried: Originalbeitrag.
90. Kalz-Kutschka, G. u. a. (Hg.) (1978): Westermann Texte Deutsch 4. Braunschweig: Westermann.
91. QUICK 23/1971
92. Döring, Oskar (1957): Der Tausendsassa. Stuttgart: Union.
93. GRUNDSCHULZEITSCHRIFT 22/1989
94. Schniebel, Jan P. (1974): Fuchs-Jux. Comic strips. Reinbek: Rowohlt.
95. Ulrich, Winfried: Originalbeitrag.
96. HÖRZU 9/1976
97. Manz, Hans (1974): Worte kann man drehen. Weinheim, Basel: Beltz.
98. Fröhlich, Roswitha (1980): Na hör mal! Ravensburg: Otto Maier.
99. Ulrich, Winfried: Originalbeitrag.
100. Ulrich, Winfried: Originalbeitrag.
101. HÖRZU 24/1976
102. Ulrich, Winfried: Originalbeitrag.
103. Ende, Michael (1969): Das Schnurpsenbuch. Stuttgart: Thienemann.
104. Domenego, Hans u. a. (1975): Das Sprachbastelbuch. Wien, München: Jugend und Volk.
105. HÖRZU (Hg.) (1978): Das Beste von Seite 3. Hamburg: Springer.
106. Domenego, Hans (Hg.) (1977): Im Fliederbusch das Krokodil singt wunderschöne Weisen. Wien: Jugend und Volk.
107. Baumann, Hans (Hg.) (1965): Ein Reigen um die Welt. Gütersloh: S. Mohn.
108. Bülow, Bernhard-Viktor von (1968): Loriot´s großer Ratgeber. Zürich: Diogenes.
109. Spohn, Jürgen (1967): Eledil und Krokofant, Reime und Bilder. Gütersloh: Bertelsmann.
110. Gelberg, H.-J. (Hg.) (1975): Menschengeschichten. Weinheim: Beltz.
111. Erhardt, Heinz (1970): Das große Heinz Erhardt Buch. Hannover: Fackelträger.
112. Kruse, Max (1968): Windkinder. Reutlingen: Ensslin und Laiblin.
113. Maar, Paul (1977): Onkel Florians fliegender Flohmarkt. Hamburg: Oetinger.
114. Bülow, Bernhard-Viktor von (1968): Loriot´s großer Ratgeber. Zürich: Diogenes.
115. Lanzelsdorfer, Friederike & Pacolt, Ernst (Hg.) (1979): Neues aus dem Haus Marillengasse 4. Wien, München: Jugend und Volk.
116. Ulrich, Winfried: Originalbeitrag.
117. TINA 32/1977
118. Domenego, Hans u. a. (1975): Das Sprachbastelbuch. Wien, München: Jugend und Volk.
119. Gelberg, H.-J. (Hg.) (1973): Am Montag fängt die Woche an. Weinheim, Basel: Beltz.
120. MÜCKE 2/1965
121. QUICK 30/1972
122. Manz, Hans (1974): Worte kann man drehen. Weinheim, Basel: Beltz.
123. Domenego, Hans u. a. (1975): Das Sprachbastelbuch. Wien, München: Jugend und Volk.
124. Manz, Hans (1991): Die Welt der Wörter. Weinheim, Basel: Beltz.
125. Morgenstern, Christian (1957): Gedichte. Ausgewählt von Martin Beheim-Schwarzbach. Frankfurt a. M. und Hamburg: Fischer.

126. GONG 18.07.1987
127. Christen, Viktor (Hg.) (1978): Schnick Schnack Schabernack. Oldenburg, Hamburg: Stalling.
128. Krüss, James (1970): Mein Urgroßvater und ich. Hamburg: Oetinger.
129. Gelberg, H.-J. (Hg.) (1986): Überall und neben dir. Weinheim, Basel: Beltz.
130. Wiemer, Rudolf Otto (Hg.) (1974): bundesdeutsch. lyrik zur sache grammatik. Wuppertal: Hammer.
131. Gelberg, H.-J. (Hg.) (1969): Stadt der Kinder. Recklinghausen: Bitter.
132. Bull, Bruno Horst (1972): Eine Katze ging ins Wirtshaus. München: Heyne.
133. Hochhuth, Rolf (Hg.) (1959): Wilhelm Busch. Sämtliche Werke und eine Auswahl der Skizzen und Gemälde in zwei Bänden. Gütersloh: Bertelsmann.
134. Jandel, Ernst (1974): serienfuss. Neuwied: Luchterhand.
135. Küther, Kurt (1974): Ein Direktor geht vorbei. Gedichte eines Bergmanns. Wuppertal: Hammer.
136. SCHWEIZER ILLUSTRIERTE 37/1972
137. Unbekannter Herausgeber (1939): Tausend Sterne leuchten. Hirt´s Sammlung deutscher Gedichte. Breslau: Hirt.
138. Ulrich, Winfried (1980): Der Witz im Deutschunterricht. Braunschweig: Westermann.
139. ZEIT-magazin 46/1976
140. Paysen-Petersen, Georg (1965): Till Eulenspiegel. Für die Jugend bearbeitet. Bayreuth: Loewes.
141. DIE WELT 24.10.1959
142. Krischker, Gerhard (1974): Deutsch gesprochen. Epigramme. Bamberg: Ludwig Feuerbach.
143. Browne, Chris (1992): Hägar. King Features Syndicate. Distr. Bulls.
144. Andresen, Ute (1984).: ABC und alles auf der Welt. Ravensburg: Otto Maier.
145. Krüss, James (1964): James´ Tierleben. München: Anette Betz.
146. Ulrich, Winfried: Originalbeitrag.
147. Bülow, Bernhard-Viktor von (1968): Loriot´s großer Ratgeber. Zürich: Diogenes.
148. Baumgärtner, A. C. (Hg.) (o. J.): Auswahl 4. Bochum: Kamp.
149. Müller, E. P.; Hutterer, F. (Hg.) (1977): Lesebuch für die Grundschule 2. München: Oldenbourg.
150. Fuhrmann, J. (Hg.) (1980): Gedichte für Anfänger. Reinbeck: Rowohlt.
151. Bichsel, Peter (1969): Kindergeschichten. Newied und Berlin: Luchterhand.
152. Härtling, Peter (1962): Spielgeist, Spiegelgeist. Stuttgart: Gowerts.
153. Halbey, Hans Adolf (Hg.) (1965): Pampelmusensalat. Weinheim: Beltz.
154. Morgenstern, Christian (1958): Alte Galgenlieder. Frankfurt: Insel.
155. Reinig, Christa (o. J.): Ein Wagenzug von wilden Schwänen. Gedichte. Ravensburg: Maier.
156. HANDELSBLATT 3./4.3.2000
157. Schubiger, Jürg (1978): Dieser Hund heißt Himmel. Weinheim, Basel: Beltz.
158. Spohn, Jürgen (1980): Drunter und Drüber. München: Bertelsmann.
159. Bichsel, Peter (1969): Kindergeschichten. Newied und Berlin: Luchterhand.
160. Anders, Günther (1968): Der Blick vom Turm. Fabeln. München: Beck.
161. Guggenmos, Josef (1987): Das kunterbunte Kinderbuch. Freiburg: Herder.
162. Guggenmos, Josef (1980): Wer braucht tausend Schuhe? Oldenburg, Hamburg, München: Stalling.
163. Gelberg, H. J. (Hg.) (1971): Geh und spiel mit dem Riesen. Weinheim, Basel: Beltz.
164. Unbekannter Verfasser (1979): Ich und du und die ganze Welt. Köln: Middelhauve.

165. Domenego, Hans u. a. (Hg.) (1975): Das Sprachbastelbuch. Wien, München: Jugend und Volk.
166. Spohn, John (1988): Drauf und dran. Reinbek: Carlsen.
167. Baumgärtner, A. C. u. a. (Hg.) (1982): Ansichten 2. Bochum: Kamp.
168. Fried, Erich (1981): Lebensschatten. Berlin: Wagenbach.
169. Ulrich, Winfried: Originalbeitrag.
170. Domenego, Hans u. a. (Hg.) (1975): Das Sprachbastelbuch. Wien, München: Jugend und Volk.
171. Drews, I. u. a. (Hg.) (1980): Lesestunden 5. Bochum: Kamp.
172. Gelberg, H.-J. (Hg.) (1986): Überall und neben dir. Winheim: Beltz.
173. Gelberg, H.-J. (Hg.) (1977): Der fliegende Robert. Weinheim, Basel: Beltz.
174. Ulrich, Winfried: Originalbeitrag.
175. Bülow, Bernhard-Viktor von (1973): Loriot´s Heile Welt. Zürich: Diogenes.
176. Paysen-Petersen, Georg (1965): Till Eulenspiegel. Für die Jugend bearbeitet. Bayreuth: Loewes.
177. Unbekannter Verfasser: Mündlich überliefert.
178. Ulrich, Winfried: Originalbeitrag.
179. Bülow, Bernhard-Viktor von (1968): Loriot´s großer Ratgeber.. Zürich: Diogenes.
180. Ulrich, Winfried: Originalbeitrag.
181. HÖRZU 52/1999
182. Manz, Hans (1991: Die Welt der Wörter. Weinheim, Basel: Beltz.
183. Ulrich, Winfried: Originalbeitrag.
184. HÖRZU 16/1974
185. Bödeker, Hans u. a. (Hg.) (1987): Texte für die Primarstufe 4. Hannover: Schroedel.
186. Boldt, R. & Wandrey, U. (Hg.) (1974): Quatsch. Reinbek: Rowohlt.
187. Gelberg, H. J. (Hg.) (1971): Geh und spiel mit dem Riesen. Weinheim, Basel: Beltz.
188. Ulrich, Winfried: Originalbeitrag.
189. Fühmann, Franz (1978): Die dampfenden Hälse der Pferde im Turm von Babel. Berlin: Der Kinderbuchverlag.
190. Jandl, Ernst (1974): Der künstliche Baum. Frankfurt a. M.: Luchterhand.
191. Jandl, Ernst (1971): Laut und Leise. Neuwied: Luchterhand.
192. Krüss, James (1963): ABC und Phantasie. Ravensburg: Otto Maier.
193. Krüss, James (1963): ABC und Phantasie. Ravensburg: Otto Maier.
194. Beutzien, Karlheinz (1975): Ene mene Tintenfass, rate, rate, was ist das? Freiburg: Herder.
195. MÜCKE 11/1964
196. Beutzien, Karlheinz (1975): Ene mene Tintenfass, rate, rate, was ist das? Freiburg: Herder.
197. Ulrich, Winfried: Originalbeitrag.
198. Unbekannter Herausgeber (1951): Westermann Kinderbuch. Braunschweig: Westermann.
199. Schnurre, Wolfdietrich (1974): Schnurren und Murren. Recklinghausen: Bitter.
200. Enzensberger, Hans Magnus (Hg.) (1961): Allerleirauh. Frankfurt: Suhrkamp.
201. DIE MÜCKE 2/1971
202. Manz, Hans (1974): Worte kann man drehen. Weinheim, Basel: Beltz.
203. Musil, L. (Hg.) (1985): Es war so lange Tag...Donauwörth: Auer.
204. Beutzien, Karl (1975): Ene mene Tintenfass, rate, rate, was ist das? Freiburg: Herder.
205. Ende, Michael (1969): Das Schnurpsenbuch. Stuttgart: Thienemann.
206. Hannover, Heinrich (1980): Der vergessliche Cowboy. Reinbek: Rowohlt.
207. Steffens, W. (Hg.) (1978): Spiel und Spaß mit Sprache. Heidelberg: Hirschgraben.

208. Krüss, James (Hg.) (1972): Seifenblasen zu verkaufen. Gütersloh: Bertelsmann.
209. Gelberg, H.-J. (Hg.) (1969): Die Stadt der Kinder. Recklinghausen: Bitter.
210. Ulrich, Winfried: Originalbeitrag.
211. Unbekannte Verfasser: Mündlich überliefert.
212. Lenzen, Hans Georg (1972): Hasen hoppeln über Roggenkoppeln. Gütersloh: Bertelsmann Jugendbuchverlag.
213. Domenego, Hans u. a. (Hg.) (1975): Das Sprachbastelbuch. Wien, München: Jugend und Volk.
214. Schifferli, P. (Hg.) (1957): Dada. Gedichte. Dichtungen der Gründer. Zürich: Arche.
215. Jandl, Ernst (1976): Laut und Leise. Stuttgart: Reclam.
216. Jandl, Ernst (1976): Laut und Leise. Stuttgart: Reclam.
217. Jandl, Ernst (1976): Laut und Leise. Stuttgart: Reclam.
218. Bleier-Stand u.a. (Hg.) (1983): Unterwegs. Lesebuch 5. Stuttgart: Klett.
219. Krüss, James (1961): Der wohltemperierte Leierkasten. Gütersloh: Bertelsmann Jugendbuchverlag.
220. Guggenmos, Josef (1980): Wenn Riesen niesen. Gedichte und Geschichten. Wien und Heidelberg: Ueberreuter.
221. Maar, Paul (1977): Onkel Florians fliegender Flohmarkt. Hamburg: Oetinger.
222. Domenego, Hans u. a. (Hg.) (1975): Das Sprachbastelbuch. Wien, München: Jugend und Volk.
223. Manz, Hans (1991): Die Welt der Wörter. Weinheim und Basel: Beltz.
224. Wiemer, R. O. (Hg.) (1974): bundesdeutsch. lyrik zur sache grammatik. Wuppertal: Hammer.
225. Ulrich, Winfried: Originalbeitrag.
226. Maar, Paul (1977): Onkel Florians fliegender Flohmarkt. Hamburg: Oetinger.
227. Domenego, Hans (Hg.) (1977): Im Fliederbusch das Krokodil singt wunderschöne Weisen. Wien, München: Jugend und Volk.
228. Dahlmann-Stolzenbach (Hg.) (1968): Schlau-Kopf, rate mal! München: Domino.
229. Gelberg, H.-J. (Hg.) (1971): Geh und spiel mit dem Riesen. Weinheim, Basel: Beltz.
230. Unbekannter Herausgeber (1992): Rätselbuch Nr. 3. Weinheim, Basel: Beltz.
231. Domenego, Hans u. a. (Hg.) (1975): Das Sprachbastelbuch. Wien, München: Jugend und Volk.
232. Lustig, Inge & Ruzicka, Ruth (Hg.) (1978): Die bunte Kinderschaukel von Margret Rettich. Wien:
233. Schweiggert, Alfons (1981): Alfons Schweiggerts Geschichtenbuch. München:
234. Guggenmos, Josef (1967): Was denkt die Maus am Donnerstag? Recklinghausen: Paulus.
235. Domenego, Hans u. a. (Hg.) (1975): Das Sprachbastelbuch. Wien, München: Jugend und Volk.
236. Domenego, Hans u. a. (Hg.) (1975): Das Sprachbastelbuch. Wien, München: Jugend und Volk.
237. Baumann, Hans (1979): Kunterbuntes Sprachspielbuch. Freiburg: Herder.
238. Guggenmos, Josef (1967): Was denkt die Maus am Donnerstag? Recklinghausen: Paulus.
239. Domenego, Hans u. a. (Hg.) (1975): Das Sprachbastelbuch. Wien, München: Jugend und Volk.
240. Domenego, Hans u. a. (Hg.) (1975): Das Sprachbastelbuch. Wien, München: Jugend und Volk.
241. Sendak, Maurice (1970): Die Mini-Bibliothek. Zürich: Diogenes.
242. Bödeker, Hans u. a. (Hg.) (1986): Texte für die Primarstufe 2. Hannover: Schroedel.

243. Ulrich, Winfried: Originalbeitrag.
244. Gelberg, H. J. (Hg.) (1971): Geh und spiel mit dem Riesen. Weinheim, Basel: Beltz.
245. Schaffner, Emil (1982): Es rumpelt und stilzt im Sprachspülkasten. Stuttgart: Huber Frauenfeld.
246. Unbekannte Verfasser (o. J): Als Beitrag zusammengestellt.
247. Lenzen, Hans Georg (1972): Hasen hoppeln über Roggenstoppeln. Gütersloh: Bertelsmann Jugendbuchverlag.
248. Domenego, Hans u. a. (Hg.) (1975): Das Sprachbastelbuch. Wien, München: Jugend und Volk.
249. Krahe, Hildegard (1977): Das Tingeltangeltrampeltier. Wien: Ueberreuther.
250. Krüss, James (Hg.) (1972): Seifenblasen zu verkaufen. Gütersloh: Bertelsmann.
251. Roth, Eugen (1977): Sämtliche Werke. München: Hauser.
252. Kalz-Kutschka, G. u.a. (Hg.) (1978): Westermann Texte Deutsch 4. Braunschweig: Westermann.
253. Kunze, H. (Hg.) (1964): Dunkel war´s der Mond schien helle.. München: Heimeran.
254. Ulrich, Winfried (1980): Der Witz im Deutschunterricht. Braunschweig: Westermann.
255. Ulrich, Winfried: Originalbeitrag.
256. Barry, Roland (1979): Kunterbuntes Sprachspielbuch. Freiburg.
257. Marbach, M. & Weixelbauer, J. (Hg.) (1981): Ueberreuters großes Sach- und Schmunzelbuch. Wien, Heidelberg: Ueberreuter.
258. Schilow, M. (Hg.) (1968): Wie die Katze einen Namen bekam. Berlin: Der Kinderbuchverlag.
259. Mündliche Überlieferung
260. Ulrich, Winfried: Originalbeitrag.
261. Mündliche Überlieferung
262. Duwe, E. u. a. (Hg.) (1985): Lesestunde 5. Freiburg: Herder.
263. Braak, I. & Mehlem, R. (Hg.) (1952-65): Klaus Groth. Sämtliche werke in 8 Bänden. Flensburg: Wolf.
264. Schäuffelen, Konrad Balder (1969): Raus mit der Sprache. Frankfurt: Suhrkamp.
265. Mündliche Überlieferung
266. Schulte, Michael (Hg.) (1973): Das große Karl Valentin Buch. München: Piper.
267. Maar, Paul (1977): Onkel Florians fliegender Flohmarkt. Hamburg: Oetinger.
268. Unbekannte Verfasser: Als Beitrag zusammengestellt.
269. Gelberg, H.-J. (Hg.) (1969): Die Stadt der Kinder. Recklinghausen: Bitter.
270. Jandl, Ernst (1970): Der künstliche Baum. Neuwied und Berlin: Luchterhand.
271. Domenego, Hans u. a. (Hg.) (1975): Das Sprachbastelbuch. Wien, München: Jugend und Volk.
272. Garbe, Burkhard (1975): Almanach 9 für Literatur und Theologie. Wuppertal: Hammer.
273. Manz, Hans (1991): Die Welt der Wörter. Weinheim, Basel: Beltz.
274. Manz, Hans (1991): Die Welt der Wörter. Weinheim, Basel: Beltz.
275. Maar, Paul (1977): Onkel Florians fliegender Flohmarkt. Hamburg: Oetinger.
276. Bern, M. (Hg.) (1903): Für die Kinderstube. Leipzig: Otto Maier.
277. Baumann, H. (Hg.) (1965): Ein Reigen um die Welt. Gütersloh: Sigbert Mohn.
278. Manz, Hans (1978): Kopfstehn macht stark. Weinheim, Basel: Beltz.
279. Domenego, Hans u. a. (Hg.) (1975): Das Sprachbastelbuch. Wien, München: Jugend und Volk.
280. Bydlinski, Georg & Opgenworth, Winfried (1984): Macht die Erde nicht kaputt. Geschichten für Kinder über uns und unsere Welt. Wien, Freiburg, Basel: Herder.

281. Domenego, Hans u. a. (Hg.) (1975): Das Sprachbastelbuch. Wien, München: Jugend und Volk.
282. Domenego, Hans u. a. (Hg.) (1975): Das Sprachbastelbuch. Wien, München: Jugend und Volk.
283. Ulrich, Winfried: Originalbeitrag.
284. McKien, Siné (1956): Hund und Katz. Cartoons. Zürich: Diogenes.
285. Bremer, Claus (1970): Anlaesse, kommentierte Poesie 1949 bis 1969. Neuwied und Berlin: Luchterhand.
286. Besete, B. (1982): 1002 Bilder, Bildergeschichten...für Kinder von 2001. Frankfurt a. M.: Zweitausendeins.
287. Domenego, Hans u. a. (Hg.) (1975): Das Sprachbastelbuch. Wien, München: Jugend und Volk.
288. Scharf, Hardy (1986): Das ist der Knüller. Freiburg: Herder.
289. Ulrich, Winfried: Originalbeitrag.
290. Jatzek, Gerald (1986): Der Lixelhix. Wien, München: Jugend und Volk.
291. Hannover, Heinrich (1972): Das Pferd Huppdiwupp und andere Geschichten. Reinbek: Rowohlt.
292. Unbekannte Quelle.
293. Christen, V. (Hg.) (1973): Schnick Schnack Schabernack. Oldenburg, Hamburg: Stalling.
294. Guggenmos, Josef (1974): Das Geisterschloß. Reinbek: Rowohlt.
295. Ulrich, Winfried (1995): Linguistik für den Deutschunterricht. Aachen-Hahn: Hahner Verlagsgesellschaft.

III Literaturverzeichnis

Attardo, S. (1994): Linguistic theories of humor. Berlin, New York: Mouton, de Gruyter. (= Humor Research 1).

Augarde, T. (1984): The Oxford Guide to Word Games. Oxford und New York: Oxford University Press.

Chiaro, D. (1992): The language of jokes. Analysing verbal play. London: Routledge.

Dencker, K. P. (Hg.) (1985): Deutsche Unsinnspoesie. Stuttgart: Reclam.

Dittgen, A. M. (1989): Regeln für Abweichungen. Funktionale sprachspielerische Abweichungen in Zeitungsüberschriften, Werbeschlagzeilen, Werbeslogans, Wandsprüchen und Titeln. Frankfurt a. M. etc.: Lang. (= Europäische Hochschulschriften. Reihe 1. Bd. 1160).

Garbe, B. (1976): Experimentelle Texte im Sprachunterricht. Düsseldorf: Schwann.

Göttert, K.-H. (1979): Regelbefolgung, Regeldurchbrechung, Regelerneuerung. In: Zeitschrift für germanistische Linguistik 7, 2. S. 151-166.

Gomringer, E. (1978): konkrete poesie. deutschsprachige autoren. Stuttgart: Reclam.

Harig, L. (1973): Tendenzen deutscher Literatursprache der Gegenwart. Sprachspiele. In: Lexikon für germanistische Linguistik, hg. v. H. P. Althaus, H. Henne, H. E. Wiegand. 3 Bde. Tübingen: Niemeyer. Bd. 3, S. 556-559.

Kelsch, W. (1970): Sprachmontagen. Bericht über ein Experiment. In: Der Deutschunterricht 22, 5. S. 115-121.

Liede, A. (1963): Dichtung als Spiel. Studien zur Unsinnspoesie an den Grenzen der Sprache. 2 Bde. Berlin: de Gruyter.

Lohrer, K. (1978): Spiele mit Sprache. In: Blätter für Lehrerfortbildung 30, 1. S. 13-18.

Marenbach, D. (1980): Sprachspiele und Sprachreflexion. In: Sprachbetrachtung und Kommunikationsanalyse, hg. v. O. Schober. Königstein/Ts.: Scriptor. S. 65-80.

Menzel, W. (1974): Spiele mit Sprache. Basisartikel. In: Praxis Deutsch 5. S. 16-20.

Menzel, W. (1980): Mit Sprache experimentieren - Regularitäten erkennen. In: Der Deutschunterricht 32, 4. S. 45-58.

Nilsen, D. L. F. und Nilsen, A. P. (1978): Language Play. An Introduction to Linguistics. Rowley: Newbury House.

Preisendanz, W. und Warning, R. (Hg.) (1976): Das Komische. München: Fink.

Queneau, R. (1964): Stilübungen. Deutsch v. L. Harig und E. Helmlé. Frankfurt a. M.: Suhrkamp.

Raskin, V. (1985): Semantic Mechanisms of Humor. Dordrecht etc: Reidel.

Schmidt, S. J. (Hg.) (1972): konkrete dichtung. texte und theorien. München: Bayerischer Schulbuchverlag.

Seidel, B. (1983): Schüler spielen mit Sprache. Sprachunterricht vom 1. Bis 10. Schuljahr. Stuttgart etc.: Kohlhammer.

Steffens, W. (1981): Spielen mit Sprache. Aspekte eines kreativen Sprach- und Literaturunterrichts im 1. bis 6. Schuljahr. Frankfurt a.M.: Hirschgraben.

Ulrich, W. (1976): Wortbildungsspiele. Semantik des komplexen Wortes. In: Diskussion Deutsch 31. S. 424-437.

Ulrich, W. (1977): Semantische Turbulenzen. Welche Kommunikationsformen kennzeichnen den Witz? In: Deutsche Sprache, 1. S. 313-334.

Ulrich, W. (1979): Kommunikationsanalyse mit Hilfe des Witzes. In: Diskussion Deutsch 45. S. 73-90.

Ulrich, W. (1980): Der Witz im Deutschunterricht. Braunschweig: Westermann. (= Westermann Taschenbuch 199).

Ulrich, W. (1995a): Förderung der Ambiguitätstoleranz. Zum Umgang mit sprachspielerischen Texten in der Sekundarstufe I. In: Deutschunterricht 48, 1. S. 2-11.

Ulrich, W. (1995b): Sprachspiel - Spiel mit Sprache. In: Deutsch, Sprache und Kommunikation, hg. v. W. Ulrich und G. Michel. Berlin: Volk und Wissen. S. 144-156.

Ulrich, W. (1995c): Inkongruenz und Ambiguität im Sprachspiel. In: Aspekte der Sprachbeschreibung. Akten des 29. Linguistischen Kolloquiums, hg. v. P. Baerentzen. Tübingen: Niemeyer. S. 257-260.

Ulrich, W. (1997): Worüber lacht man im Deutschen - worüber im Englischen? Ein ungewöhnlicher Vorschlag für einen vergleichenden Sprachunterricht. In: Deutschunterricht 50, 6. S. 311-316.

Ulrich, W. (1998): Sprachspiele. Eine neue Seite des Deutschunterrichts stellt sich vor. In: Deutschunterricht 51, 7-8. S. 338-345.

Vogeley, H. (1969): Das Spiel mit der Sprache im Schulunterricht. In: Sprachpädagogik - Literaturpädagogik. Festschrift für Hans Schorer. Frankfurt a. M.: Diesterweg.

Weller R. (Hg.) (1977): Sprachspiele. Stuttgart: Reclam.

Wenzel, P. (1989): Von der Struktur des Witzes zum Witz der Struktur: Studien zur Technik der Pointierung. Heidelberg: Winter.

Wiemer, R. O. (Hg.) (1974): bundes deutsch - lyrik zur sache grammatik. Wuppertal: Hammer.

Winterling, F. (1971): Kreative Übung oder Gestaltungsversuch. Abriß einer Didaktik produktiver Befreiung im Deutschunterricht. In: Diskussion Deutsch 5. S. 243-264.

Verlagsprogramm

Fuchs
Humanentwicklung und Lernen
320 S., 3-89294-013-4 / 49,80 DM

Fuhr u. a.
Soziales Lernen – Innere Differenzierung – Kleingruppenunterricht
296 S., 3-89294-118-1 / 30,- DM

Galinski/Lachauer (Hrsg.)
Alltag im Nationalsozialismus 1933 – 1939
316 S., 3-89294-024-0 / 20,- DM

Geipel
Industriegeographie als Einführung in die Arbeitswelt
325 S., 3-89294-120-3 / 39,80 DM

Gorf/Henning/Schönemeier (Hrsg.)
Unterricht Deutsch – 5./6. Schuljahr
371 S., 3-89294-121-1 / 34,- DM

Gukenbiehl (Hrsg.)
Felder der Sozialisation
Sozialwissenschaftliche Beiträge
388 S., 3-89294-124-6 / 35,- DM

Haarmann u. a. (Hrsg.)
Lernen und Lehren in der Grundschule
482 S., 3-89294-125-4 / 38,- DM

Herrmann/ Rupprecht
Lehrer werden
142 S., 3-89294-128-9 / 18,- DM

Husen
Schule in der Leistungsgesellschaft
146 S., 3-89294-129-7 / 20,- DM

Kluckhuhn
Rollenspiele in der Hauptschule
128 S., 3-89294-131-9 / 22,- DM

Kraft
Der Schulhof als Ort sozialen Verhaltens
208 S., 3-89294-132-7 / 32,- DM

Kraft
Feste und Geselligkeiten in der Schule
214 S., 3-89294-133-5 / 32,- DM

Kraft
Neue Schulhöfe
208 S., 3-89294-134-3 / 32,- DM

Martin
„Macht doch mal selber Literatur ...!"
99 S., 3-89294-016-9 / 11,80 DM

Meyer (Hrsg.)
Kinder und Jugendliche in seelischer Not
396 S., 3-89294-015-0 / 39,80 DM

Nentwig
Dichtung im Unterricht
400 S., 3-89294-136-0 / 38,- DM

Nentwig
Die moderne Kurzgeschichte im Unterricht
144 S., 3-89294-135-1 / 22,- DM

Odenbach
Die Übung im Unterricht
211 S., 3-89294-137-8 / 20,- DM

Otto
Didaktik der Ästhetischen Erziehung
480 S., 3-89294-138-6 / 42,- DM

Otto (Hrsg.)
Texte zur Ästhetischen Erziehung
240 S., 3-89294-139-4 / 28,- DM

Petillon
Der unbeliebte Schüler
252 S., 3-89294-140-8 / 32,- DM

Piel
Kleines Lehrbuch der Lernpsychologie
118 S., 3-89294-141-6 / 18,- DM

Psaar/Klein
Wer hat Angst vor der bösen Geiß
308 S., 3-89294-142-4 / 36,- DM

Pukies
Das Verstehen der Naturwissenschaften
184 S., 3-89294-143-2 / 20,- DM

Redeker
Zur Sache des Lernens
153 S., 3-89294-145-9 / 28,- DM

Retter/Nauck/Ohms
Orientierungsstufe – Schule zwischen den Fronten
192 S., 3-89294-049-5 / 36,- DM

Schmidt, A.
Das Gymnasium im Aufwind
720 S., 3-89294-065-7 / 60,- DM

Verlagsprogramm

Schmidt, G. (Hrsg.)
Methoden des Mathematikunterrichts in Stichwörtern und Beispielen – 7/8
212 S., 3-89294-146-7 / 28,80 DM

Schmidt, G.
Methoden des Mathematikunterrichts in Stichwörtern und Beispielen – 9/10
250 S., 3-89294-022-3 / 29,80 DM

Schmitt
Kinder und Ausländer
304 S., 3-89294-147-5 / 34,- DM

Schott/Neeb/Wieberg
Lehrstoffanalyse und Unterrichtsplanung
200 S., 3-89294-148-3 / 32,- DM

Schreiner (Hrsg.)
Moralische Entwicklung und Erziehung
267 S., 3-89294-019-3 / 38,- DM

Schulz-Hageleit
Geschichte: erfahren – gespielt – begriffen
359 S., 3-89294-150-5 / 38,- DM

Schwalm (Hrsg.)
Texte zur Didaktik der Geschichte
328 S., 3-89294-151-3 / 35,- DM

Sieland/Sieber (Hrsg.)
Klinische Psychologie für Pädagogen
288 S., 3-89294-152-1 / 33,- DM

Staeck (Hrsg.)
Texte zur Didaktik der Biologie
308 S., 3-89294-154-8 / 22,- DM

Stanford
Gruppenentwicklung im Klassenraum und anderswo
264 S., 3-89294-155-6 / 27,- DM

Stark u. a. (Hrsg.)
Beraten in der Schule?
286 S., 3-89294-156-4 / 36,- DM

Stübing
Bewegung, Spiel und Sport mit Kindern
262 S., 3-89294-157-2 / 30,- DM

Trolldenier/Meißner (Hrsg.)
Texte zur Schulpsychologie und Bildungsberatung, Bd. 4
342 S., 3-89294-031-2 / 59,80 DM

Ulrich
Der Witz im Deutschunterricht
252 S., 3-89294-159-9 / 22,- DM

Ulrich
Linguistik für den Deutschunterricht
306 S., 3-89294-158-0 / 30,- DM

Ulrich
Sprachspiele
380 S., 3-89294-074-6 / 45,- DM

Wagenschein
Die pädagogische Dimension der Physik
328 S., 3-89294-160-2, 36,- DM

Wangerin (Hrsg.)
Jugend, Literatur und Identität
Anregungen für den Deutschunterricht der Sek. I + II
283 S., 3-89294-036-3 / 36,80 DM

Weber
Das Lehrerlesebuch
212 S., 3-89294-162-9 / 21,- DM

Zech
Neuere Tendenzen in der Mathematikdidaktik
– mit Unterrichtsbeispielen
91 S., 3-89294-014-2 / 13,- DM

Ziechmann (Hrsg.)
Konkrete Didaktik des Sachunterrichts
290 S., 3-89294-032-0 / 39,80 DM

Ziechmann/Bolscho/Kayser
Sachunterricht in der Diskussion
218 S., 3-89294-165-3 / 30,- DM

Ziechmann
Schülerorientierter Sachunterricht
153 S , 3-89294-164-5 / 20,- DM

Ziefuß
Methoden der Unterrichtsbeobachtung
240 S., 3-89294-166-1 / 34,- DM

Ziefuß u. a. (Hrsg.)
Arbeitslehre: Stand und Entwicklungstendenzen aus Lehrersicht
269 S., 3-89294-050-9 / 23,80 DM

Die Zeitung im Unterricht

Wer von einer Integration der Tageszeitung in den Unterricht spricht, der spricht von einer Beziehung zwischen Zeitung und Schule. Beziehungen, das lehrt die Erfahrung, entstehen dadurch, dass man den Mut aufbringt, sie einzugehen.

Die Beziehung zwischen Schule und Zeitung muss somit sowohl als ein Verhältnis der Schule zur Zeitung als auch ein Verhältnis der Zeitung zur Schule verstanden werden. Zwar ist nicht zu leugnen, dass Schule und Zeitung theoretisch durchaus um die wechselseitige Bedeutung füreinander wissen, doch lassen sich in praktischer Hinsicht oft eher ober-flächliche und sporadische als tiefergehende und systematische Beziehungen feststellen. Dies mag daran liegen, dass Tageszeitungen in der Schule vielfach als Fremdkörper empfunden werden. Zeitung und Schule scheinen, trotz ihres gemeinsamen Bildungsauftrags, auf den ersten Blick nicht zueinander zu passen.

Dieses Buch soll Ratschläge für den Unterricht mit der Zeitung geben, und es verwendet die Erfahrungen, die sich in den vergangenen zwanzig Jahren bei Lehrern mit »Zeitungserfahrung« und beim IZOP-Institut angesammelt haben.

Aus dem Inhalt:

Zeitungsarbeit in der Schule: Theoretisches und Historisches; Vorschläge für die Unterrichtspraxis: Redaktionelle Beiträge und Anzeigen in verschiedenen Fächern, z. B. in Religion, Deutsch, Erdkunde, Geschichte, Wirtschaftslehre, Mathematik, Kunst, Sport und fächerübergreifend.

Eva Brand, Peter Brand (Hrsg.)
Die Zeitung im Unterricht
1. vollständig überarbeitete Neuauflage
Hahner Verlagsgesellschaft mbH, Aachen-Hahn
360 Seiten, 60,00 DM, ISBN 3-89294-300-1

Sprachspiele

Wir sind von Sprachspielen umgeben!

Aus Rundfunk und Fernsehen tönt uns entgegen: „Wer die Welt verstehen will, der muß sie lesen." und: „Wer nicht mit der Zeit geht, der geht mit der Zeit."
In Zeitungen und Illustrierten springen uns Schlagzeilen: „Ist Schaf Dolly eine Ente?" und Anzeigen ins Auge: „Man least viel Gutes über uns. – SüdLeasing".
Auf der Autobahn lesen wir auf einem Schild mit angeschnalltem Kind im Unfallwagen: „Geschnallt?" und auf einem Betonbehälter am Straßenrand: „Ich bin 2 Öltanks."

Den Reiz sprachspielerischer Texte kann sich aber auch der Deutschunterricht an den Schulen zunutze machen. Die dem Sprachspiel immanente Motivationskraft fördert die Freude am Lesen, fordert zu genauer Analyse und Interpretation heraus, schafft durch Reflexion über Sprache Sprachbewußtsein und regt zu eigenen kreativen Gestaltungsversuchen der Schüler und Schülerinnen an.

Das vorliegende Buch ist deshalb einerseits ein Lesebuch, eine Anthologie reizvoller sprachspielerischer Texte recht verschiedener Arten und Gattungen, die sehr verstreut publiziert wurden und deshalb nicht immer leicht zugänglich sind.

Das Buch soll andererseits aber auch Sprachbuch sein, Impulse geben zum Nachdenken über Sprache, zur Untersuchung des sprachlichen Regelsystems und der regel-geleiteten Kommunikation in einem „text-orientierten Grammatikunterricht" sowie zum „kreativen Schreiben" und Gestalten von Eigentexten ermutigen.

Winfried Ulrich
Sprachspiele
Hahner Verlagsgesellschaft mbH, Aachen
380 Seiten, 45,00 DM, ISBN 3-89294–074-6

Hahner Verlagsgesellschaft mbH, Aachen
416 Seiten, 32,00 DM, ISBN 3-89294-114-9